集人文社科之思　刊专业学术之声

集 刊 名：鼓浪屿研究
主办单位：厦门市社会科学界联合会
厦门大学历史与文化遗产学院
厦门市社会科学院

Journal of Gulangyu Studies, Vol.20

第二十辑

集刊序列号：PIJ-2018-301
集刊主页：www.jikan.com.cn/鼓浪屿研究
集刊投约稿平台：www.iedol.cn

鼓浪屿研究

JOURNAL OF GULANGYU STUDIES, Vol.20

（第二十辑）

主办　厦门市社会科学界联合会
厦门大学历史与文化遗产学院
厦门市社会科学院

主编　潘少銮

编　鼓浪屿国际研究中心

社会科学文献出版社
SOCIAL SCIENCES ACADEMIC PRESS (CHINA)

集刊 鼓浪屿研究
第二十辑
2025年5月出版

鼓浪屿（1857~1898）：荷兰早期汉学家成长的摇篮（II）

张云江*

摘　要：本文记述了荷兰早期汉学家施古德青年时期在鼓浪屿学习和成长的经历。如1858年6月，施古德抵达鼓浪屿，学习闽南方言，编写《荷华文语类参》；施古德与厦门说书先生交流后，开始对《卖油郎独占花魁》等感兴趣；1860年6月，法军运输舰“伊泽尔号”在鼓浪屿附近海域失事，施古德为之提供翻译服务。同时，本文还概述了施古德的汉学学术成就，《星辰考原》的学术贡献、《荷华文语类参》的出版及创办《通报》等，都对欧洲汉学的发展产生了重要影响。

关键词：鼓浪屿　荷兰汉学家　施古德

1858年6月1日，年仅19岁的施古德（Gustave Schlegel，1840~1903）抵达鼓浪屿，同行者是21岁的花兰君（J. C. Francken，1838~1864）。1857年来厦门担任副领事的凯士（C. F. M. de Grijs）赶到码头，将两位汉语译员实习生接到住处。

施古德和花兰君在鼓浪屿住了三年多。1861年7月17日，二人抵达广州开始学习粤语。1862年6月27日，二人离开中国，前往巴达维亚担任汉语译员。到鼓浪屿后不久，中国老师为Gustave Schlegel起名“薛礼”，给J. C. Francken起名“范驾”，但这两个名字后来几乎都没怎么使用。在一些书的封面上，Schlegel根据自己名字的发音自译为“施利加”、“施利”、“施理”、“士利架”和“施士”等，“施士”用得最多，且是最后的定名；自号“渔答”，同样来自Gustave的发音。① 汉语学界多将Schlegel译为“施古德”，今姑从之。（见图1）

* 张云江，宗教学博士，华侨大学哲学与社会发展学院教授、博士生导师，福建省宗教中国化研究中心主任，福建省高校人文社会科学研究基地“海外华人宗教与闽台宗教研究中心”副主任。

① Kuiper, *The Early Dutch Sinologists (1854–1900): Training in Holland and China, Functions in the Netherlands Indies*, Brill, 2017, p. 1057.

图 1 19 世纪 70 年代的施古德

施古德和花兰君住在鼓浪屿的三年，江浙一带太平天国刚经历洪杨内讧（1856 年 9 月）、石达开出走（1857 年 6 月），湘军和太平军陷入激烈的对峙之中；中国北方地区，第二次鸦片战争也在咸丰十年（1860）夏秋之际进入失控状态；闽南一带暂时还没有受到战乱的威胁。

一 施古德在鼓浪屿学习闽南话

施古德的父亲是动物学家赫尔曼·施古德（Herman Schlegel，1804～1884），1858 年任荷兰国立自然历史博物馆馆长。少年时期，施古德表现出卓越的绘画天赋，但父亲认为靠绘画谋生会很艰难。莱顿大学的汉语教授霍夫曼是施古德父亲的好朋友，常到家里玩。霍夫曼曾做过演员，常变一些魔术，逗乐施古德全家。有一次，霍夫曼表演了一个节目，只见一根孔雀羽毛在他鼻子上翩翩起舞，施古德看得入神。霍夫曼笑着对他说："如果你想学这个，必须懂汉语。"年仅 10 岁的施古德把这句话记在了心里，1849 年 11 月 13 日正式成为霍夫曼的私塾弟子，每周两次到他家中学习汉语文言文，这样持续了四年。13 岁时，施古德已能阅读和翻译有关中国博物学和孔子的著作。霍夫曼为了鼓励他学习汉语，特向殖民部申请了每月 25 荷兰盾的津贴，自 1854 年 1 月 1 日开始发放，以方便他学习其他私教课程，并可在三年内而不是原来预定的五年半内完成大学预科。条件是：将来施古德学有所成，必须为殖民部服务。1857 年 10 月 24 日，刚通过大学入学资格考试的施古德和花兰君搭船前往厦门实习。

施古德和花兰君来鼓浪屿之前，只是具备了基础的中文阅读能力，对于闽南语方言还是一窍不通。有关工具书，可以利用者只有两种。一是 1853 年在广州出版的、美国归正教传教士罗啻（Elihu Doty，1809～1864）编的《英汉厦门方言罗马注音手册》（*Anglo-Chinese Manual with Romanized Colloquial in the Amoy Dialect*）①，共 15 章 214 页。1844 年，罗啻受雅裨理邀请来鼓浪屿，与打马字等一起，创造了以拉丁字母连缀切音的闽南语白话字，罗啻开始用这种厦门腔罗马拼音表记法翻译《圣经》。二是麦都思（Walter Henry Medhurst）在 1832 年出版的《福建方言字典》（*A Dictionary of the Hok-këèn Dialect of the Chinese Language*），系根据《汇集雅俗通十五音》编写而成。该书是由谢秀岚编辑的一本闽南方言韵书，嘉庆二十三年（1818）初版，共八卷，

---

① 元青：《晚清汉英、英汉双语词典编纂出版的兴起与发展》，《近代史研究》2013 年第 1 期。

其以韵母“五十字”为经，以声母“十五音”为纬，再以“八音声调”贯穿，自成体系。“八音声调”按“平上去入”四声各分上下，顺序是：上平、上上、上去、上入、下平、下上、下去、下入。以“雅”部第一个字母“君”为例，其八音呼法是：“君、滚、棍、骨、群、滚、郡、滑”，“上上”和“下上”代表字相同，所以实际是七音。施古德和花兰君甫到鼓浪屿学习闽南话，就是从反复练习闽南话的七种基本声调开始的；后来施古德到莱顿大学教学生闽南话口语，一开始也是要求学生们记住这七音。1875 年，施古德在莱顿大学招收了第二届三名学生：薛伯（van der Spek，1819~1890）、武珀（A. E. Moll）和杨亚理（Arie A. de Jongh）。薛伯曾讲过一件轶事：他们三人入学两个月后，杨亚理举行生日派对。“彼时我们刚刚开始学习汉语。武珀醉得像条鱼，走来走去，嘴里念叨着‘kun’‘kun’……”① 武珀念的就是闽南话的七音。施古德的口语训练非常实用，目的是让学生们快速听说闽南话，这是他当年在鼓浪屿自学得出的经验。

施古德和花兰君的汉语老师都来自漳州，所以他们学习的是漳州的闽南话。除此之外，根据晚一年到鼓浪屿的沙烈（Maurits Schaaljehad）的笔记，他们曾以每月四元的价格雇用了一名 16 岁的本地男孩，平常也与之以闽南话进行口语交流。学习闽南话口语毕竟是一个缓慢的过程。

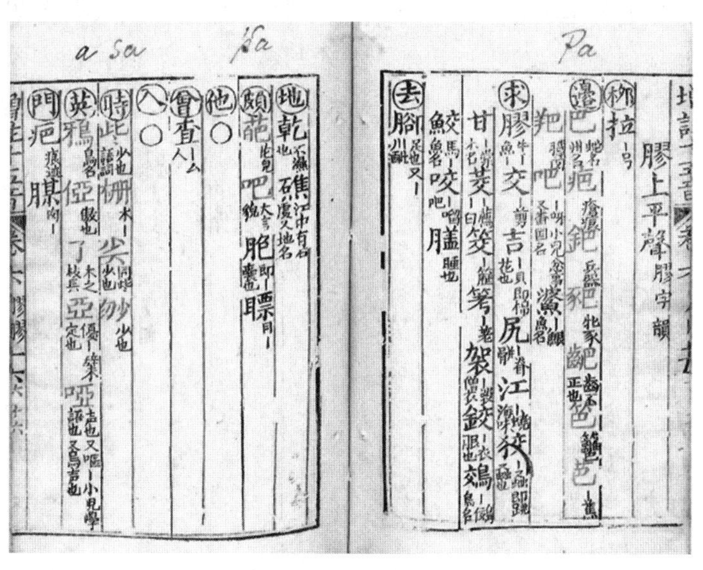

图 2　1861 年厦门文德堂出版的《汇集雅俗通十五音》

---

① Kuiper, *The Early Dutch Sinologists (1854–1900): Training in Holland and China, Functions in the Netherlands Indies*, Brill, 2017, p. 336.

施古德和花兰君在鼓浪屿学习闽南语，手头都有《汇集雅俗通十五音》。图 2 即是施古德购买的 1861 年厦门文德堂出版的《汇集雅俗通十五音》中的两页，上面有他手写的拉丁字母拼音。[①]

受霍夫曼的启发，1860 年前后在鼓浪屿学习闽南语的三名荷兰学生——施古德、花兰君和沙烈都按自己的想法编写辞典。施古德编写的是荷华辞典，作为将荷兰文翻译成中文的辅助工具；花兰君编写的是华荷口语辞典，作为学习理解和说闽南语的辅助工具，同时他还完成了一部荷华辞典的手稿；沙烈编写了一本《厦荷辞典》（*Amoy-Dutch Dictionary*），1864 年在离开鼓浪屿之前共编制了 9674 个词条。[②] 1882 年，施古德编写的《荷华文语类参》第一卷出版，他在“前言”中说：

> （我和花兰君）两本辞典的计划都是一样的，即收集两种语言的全部词汇，包括口语和书面语；并在纸上按字母顺序对所有单词进行分类。既然有了这一打算，我们学习或阅读时手头随时都会备有笔和纸。[③]

另外，1860 年，凯士编写了一本《凯士收集和翻译的中国谚语》，收集厦门谚语近 300 条；1862 年 10 月 23 日，沙烈编写了一本《沙烈收集的厦门方言中的谚语》，共 951 条，1863 年 4 月 13 日完成修订；花兰君曾列有一张清单，收集了 2000 多条厦门俗语，1866 年，该手稿被捐赠给了巴达维亚艺术与科学协会；施古德还曾编写闽南语的家庭术语表，沙烈编写了闽南语中的家庭关系和姓氏表以及 48 张谜语卡片，附有荷兰语翻译及答案。[④]

以上语言资料中，分量最重、影响最大的还是施古德的《荷华文语类参》（*Nederlandsch-Chineesch handboekje van het Tsiang-tsiu dialect*）（见图 3），这部辞典“主要是为了方便荷属东印度群岛的汉语口译员”，作者署名是“莱顿大学中国语言文学教授”[⑤]。福建师范大学马重奇教授对此介绍说：

---

① Kuiper, *The Early Dutch Sinologists (1854–1900): Training in Holland and China, Functions in the Netherlands Indies*, Brill, 2017, p. 170.

② *Emoisch Hollandschwoordenboek*, now in BPL 2104 I, Catalogue 2005, 119–21. Illustration on p. 120.

③ Kuiper, *The Early Dutch Sinologists (1854–1900): Training in Holland and China, Functions in the Netherlands Indies*, Brill, 2017, p. 169.

④ Kuiper. *The Early Dutch Sinologists (1854–1900): Training in Holland and China, Functions in the Netherlands Indies*, Brill, 2017, pp. 171–172.

⑤ Hoofdzakelijk ten behoove der Tolken voor de Chineesche taal in Nederlandsch-Indië, bewerktdoor Dr. G. Schlegel, Hoogleeraar in de Chineesche taal-en letterkunde aan de Rijks-Universiteit te Leiden.

《荷华文语类参》共四卷，……正文共 5217 页，前后共排印九年，这是有史以来部头最大的闽南语辞典，所记全是漳州文读音，是研究漳州文读系统最好的素材。此书着眼于将荷兰文书译为汉文，例句用漳州文读音逐字注音，偶尔加注白读，并说明字的用法以及用法上的细微差异。序言采用荷兰语与英语对照写的，即一页隔成两半，左边是荷兰语，右边是英语。至于辞典正文，以 26 字母为序，第一卷 ABCDEFG，第二卷 HIJKLMN，第三卷 OPQRS，第四卷 TUVWXYZ，文中先列出荷兰语词，次举汉字、词、词组、句子甚至短文，然后用罗马字逐字逐句译出漳州音，最后再用荷兰语做简要解释。①

图 3　2008 年台湾教会公报出版社再版的《荷华文语类参》

1862 年 9 月，花兰君被任命为泗水中文翻译，继续编纂辞典。1864 年 2 月 6 日，他因痢疾去世，年仅 25 岁。1882 年，在凯士帮助下，《厦荷大辞典》出版，共 774 页。

二　施古德与说书先生

1877 年，施古德将《卖油郎独占花魁》译为法文发表，“前言”部分提到了他在鼓浪屿生活、学习的片段。

1860 年 5 月的一天，他乘船从鼓浪屿到厦门岛另一端拜访一位朋友，他们“一直

① 马重奇、马睿颖：《荷兰汉学家施莱格（Gustave Schlegel）〈荷华文语类参〉（1886）音系研究》，《福建师范大学学报》（哲学社会科学版）2016 年第 6 期。

在谈论鸟类及其习性，这是二人都感兴趣的一个话题”。[①] 高柏教授猜测，这位朋友应是英国驻厦门领事馆翻译郇和（Robert Swinhoe，亦译为“斯温侯”，1836~1877）。[②] 巧合的是，在施古德写这篇“前言”时，年仅41岁的郇和刚在伦敦去世，有可能是老朋友的去世引起了施古德对十几年前在厦门共同生活的点滴回忆。

郇和，英国人，出生于印度加尔各答，16岁时回到英国本土，就读于伦敦大学国王学院。1854年，英国外交部招考驻外使领馆公务员，郇和辍学应考，被录用后经培训被派往中国，担任驻厦门领事馆翻译。据当时担任宁波领事馆译员的赫德说，到厦门不久，郇和就娶了一位中国女子为夫人。[③] 郇和痴迷于动物特别是鸟类研究，1858年发表第一篇论文《厦门的动物相纪要》；在厦期间，采集大量鸟类标本，记录了232种鸟类；其后又在台湾、宁波等地持续研究，1871年出版《中国鸟类名录》（修订版），收录了675种鸟，这是第一部全面描述中国鸟类的专著。施古德比郇和小四岁，从小受父亲影响也爱好研究动物，在鼓浪屿三年，他为父亲搜集鸟类、昆虫和爬行动物标本共1922件，其中鸟类标本370件。郇和和施古德都是汉语译员身份，痴迷研究鸟类，自然成了兴趣相投的好朋友。施古德在鼓浪屿率先发现一种北鹨（Pechora Pipit），告知了郇和。1863年，郇和首次描述了这种北鹨，并以施古德之名命名，所以现在这种鸟的学名就是“Anthus Gustavi”（见图4）。

图4　施古德在鼓浪屿发现的北鹨，郇和为之起名“Anthus Gustavi”

---

① Introduction, 1-17, in *Le Vendeurd' Huilequi Seul Possède La Reine-de-beauté ou Splendeurs et Misères des Cour-tisanes Chinoises*. (Leyde: E. J. Brill, Paris: Maisonneuve & Cie., 1877).

② Kuiper, *The Early Dutch Sinologists (1854-1900): Training in Holland and China, Functions in the Netherlands Indies*, Brill, 2017, p. 130.

③ 熊月之：《近代上海跨种族婚姻与混血儿问题》，《上海大学学报》（社会科学版）2010年第4期。

施古德这次拜访郇和，有较大可能是为他北上从军送行。1860年初，英法准备扩大侵华战争。5月，英法联军逼临大沽口，郇和受征召担任随军翻译，即将奔赴北方，施古德因此前来送行。郇和其后的随军经历，记录在其所著的《1860年华北战役纪要》① 一书中。施古德之所以要从鼓浪屿赶到厦门，是因为当时的英国领事虽住在鼓浪屿，办公地点却在一直被强占的兴泉永道衙署（今厦门市图书馆），直到同治二年（1863）四月才搬到鼓浪屿办公。

施古德和郇和告辞时，已经到了晚上，于是乘轿赶往码头。离开稻田和树林后就进了城，施古德催促轿夫加快速度，因为他不想待在“笼罩中国所有城镇的难以形容的恶臭中”。他们走到厦门某处“丘陵地带的花岗岩台阶前”时，看到五六十个中国人挡住了路，不过，这群人很安静，不像平常那样吵闹。施古德询问是怎么回事，轿夫回答说：“很多人挤在那里听说书，正在兴头上，如果让他们给轿子让路，恐怕有点儿为难。我们可以绕路走，不过有点儿远。”施古德想看看热闹，于是下了轿走近这群人，拍了拍几个人的肩膀，穿过最后一排挤进人群，发现面前是一座古老的小庙。庙门前有一排小木凳，上面坐着有点儿地位的听众，中间一张矮桌子，上面放着一张凳子，一个说书先生正坐在上面讲故事，仆人忙着给坐着的听众倒茶。

施古德挤进人群，大家看来了一个老外，就请他在前排就座。施古德才看清楚说书先生是一位老人，手里拄着一根白色拐棍，可能是落第的秀才靠说书谋生，说的故事应是自己年轻时候阅读、消遣的小说之类。施古德刚坐下，第一个故事说完了，说书先生就向听众收钱。到了施古德这里，施古德说自己没带铜钱，不过如果对方能说一个短故事，他就给一块银圆，毕竟他还要赶回鼓浪屿。说书先生一听，高兴坏了，赶紧翻看《今古奇观》，找到第65回《女秀才移花接木》，绘声绘色地说了起来。故事名为《田洙遇薛涛》：话说洪武年间，随父到成都的青年才俊田洙做家庭教师，某日在一处桃林巧遇一位美人，自称：“乃文孝坊薛氏女，嫁与平氏子康，不幸早卒，妾独孀居于此。”田洙与美人同居半年，诗文唱和，情味相投，乐不可言，美人还赠送田洙卧狮玉镇纸、洒墨玉笔管等物。后被家人发现，一起来到桃林，发现屋宇全无，有冢累然，才知道美人是薛涛鬼魂。这个故事其实只是《女秀才移花接木》的引子，主角是文武全才的闻蜚娥，她男扮女装考中秀才，后来为父报仇，最后嫁给了同窗好友。

---

① Robert Swinhoe, *Narrative of the North China Campaign of 1860: Containing Personal Experiences of Chinese Character, and of the Moral and Social Condition of the country, Together with A Description of the Interior of Pekin*, London: Elder, 1861.

施古德要赶时间，所以要求说书先生只讲一个短故事《田洙遇薛涛》，估计十几分钟也就说完了。说书先生从桌子后绕过来收钱，施古德掏了一块银圆给他。说书先生说，他还有很多类似故事，施古德就让他次日到鼓浪屿来找自己。于是说书先生归还了寺庙的桌子和凳子，将那本《今古奇观》放进包里，转身消失在一条黑暗的小巷里，人群也就散了。施古德坐着轿子，穿过狭窄曲折的小巷来到码头，登上一艘正在等待他的小船，摆渡回到鼓浪屿。等回到住处，躺在床上，却久久不能入眠，脑海中不时浮现出美丽的薛涛的形象。次日，说书先生践约前来，又讲了几个短篇故事，并向他推荐了《卖油郎独占花魁》。施古德对这个故事如醉如痴，有一段时间几乎天天捧读这个故事。[①] 有可能是在说书先生的帮助下，施古德把这个故事改为闽南口语，抄录在纸上。等到了 1873 年，施古德已回莱顿教书，开始给高延、富亭和斯图尔特三名学生上闽南语课。到了第二学年，他开始让学生翻译《圣谕广训》和《今古奇观》中的《卖油郎独占花魁》《杜十娘怒沉百宝箱》。学生先将故事译成荷兰文，再根据理解用闽南话口语说一遍，并用汉语写出来。1877 年，施古德将《卖油郎独占花魁》译为法文，和中文版一起在巴黎出版[②]。

高延对施古德的这一套教学方法很不满意，曾在日记里大发牢骚：

> 我们几乎无事可做。他（施古德）不教我们汉语句法，我们得像瞎子打鸡蛋一样猜汉语长句的意思。……一个人为什么要把所有的希望都寄托在每周学习一定数量的汉语单词，以及德庇时收集的几句所谓的但其实并不是真正的俗语上呢？为什么要让我们翻译一个用低俗的北京话写的，甚至连正规汉语文学都算不上的《今古奇观》中的庸俗色情故事呢？而且《今古奇观》是用北京方言写成的。为何他从未向我们提供关于中国文学、历史、道德、习俗、宗教的只言片语？[③]

牢骚归牢骚，教学效果似乎还不错，施古德其后教的几届学生，都是按照这一模式训练闽南语的。

---

① Kuiper, *The Early Dutch Sinologists (1854 – 1900): Training in Holland and China, Functions in the Netherlands Indies*, Brill, 2017, pp. 131 – 132.

② The Chinese title of the latter is Maiyoulang duzhan huakui. A Dutch translation by W. L. Idema appeared 99 years later in Feng Menglong, De drie woorden (Amsterdam: Meulenhoff, 1976).

③ R. J. Zwi Werblowsky, *The Beaten Track of Science: The Life and Work of J. J. M. de Groot*, Harrassowitz, 2002, p. 27.

三　施古德在鼓浪屿为法军担任翻译

1860 年 6 月，法军一艘军用运输舰“伊泽尔号”（Isère）[①] 在鼓浪屿附近海域触礁搁浅。施古德和花兰君为之提供了语言翻译服务。“伊泽尔号”是一艘蒸汽机船，有 5 名军官和 60 名水手，锅炉达 550Cv 值，航速 8 节。“伊泽尔号载着炮马的挽具和 400 吨火药，撞上了进入厦门处的一块岩石，沉没了。”[②] 舰长阿莱格里（Mr. Allegre）命令船员用小船将物资卸载到鼓浪屿附近的一个小岛上，但在打捞过程中，很多船员发起了高烧。因为需要医治，在施古德和花兰君的翻译沟通下，在鼓浪屿临时租用了一处私人住宅作为医院，生病的水手们被送到那里，由外科医生伯诺（Mr. Bonnaud）治疗。

伊泽尔号上的军官住在另一处住宅。一天晚上，鼓浪屿上的采石工袭击了该处住宅，舰长阿莱格里命令一些水兵上岸，抓捕了鼓浪屿上的十几位知名人士，以此要挟中国官府将袭击者绳之以法。这一措施非常有效，舰长阿莱格里、法国驻厦门领事德滴（James Tait）多次与官府写信沟通，袭击者最终被抓捕，人质得以释放。德滴是苏格兰人，1845 年在鼓浪屿创办德记洋行，经营综合贸易，兼航运及保险代理，后任西班牙、法国、葡萄牙及荷兰驻厦门领事。德滴也不怎么懂法语，多亏施古德和花兰君帮忙，双方才得以顺利沟通。“伊泽尔号”上的副驾驶生病，施古德让他住在自己房间几周，直至康复为止。“伊泽尔号”上的参谋人员包括几名少尉和医生等，几乎每天晚上待在荷兰领事馆，这是鼓浪屿唯一说法语的场所。施古德和花兰君通晓闽南语和法语，能够消除“伊泽尔号”船员和厦门老百姓之间的误会。施古德还陪同伯诺医生前往岛上看望他治疗的中国患者，担任医患之间的翻译。1860 年 11 月，“伊泽尔号”的工作人员离开厦门前往广州，12 月从广州出发回法国。

这是 1860 年 21 岁的施古德在鼓浪屿与法军“伊泽尔号”的邂逅故事。1873 年 3 月，因患糖尿病回荷兰休假的施古德想进莱顿大学担任“中国语言、地理和民族学教授”，为殖民地培训闽南语学生译员。施古德告诉殖民部总干事亨尼（G. Th. H. Henny，1828~1884），如果得不到这一职位，他将出走法国，因为他已被推荐担任法兰西学院汉语教授。1873 年 2 月 14 日，儒莲教授（Stanislas Julien）去世，这一职位出现空缺。施古德还给亨尼看了法国海军和殖民地部长波坦海军上将的推荐信，信中说，施古德

---

① 1885 年 5 月 21 日，一艘同名法军运输舰运载自由女神像部件开始了横渡大西洋之旅，6 月 17 日抵达纽约港。“History of the Statue of Liberty”，https：//www. wonders-of-the-world. net。

② Grant Hope, *Incidents in the China War of 1860, Compiled from the Private Journals of General Sir Hope Grant*, London: Blackwood, 1875, p. 109.

准备加入法国籍。施古德能拿到法国海军上将的推荐信，就是因为1860年他在鼓浪屿曾为“伊泽尔号”船员担任翻译，表现出了杰出的才能。殖民部部长考虑到，如果不答应施古德的要求，他将离开荷兰前往法国，于是采取了一种折中方案：施古德在因病休假期间可在莱顿大学协助霍夫曼教汉语，休假延长。

1885年，为表彰其对“伊泽尔号”的帮助，法国政府授予施古德“柬埔寨皇家骑士团司令”勋章[①]，这是他一生所获六枚勋章中的一枚。[②]

四 施古德的汉学研究

施古德和花兰君在鼓浪屿学习了三年。1860年11月12日，二人奉命去广州，直到次年的7月17日才抵达，学习了将近一年粤语。1862年6月27日，二人离开中国，途经新加坡，7月22日抵达巴达维亚。同行的还有花兰君、施古德分别聘请的汉语老师黄资庆、池德庆，他们二人两年后都返回中国。1865年1月，施古德又聘请了方文飘作汉语老师[③]。1862年8月20日，23岁的施古德被任命为巴达维亚汉语译员，是最早的两名欧洲汉语译员之一；花兰君则去了泗水作译员。当时东印度群岛有大约30万中国人，其日常生活按原有社会习俗，公共生活则完全服从殖民地政府制定的法律，这些条款大多需要译成中文。施古德经过多年训练，中文阅读和漳州话听说都没有问题，但要写汉语文章还是不太行，所以他从漳州聘请中国读书人作助手。1864年10月，施古德被派到岜吉冷（Bagelen）去检查当地鸦片税农的账目，又到开杜（Kedu）华人居民区住过一段时间。1865年1月，施古德被任命为爪哇和马杜拉华人人事法特别是继承法管理委员会顾问。

施古德一边做汉语翻译，一边开展研究。开始写的几篇文章都与当地中国人的法律有关，例如最早的论文是1862年9月发表的《中国的法律：关于中国遗嘱、捐赠和继承的一些东西》[④] 及12月发表的《关于中国人婚姻的法律规定和惯

---

① 法国荣誉军团勋章是1802年由拿破仑设立的，以取代旧封建制度下的最高荣誉骑士团勋章，是法国政府颁发的最高荣誉。法国荣誉军团勋章颁发给那些曾为法兰西共和国做过卓越贡献的军人和平民，共分五级：骑士（Chevalier）、军官（Officer）、指挥官（Commander）、高级军官（Grand Officer）、大十字骑士（Chevalier Grand Cross）。

② Henri Cordier, “Nécrologie, Le Dr. Gustave Schlegel,” *T'oung Pao 4*(1903), p. 409.

③ Kuiper, *The Early Dutch Sinologists(1854-1900): Training in Holland and China, Functions in the Netherlands Indies*, Brill, 2017, Appendix E, p. 1110.

④ “Chineesch regt: iets over Chinesche testamenten, donatiën en erfopvolging,” *Het-regt in Nederlandsch-Indië*, 20(1862), 369-74(September 1862).

例的描述》[①] 等。1866 年，施古德以殖民当局没收的中文材料为基础，出版了《天地会：中国和荷属印度华人中的秘密会社》[②] 一书，这是欧洲第一次收集并分析中国秘密社团的著作。书出版之后，殖民地政府才制定具体的政策。该书 1958 年由新加坡政府印务局重印。1940 年由薛澄清[③]翻译，以《天地会研究》之名在长沙商务印书馆出版，作者译名为“施列格”，台北古亭书屋 1975 年、上海文艺出版社 1991 年分别再版该译本。1867 年，施古德还发表了《中国娼妓考》。同年 4 月，施古德开始培训汉语翻译，直到 1872 年夏天，这为他积累了闽南语教学的经验。1869 年 6 月，30 岁的施古德以《起源于中国的欧洲的游戏和消遣》[④] 在耶拿大学获得博士学位。

1872 年 6 月 8 日，因患糖尿病，施古德获准回国休病假两年。经过一番努力，他进入莱顿大学担任霍夫曼的助教，1873 年招收了高延等三名学生。1875 年 9 月，成为莱顿大学名义教授，同年，招收了薛伯等三名学生。1877 年 10 月，被正式聘为汉语教授，10 月 27 日发表就职演说《论汉学研究的重要性》（Over het belang der Chineesche taalstudie）。从此，荷兰莱顿大学的汉学研究进入施古德时期。在 24 年教学生涯中，施古德一共培养了 12 名汉语翻译人员。

1875 年，施古德出版《星辰考原》，其全名是《中国天文学，或有直接证据表明原始天文学起源于中国并被古代西方人从中国借用》[⑤]：

> 在这 900 多页的鸿篇巨著中，他考证了中国史书中 759 个星座和星名。根据徐发《天元历理全书》中的星图等中国古代典籍做了恒星星名的中西对照。《星辰考原》一书附有 1700 个中国星名与星座名及异名，并都给出了西星名。该书还另附

① “Wettelijke bepalingen omtrent de huwelijken in China en beschrijving der daartoe gebruikelijke plegtigheden,” *Het regt in Nederlandsch-Indië*, 20(1862), 394–408(November 1862).

② *Thianti hwui: the Hung-league, or Heaven-earth-league: a secret society with the Chinese in China and India; with an introduction and numerous cuts and illustrations, Verhandelingen van het Bataviaasch Genootschap van Kunsten en Wetenschappen*, 32(2)(Batavia: Lange, 1866).

③ 薛澄清（1907~1960），漳州长泰人。1929 年厦门大学历史系毕业，1932 年燕京大学硕士毕业后回厦大任教。1937 年携妻子避乱印尼。1939 年 4 月完成《天地会研究》翻译，分上、中、下三册，共 328 页，由许地山作序，于 1940 年 8 月在商务印书馆出版。1957 年回国，在厦大任教，1960 年去世。

④ *Chinesische Bräuche und Spiele in Europa*(Breslau: Robert Nischkowsky, 1869), 32 p.(slightly abridged Dutch translation Europesche spelenengebruiken uit China afkomstig by C. P. K. Winckel in Bataviaasch Handelsblad, 20, 23 and 27 October 1869).

⑤ [Sing chin khao youen] Uranographie chinoise ou Preuves directes que l’astro-nomie primitive est originaire de la Chine, et qu’ elle a été empruntée par les anciens peuples occidentaux à lasphère chinoise, KITLV van NI(Leiden: E. J. Brill; The Hague: Nijhoff, 1875).

一套中西星名对应的七幅星图（见图5）。此书的中国星象更接近“我国的传统”，因而其在国内外素负盛名。①

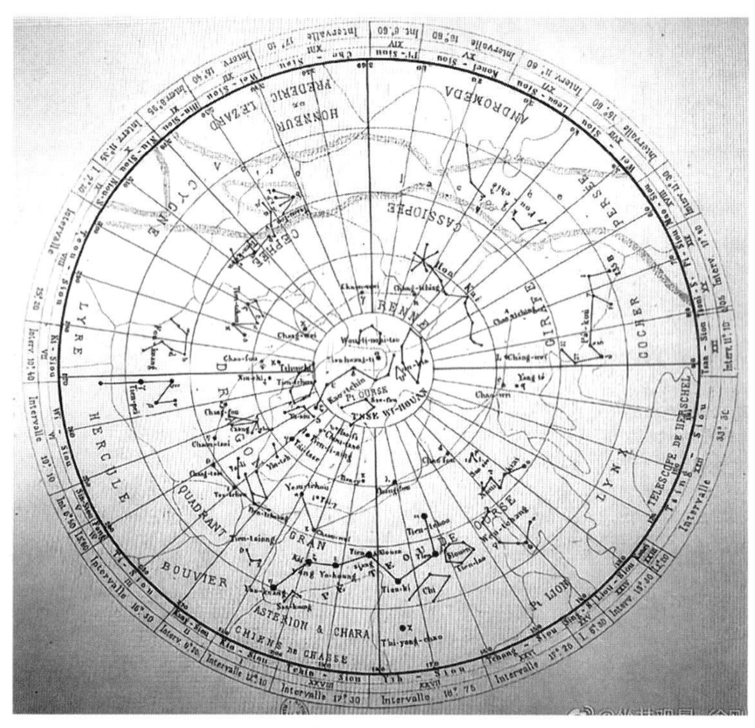

图5 施古德《星辰考原》中的七幅星图之一

资料来源：https：//gallica. bnf. fr/ark：/12148/bpt6k14159692/f5. planchecontact。

五　施古德的汉学研究成就

为施古德带来最高学术声誉的还是四卷本、5000多页的《荷华文语类参》。1882年，该辞典第一卷出版，有记者在1882年12月12日《泗水商报》上发表了一篇题为《又是一本汉语辞典》的文章，对总共要花费4万荷兰盾出版该辞典感到遗憾——实际是2万荷兰盾。因为殖民地的欧洲汉语译员就要减少到四人，为四个人出版这样一本厚重的辞典确实不值得。不过他又说：

尽管已经下令削减译员人数，但由于该地区华人人口在数量、财富和影响力

① 宋仁克：《中西星名对照与考证：劳苦与繁难》，《天文爱好者》2019年第8期。

上持续增长，这本辞典将来还是会非常有用的，将成为一些精通汉语和中国习俗的欧洲官员的必备书。……辞典印刷质量很好，应该出全，因为施古德已花了25年时间编写它。①

到了1883年，有专业汉学家指出，“这部辞典肯定是一部非常有用的著作”，但口语和书面语区分不清，例如“差不多”“不要”等肯定不是书面语。也有学者建议出英文版。

1883年在莱顿举行了第六届国际东方学大会，在第四分场“中亚和远东”中施古德宣读了名为《论荷兰语在汉语翻译中的重要性》（Sur l'importance de l'emploi de la langue Hollandaise pour'interpretation de la langue Chinoise）的论文。他首先说明，自己的这部辞典就是为东印度群岛的汉语译员准备的，帮助他们把荷兰法律文本翻译成中文；其次，它对日本人可能有用，因为《荷日辞典》有很大的缺陷，而日本人基本都能读懂中文；最后，汉语和荷兰语之间有许多相似之处，这表明荷兰人被称为“欧洲的中国人”是有一定道理的。在把汉语翻译成英语、法语、德语和荷兰语的过程中，施古德亲身体会到，荷兰语比其他三种语言更能准确地翻译汉语成语。②

1887年5月，尽管还没有印全，施古德仍获得了该年度的儒莲奖（Prix Stanislas Julien）。等到这部巨型辞典出版完毕，各种评论接踵而至。施古德曾提到，有一家德国报纸将《荷华文语类参》与英国的福斯大桥和埃菲尔铁塔并列为19世纪的大型建筑之一，不过他没有说明是哪家报纸。③ 法国汉学家高第在《汉学研究五年（1886~1891）》中称赞说：“这部辞典是汉语辞典同类著作中最好、最完整的一部。”④ 1892年，美国芝加哥大学教授、人类学家斯塔尔（Frederick Starr，1858~1933）访问莱顿后在《欧洲的人类学研究》中指出：“《荷华文语类参》远不只是一部词汇书，而是一部所有人类学学生都必须查阅的民族学资料宝库。”⑤ 不过，当时令施古德恼火的是，因为德、英、法和俄等国人都不读荷兰语，所以这部辞典中包含的大量民族志和其他有用信息都埋藏在里面而少有人问津。1895年日俄战争期间，施古德公开发表支持中国的言论，并预言日本今后会侵略东南亚。他的这一观点遭到了米特（Pieter Meeter,

① *Soerabaiasch Han-delsblad*, 12 December 1882.

② Annual Report. Journal of the Royal Asiatic Society of Great Britain & Ireland: 1885.

③ Quoted by Schlegel in his review of De Groot' s The Religious System of China in De Indische Gids(1892), 1133 note 1. Schlegel gave no reference to the name or date of the German newspaper.

④ T'oung Pao A 3(1892), 532-63, p. 558. “Read at the Ninth International Congress of Orientalists, held in London (1891).”

⑤ “Anthropological work in Europe”, in *The Popular Science Monthly* 41(1892), p. 56.

1844~1901）的讽刺，米特顺带着对施古德研究中国妓女的个人道德和《荷华文语类参》发表了极其负面的评论。[①] 这也让施古德恼火不已。

1903年，施古德去世后，莱顿民族志博物馆馆长施梅尔茨博士（J. D. E. Schmeltz，1897~1909年在任）在《施古德教授讣告》中说：

> 我们如饥如渴地阅读了这部辞典的每一部分，并主要从中汲取了我们关于中华帝国民族志的知识。每当我们希望获得任何学科的知识时，都从这部著作中获益，……它将成为逝者的"永恒纪念碑"。[②]

库寿龄（Samuel Couling，1859~1922）[③] 在1917年出版的《中国百科全书》（*The Encyclopaedia Sinica*）中写道："施古德在1882~1891年出版了一部极好的四卷本《荷华文语类参》。"[④] 可以预想到的是，这部辞典的销售情况并不理想，其后的几十年里，博睿（Brill）出版社仓库里仍有大量《荷华文语类参》未售出，且大部分未装订。1977年，这些纸张最终被扔进了碎纸机，合订本则以极低的价格出售。[⑤]

在汉学研究领域，施古德另外一项重大贡献是创办了《通报》。1889年，施古德参加第八届国际东方学者代表大会，和法国汉学家高第商量后决定创设一份致力于东亚研究的学术刊物。次年，《通报》创刊号由莱顿博睿出版社出版。刊名起初是《用于研究东亚（中国、日本、韩国、印度支那、中亚和马来西亚）历史、语言、地理和民族志的通报》，"通报"（Archives）即"存档"的意思；刊名后省略为《关于东亚历史、语言、地理和民族志的通报》[⑥]。创刊号上有一份声明：

> 我们创立这份新刊物，不是出于个人的抱负，也不是想在已有的亚洲期刊中徒增一份来凑数，而仅仅是出于确信这份杂志能够填补在远东民族研究中的一个

① Pieter Meeter, "Twee professoren over China en Japan, "*Java-bode*, 25(and 26) April 1895.

② J. D. E. Schmeltz, " Prof. dr. G. Schlegel. , " Algemeen Handelsblad, 17 October 1903. A summary, appeared in DeIndische Gids, Vol. 2(1903) , 1862-3.

③ 库寿龄，英国浸礼会教士，教育家、编辑。1884年来华，在山东传教和办学。1900年开始在山东收购甲骨，是最早收藏甲骨的外国人。曾撰写文章《河南所出的奇骨》，所购藏甲骨后转卖给了美、英四家博物馆。后至上海办刊建校，逝世于上海。著有《中国百科全书》（英文版）和《上海史》，曾创办、主编《新中国评论》（*New China Review*，1919~1922）。《中国百科全书》是1917年由上海别发印字房出版的全一册英文版百科全书。

④ Couling, *Encyclopaedia Sinica*, under "Lexicography, " p. 303.

⑤ Kuiper, *The Early Dutch Sinologists(1854-1900): Training in Holland and China, Functions in the Netherlands Indies*, Brill, 2017, p. 643.

⑥ *T'oung Pao ou Archives concernant l'histoire, les langues, de la geographie et de l'ethnographie de l'Asie Orientale.*

令人遗憾的空白。[①]

欧洲最负盛名的一种汉学研究杂志就此诞生。施古德自任荷兰文版主编。他在《通报》上发表了许多论文，包括考证中国典籍里外国地名的《地理学的问题》和《地理考》等，都在《通报》上连载，1928年由冯承钧[②]教授翻译，在商务印书馆出版，题名为《中国史乘中未详诸国考证》，作者署名为“（法）希勒格”。2014年，上海古籍出版社重印。2022年，文物出版社将该书列入“海上丝绸之路基本文献丛书”再版，“内容提要”云：

> 《中国史乘中未详诸国考证》，冯承钧译，二十卷，民国十七年商务印书馆本。原书标注的（法）希勒格，即是荷兰汉学家施古德（Gustave Schlegel，1840－1903），1892年，希勒格发表论著《中国史乘中未详诸国考证卷一：扶桑国考证》，作者根据《山海经》《十洲记》《梁四公记》等古籍资料，对扶桑、扶桑木、扶桑蚕、矿产、动物、风俗等诸方面进行考证，力图证明扶桑国即库页岛，亦即日本称之为桦太，而绝不是墨西哥。全书内分二十卷：对扶桑国、文身国、女国、小人国、大汉国、大人国或长人国、君子国、白民国、青丘国、黑齿国、玄股国、劳民国或教民国、离国、背明国、郁夷国、含明国、吴明国、三神山、古琉球、女人国进行考证。从作者考证的结果来看，这些中国古籍中的奇异国度基本上是对中国以东的堪察加、千岛群岛、库页岛、朝鲜半岛、日本诸岛以及中国台湾的描写。相关的考证结合了文献资料记载、不同语言的转译、人类学家记叙，具有一定的说服力。此书是民国时期翻译的国外对于中国古籍中涉及的域外国度考证的著作，非常具有学术价值，对于我们研究“海上丝绸之路”也提供了非常独特且珍贵的文献参考。

1901年，施古德发表了《论中国人对外国人的仇恨的起源》，对1900年爆发义和团运动的原因进行解读，这也是施古德发表的最后一篇论文。[③]

---

① 《通报》第1集第1卷，1890，第1页。

② 冯承钧（1887～1946），湖北汉口人。曾从学于法兰西学院伯希和教授。回国后任北京大学、北京师范大学历史系教授。通晓法文、英文、比利时文、梵文、蒙古文、阿拉伯文、波斯文，以及古回鹘语、吐火罗语和蒙语八思巴字，并精通中国史籍，是史地研究考证及中外交通史方面的大家，毕生研究中外交通史和边疆史，著译等身。

③ “De oorsprong van den vreemdenhaat der Chineezen,” Tijdschrift van het Koninklijk Nederlandsch Aardrijkskundig Genootschap(September 1901), pp. 803－15.

1878年5月，39岁的施古德娶了22岁的表妹布丁（Gesina Buddingh，1857～1897），没有生育子女，1890年底离婚。1899年，施古德左眼失明。1902年6月，他不得不停止教学和写作，因为右眼也突然失明了。1903年10月15日，施古德在莱顿去世，享年63岁。在他去世后，施梅尔茨在《讣告》中写道：

> 施古德晚年非常渴望与人交往，但身边却没有什么人，他变得更加以自我为中心。究其原因，部分是因为他在东方时接受了中国人太多的风俗习惯和思想观念，因而对欧洲社会不能认同。他经常和人激烈争吵，搞得大家很不愉快，于是都离他远远的。①

可见，鼓浪屿三年的学习经历深刻改变了施古德，那个时候，他毕竟还只是一个18岁的年轻人。对于施古德在荷兰汉学领域的贡献，包乐史教授的评价可谓中肯：

> 在施古德任教莱顿（1876～1902）的25年里，他不仅仅是一名培训译员的教师。作为一名具有世界眼光的学者，他带领学生进入汉学研究的不同领域。他编纂了《荷汉辞典》，培训过印刷商的汉字排版学徒，与高第（1849～1925）共同创办了有影响力的学术期刊《通报》，这都为汉学研究奠定了基础。施古德虽然有明显的局限性——据说在他的职业生涯后期变得越来越暴躁、好斗和自负——但仍可以被认为是一位伟人，正是踩在他的肩膀上，莱顿大学的汉学学生们才得以拓宽和加深了对中国社会的了解。②

台湾“清华大学”陈珏教授曾将欧洲汉学发展分为两个时期：传教士汉学和职业汉学，后者发生了三次重要的范式转变。第一次是从19世纪初到20世纪30年代：

> 汉学研究在1814年发生了重大转变，法兰西学院设立了欧洲第一个汉学教授职位，由雷慕沙（1788～1832）担任，这标志着汉学“巴黎学派”黄金时代的开始。沙畹（1865～1918）、高第（1849～1925）和伯希和（1878～1945）等著名学者都属于该学派。此后一直到二战开始，欧洲许多主要大学和高等学府都设立了

---

① J. D. E. Schmeltz, “Prof. dr. G. Schlegel.,” Algemeen Handelsblad, 17 October 1903. A Summary, Appeared in DeIndische Gids, Vol. 2(1903), pp. 1862-3.

② 包乐史：《筚路蓝缕，以启山林：莱顿大学的早期汉学家（1854—1911）》，载伊维德主编《过去、现在与未来：荷兰的中国研究》，耿勇、刘晶、侯喆译，上海社会科学院出版社，2021，第30页。

> 汉学教授职位，包括但不限于牛津大学的理雅格（1815~1897）、剑桥大学的威妥玛（1818~1895）、莱顿大学的施古德、柏林大学的高延和汉堡的弗兰克（1863~1946）。二战爆发之前，这种欧洲模式被北美和澳大利亚的大学所采用，我称这是“专业汉学”或“学院汉学”的形成时期。①

职业汉学之“职业”，指的是汉学成为高等教育体制下的一门既定学科，需要安排教授职位，并满足现代学术要求。陈珏教授以上所列举的学者都是这一时期欧洲汉学研究的代表人物。

1903年10月，施古德去世，莱顿大学汉学教授职位出现空缺，学校请高延继任。1904年1月，施古德在莱顿大学所教的首届学生高延勉为其难地接受了邀请。

[鼓浪屿（1857~1898）：荷兰早期汉学家成长的摇篮（Ⅰ）载于本刊第十七辑]

① Jue Chen, “Earl Miner New Sinology through comparative literature”, Neohelicon, 2014.

鼓浪屿会审公堂历任堂长小考*

侯　莎**

摘　要：鼓浪屿会审公堂设立的法律依据是1902年《厦门鼓浪屿公共地界章程》中"界内由中国查照上海成案，设立会审公堂一所"的规定。会审公堂主要接受中国政府的领导，它的负责人称会审公堂委员，又称堂长。堂长由中国政府任命，其他工作人员则由堂长任命并进行管理。会审公堂前后共产生了20位堂长。这些堂长，既有倡导文明司法者，又有为国家利益据理力争者、为民族大义身体力行者，还有徇私舞弊者。作为华洋之间、官商之间的夹缝生存者，会审公堂堂长是清政府在鼓浪屿公共租界常设的重要官员，兼具司法和行政职能，且在一定程度上成为中国政府与外国之间关系的桥梁和矛盾的缓冲带。

关键词：鼓浪屿　会审公堂　堂长

鼓浪屿会审公堂设立的法律依据是1902年《厦门鼓浪屿公共地界章程》第12条"界内由中国查照上海成案，设立会审公堂一所，派委历练专员驻理。所属有书差人等，以资办公。该员应由厦门道暨总办福建全省洋务总局札委"以及第14条规定的罪犯在厦门和鼓浪屿之间"引渡"的条款。会审公堂最初设立在原保商局旧址(今鼓浪屿锦祥街)，1920年后迁至泉州路105号，1930年前后又迁到工部局附近的黄仲涵楼，即笔山路1号，一直到其停办。作为中国政府在鼓浪屿公共租界设立的司法审判机关，会审公堂的人员组成、经费管理，特别是会审公堂委员的构成都极为特殊。

*　本文为福建省社会科学基金项目"会审公堂：近代鼓浪屿法律遗产研究"（项目批准号：FJ2024B043）、福建理工大学科研启动基金项目"鼓浪屿租界法制研究"（项目批准号：GY-S24039）的成果。

**　侯莎，福建理工大学法学院·知识产权学院副教授、硕士生导师，法学博士，主要研究方向为法制史、经济法。

一 鼓浪屿会审公堂堂长概况

鼓浪屿会审公堂设委员（一般习惯称“堂长”）1名，书记长1名，书记3名，录事1名，收发、翻译、会计兼庶务、传达、传供、公丁各1名，侦探（即司法警察）、厨房与打杂各2名，接近20人。[①] 其中，会审公堂委员由中国官方任命。其他工作人员则由委员任命并负责管理，一般选取居住在鼓浪屿且有一定文化背景的人担任会审公堂职员。

此外，会审公堂杂役的工资、公堂的房租以及日常运转经费由中国政府负责，每月约为1000元，国库支付后由福建省财政厅转发。其中，会审公堂堂长的月薪是300元，书记长的月薪是100元，书记的月薪是60元，其他人员的月薪则在20元到30元之间。

1903年5月1日，兴泉永道尹延年委任大清钦加四品衔杨荣忠负责厦门洋务分局，并兼任鼓浪屿会审公堂首任委员，杨荣忠成为鼓浪屿会审公堂的首位堂长。1903年6月，张兆奎被任命为会审公堂的第二任堂长。最后一任堂长为杨廷枢。一直到1945年，存在40多年的鼓浪屿会审公堂，前后产生了22任共20位堂长，分别是：杨荣忠、张兆奎、金学献、张千、沈瑞麟、陈鸿运、董延瑞、曹友兰、李瑞年、朱兆莘、沈观源、陆守经、石广垣、曹士元、林葆炘、刘亮齐、吴照轩、周先觉、罗忠谌、杨廷枢。

二 历任堂长小传

从现存史料中我们整理并撷取出15位具有代表性的堂长的个人小传，具体如下（见表1）。[②]

（一）第一任堂长——杨荣忠

杨荣忠（生卒年不详），为官时曾因工作勤奋被嘉奖。[③] 1900年，杨荣忠在任厦门洋务分局委员兼候选直隶州知州期间，向清政府奏请在保甲局内设立巡捕，负责稽查岛内事务。1902年1月10日，杨荣忠作为中国政府代表之一参加鼓浪屿公共租界土地章程签字仪式，并在中文文本和英文文本《厦门鼓浪屿公共地界章程》草案上签字，完成了文本核对和签押工作。1903年5月1日，兴泉永道尹延年委任杨荣忠负责厦门

① 厦门市地方志编纂委员会编《厦门市志》第2册，方志出版社，2004，第1557页。

② 囿于史料有限，部分堂长如第四任堂长张千的小传空缺。

③ 《杨荣忠勤奋被嘉奖》，《申报》1891年5月30日。

洋务分局，并兼任鼓浪屿会审公堂首任堂长。同年6月，其因蒙混巧取、遇事把持被立即革职。①

（二）第二任堂长——张兆奎

张兆奎（生卒年不详），字聚五，别号文川，天津人。1892年任泉州府厦防同知，驻扎厦门海口，担负管理海防、稽查商船等职责。清末厦门华洋杂处、商业繁盛，且各国领事驻于此地，堂长官职尤显重要。任职期间张兆奎政绩卓越，以清廉闻名。

1897年2月，日本挟甲午战争获胜余威正式照会清政府，要求依照有关条约在鼓浪屿、虎头山一带设立总面积22万坪（0.73平方公里）的日本专管租界。随即，闽浙总督派遣时任厦防同知张兆奎和绘图学生林兆燕会同厦门兴泉永道道员周莲一起"逐细履勘、绘图贴说"，以备同日方辩驳并力争主权，并将勘察结果汇报给总理各国事务衙门。

1903年6月，张兆奎担任鼓浪屿公共租界会审公堂堂长，后调到漳州税厘总局，又升任延平府知府。1904年，因办理洋务业绩突出被提拔为道员。②

（三）第三任堂长——金学献

金学献（1848~?），祖籍杭州（一说广东番禺）。1876年，丙子恩科进士出身。1898~1899年，任福州府知府。1900~1903年，历任泉州府、兴化府、延平府知府。为官以"才具开展、办事稳练"著称。③ 戊戌维新后，"废科举，立府学"的呼声传遍全国。清政府于1901年8月颁布《兴学诏书》，下令"着各省所有书院，于省城改设大学堂，各府厅直隶州设中学堂"。1902年，金学献奉省令延请邑绅陈棨仁、李清琦二翰林，又邀集黄谋烈、黄抟扶及泉州巨绅商议筹办府中学堂，租赁新府口左侯祠（即左宗棠将军祠堂）及石栋府第碧梧轩的一部分作为校舍，筹办了泉州府第一所中等学校——泉州府官立中学堂（又名泉郡官立中学堂），延请黄谋烈为正总办。翌年春招生，泉州府所属的晋江、南安、惠安、同安、安溪的童生和秀才共计500多名考生报考，金学献亲自主试，录取新生80名。秋季入学时，金学献亲自主持了开学仪式。1904年，洋务局兼会审委员张兆奎太守调办漳州税厘总局，所遗留的洋务会审委员一职由时任太守金学献接办，金学献成为鼓浪屿公共租界会审公堂第三任堂长。④

---

① 《杨荣忠鼓浪屿会审公堂被免》，《申报》1903年12月30日。
② 《张兆奎厦防同知谕旨》，《集成报》（第9册），中华书局，1991，第467页。
③ 《候补知县金学献办事稳练》，《申报》1903年3月31日。
④ 《金学献接任会审》，《申报》1905年3月11日。

（四）第五任堂长——沈瑞麟

沈瑞麟（1874～1945），字伯龄，号砚裔，浙江湖州府（今湖州市吴兴区）人。父沈秉成，咸丰六年进士，授翰林院编修。其子沈迈士，后为画家。沈瑞麟为清末著名外交官，曾著有《廓克利厂纪略》等。

1890年，沈瑞麟中举人，历任郎中、知府、道台等职。1902年，任清廷驻比利时公使馆随员。1907年5月21日（四月初一），任鼓浪屿公共租界会审公堂第五任堂长。1908年，任清政府驻德国公使馆代理二等参赞兼万国保护文艺美术版权公会会员。1909年，调任清政府外务部参议。1910年8月28日，任清政府驻奥匈帝国公使，任职期间沈瑞麟多次出面维护流落奥地利的华人权益。[①] 1912年中华民国成立后，沈瑞麟仍任驻奥匈帝国公使。第一次世界大战期间，沈瑞麟积极与中国驻欧各使馆沟通并了解信息，定期将战争情况及奥匈帝国政情报告给中国的外交部门。同时他还负责与奥地利外交部谈判，成功解决了奥地利驻华公使讷色恩（Athur Edler von Rosthorn，1862～1945）拒还中国借款问题，维护了中国的利益。1917年8月，北洋政府对奥匈帝国宣战，沈瑞麟归国。1918年8月至1920年9月，任和约研究会副会长。1921年，任华盛顿会议中国代表团顾问。1922年1月5日，任北洋政府外交部次长兼外交委员会会长。1923年3月，沈瑞麟被任命为蒙疆善后委员会委员。1925年2月21日，升任北洋政府外交总长兼关税特别会议委员长。到任后不久，在段祺瑞的授意下和法国驻华公使签署《金法郎协定》，解决了“金法郎”难题。[②] 1925年上海租界发生“五卅惨案”，沈瑞麟代表中国政府三次向驻京公使团领袖发出外交照会，并提出抗议。1927年6月，任潘复内阁内务总长，也是北洋政府最后一位内务总长。

北洋政府倒台后沈瑞麟随张作霖退往关外，1929年任中东铁路理事兼东北边防司令长官公署参议。1932年伪满洲国成立后，沈瑞麟任北满铁路首席理事，此后在伪满洲国历任“参议府参议”等伪职。1945年8月，沈瑞麟被苏联红军俘获。在被遣送苏联途中病卒，享年72岁。

（五）第八任堂长——曹友兰

曹友兰（生卒年不详），字亮甫，浙江人，清国子监监生出身，因报捐获候补知县

① 《出使奥国大臣沈星使瑞麟》，《外交报》第31期，1910年，第1页。

② 《令外交总长沈瑞麟：呈请叙次长官等由》，《临时执政指令》第三百四十五号（1925年3月12日）。

资格。1909 年 7 月，被任命为厦门鼓浪屿交涉分所所长、鼓浪屿公共租界会审公堂第八任堂长。任职会审公堂堂长期间，主张“废跪为站”，从此堂审人员免于下跪，开风气之先，为 1910 年《申报》所报道。1913 年 11 月，曹友兰作为交涉员与各国领事争夺鼓浪屿华人的裁判权。

1914 年鼓浪屿发生印度巡捕伤人事件，时任会审公堂委员曹友兰劝阻，被工部局认定是幕后操纵者，要将其罢免驱逐出界。曹友兰据理力争：“我是民国的官，印信须交我国上司，与子何干”?① 后领事团派了十几名印捕到会审公堂，将所有文书尽行取走，并将会审公堂标封而去，幸好曹友兰预先将重要案卷印信收藏，才免于受辱。1914 年，曹友兰从鼓浪屿公共租界会审公堂辞任。②

（六）第九任堂长——李瑞年

李瑞年（生卒年不详），福建人。1914 年任福建省署委员，赴厦门处理鼓浪屿“印捕伤人事件”，并调解鼓浪屿租界领事团与时任会审公堂堂长曹友兰之间的争执。1914 年 5 月，曹友兰辞任后，他继为鼓浪屿租界会审公堂第九任堂长。1914 年 8 月 7 日辞任。

1920 年 9 月至 1921 年 3 月间，李瑞年转任浙江省富阳县知事，1921 年 6 月复任。1922 年 6 月，浙江省长沈金鉴在上报中央的咨文中称李瑞年多次“疏脱监解”，致使一些罪犯逾期未能捕获，请求付之惩戒。时任国务总理周自齐批准之，将李瑞年交文官高等惩戒委员会惩戒。③

（七）第十任堂长——朱兆莘

朱兆莘（1879~1932），字鼎青、鼎馨，广东花县人，民国时期著名外交家，曾任上海高等审判厅厅长（见图 1）。17 岁时，朱兆莘考取秀才。次年，补授廪生，于广州广雅书院肄业。后被选送至京师大学堂优级师范学堂学习，因成绩优异，被钦赐为举人。著有《伦理学 ABC》《实验主义与教育》等书籍。

1907 年，朱兆莘被学部选派赴美国留学，先在纽约大学取得商务财政学士学位，后在哥伦比亚大学取得法政硕士学位，最后入博士研究科深造。1912 年冬，朱兆莘回国参加民主政治活动。1913 年，被选为参议院议员，是年 1~7 月，兼任总统府秘书、

---

① 《鼓浪屿风潮之大风潮》，《申报》1914 年 2 月 27 日。

② 《曹友兰会审委员应对事件后被免职》，《东方杂志》第 10 卷第 1 号，1914 年，第 7 页。

③ 《据国务总理周自齐呈准浙江省长沈金鉴咨呈富阳县知事李瑞年迭次疏脱监解各犯》，《大总统训令》第六十一号(1922 年 6 月 8 日)。

咨议和北京大学商科主任等职务。

1914 年 1 月，袁世凯宣布解散国会，朱兆莘被褫夺各项职务。是年 8 月前往厦门，任鼓浪屿会审公堂堂长，处理有关“封堂事件”纠纷，会审公堂也因为他才得以重新开庭办公。朱兆莘到任后，破例开庭时居中而坐，外国领事抗议。朱兆莘回答说：“此中国法庭也，当然我主尔从。”在审理案件中，朱兆莘多不采用西方领事陪审制，引起了他国领事的不满。日本驻厦门总领事菊池义郎（1877~1944）曾经致电领事团讲述此事，电文中称：“会审公堂的法官在审理案件时只要起诉人是中国人，就坚决地反对采用陪审团审判；领事团提出要在开庭时派遣陪审员共同审理的案件都会被公堂法官找出各种理由拒绝；其中还有一个案件，没有任何理由也没有给出解释就拒绝陪审团审理。”对此，朱兆莘驳斥道：“吾依律判处，非他人所得干涉。尔如不服，可以依约交涉。”

面对骄横的外国领事，朱兆莘对外不失国权，据理力争，在内能得民心。领事团器其才，遂为公决：此后的华民案件，免领事会审，由委员自行裁判；如果遇到与外国人有关的案件，由会审公堂函达该管领事，订期会审；如果华人发生刑事案件，归工部局办理，后改由工部局起诉，送请公堂侦查核办。各界对朱兆莘评价甚高，称其“整躬率物，约束差役，对于传讯诉讼人，不准私索分文，违者严惩。案系民事，或庭谕和解，或依法判决，均能持平。案系刑事，或酌戒，或罚锾。对劳动界，尤善体恤，罚金甚微”。

1916 年 7 月，朱兆莘在会审公堂离任后，被任命为驻英国大使。此后，又先后被派任驻美国旧金山总领事、驻英国代办、驻意大利公使，兼国际联盟理事会和万国禁烟会议的中国代表等，以中国政府首席代表身份积极参与国际外交舞台上的各项活动。1925 年 3 月，朱兆莘任驻英代办兼国际联盟代表，其间在伦敦对中国留学生发表演说时严厉抨击了美国政府提出的“门户开放，机会均等”政策。此后徐树铮报告称“驻欧使才朱为第一”，朱兆莘遂升任驻意全权公使。任职期间，他以敢言闻名于中国外交界。首以迅雷不及掩耳之手段提出“万县惨案”，与英代表舌战。

1927 年 7 月 4 日，朱兆莘接到南京国民政府的任职命令。10 月，朱兆莘回国，直接抵达南京，被任命为南京国民政府外交部政务次长，协助伍朝枢处理外交事务。[①] 随后，他又代表南京国民政府担任驻意大利公使及中国驻国际联盟理事会首席代表等职。1928 年起，历任广东省政治会议委员、粤海关监督及国民政府外交部特派广东交涉员

① 《朱兆莘回国》，《国闻周报》第 4 卷第 27 期，1927 年。

等职。1931 年 9 月 18 日，日本军国主义者发动侵华战争，强占我国东三省，朱兆莘担任对日特种外交委员会委员。1932 年 1 月，任国难委员会议员。

1932 年 12 月 10 日，朱兆莘与朋友饮蛇羹，中毒逝世。

图 1 朱兆莘照片（右上）

资料来源：《良友》第 18 期，1927 年，第 24 页。

（八）第十一任堂长——沈观源

沈观源（生卒年不详），1916 年担任鼓浪屿公共租界会审公堂堂长。1916 年 4 月

10日至5月15日，日本所设的“台湾总督府”举办的“台湾劝业共进会”在台北举办，其时兼任福建省将军代理的沈观源与巡按使代理汪阳率领代表团代表福建省出席了该展会。[①]

（九）第十二任堂长——陆守经

陆守经（1886～?），字鼎生，号达权（一说字达权），上海青浦朱家角镇人。1897～1903年，初学于上海南洋书院。1903～1908年，先后任上海申报馆编辑、上海商务印书馆助理编辑、上海城东女学教员。1909～1910年，就读于复旦公学，其间在《教育杂志》上发表了一篇名为《法者天子所与天下公共也论》的论文，初步展露出法学方面的才能。[②] 1910年，陆守经和上海滩传奇女子金小宝结婚，育有一子。其后，陆守经曾短期留学日本，学习法政。

1911年9月，陆守经抵达美国。1911～1914年，由政府资助，陆守经作为第三批庚款留学生于威斯康星大学修习政治学，并获得博士学位（一说是文学学士学位）。其间，陆守经还先后担任威斯康星中国学生俱乐部英文秘书、主席，威斯康星国际俱乐部主席。

1914年11月，陆守经回国。1915年，成为政治和社会科学协会会员。1915～1916年，任司法部民事司办事兼编译处办事。[③] 1916年，任司法部主事及厦门鼓浪屿会审公堂委员。1917年12月1日，陆守经免于回避本籍，任上海地方审判厅厅长。[④] 1920年，先后任淞沪护军使何丰林（1873～1935）的公署秘书长、上海松江的国防专员。[⑤] 1922年前后，任交通部驻沪电料处处长、交通部秘书、参事上行走、军政部佥事等要职。1925年，任交通部秘书。[⑥] 1927年，任外交部高级秘书。1934年，陆守经在北平挂牌做律师。

陆守经还担任过美国留学生社团副社长、复旦大学顾问董事、外国饥荒救济委员会会员等。晚年的陆守经执教于北京，后不知所终。[⑦]

---

① 张宁：《许南英评传》，博士学位论文，福建师范大学，2006，第51页。

② 《法者天子所与天下公共也论》，《教育杂志》第4期，1910年。

③ 《为饬知事派陆守经在民事司办事并兼编译处办事此饬》，《司法部饬（二则）·第一百八十三号》（1915年2月10日）。

④ 《令署司法总长江庸：呈荐任陆守经署江苏地方审判厅厅长并请特准免予回避本籍由》，《大总统指令》第三百十四号（1918年2月9日）。

⑤ 《令国务总理靳云鹏：呈核淞沪护军使电保秘书陆守经襄办特产事务异常出力请破格奖叙由》，《大总统指令》第一千八百九十二号（1921年8月13日）。

⑥ 《派陆守经为秘书除呈荐外此令》，《交通部令》第七三四号（1925年9月26日）。

⑦ 尹宗云：《庚款留学生陆守经》，《检察风云》2015年第14期。

陆守经有留洋背景，稔熟英语，兼有法科背景，为近代中外法律文化交流做出了贡献。其英文论文代表作品有：1915 年发表在《京报》（*Peking Gazette*）上的《中华民国刑法典》（*Criminal Code of the Chinese Republic*）；1916 年发表在《政治和社会科学季刊》（*Political and Social Science Quarterly*）上的《中国刑事司法的管理》（*Administration of Criminal Justice in China*）等。此外，他还翻译出版了英国人祁尔的著作《（最新）中等欧洲地理教科书》[①] 等书籍。

（十）第十三和第十七任堂长——石广垣

石广垣（生卒年不详），字诚齐，广东深圳石家村人。早年毕业于山西大学，北京法官考试合格，曾任律师。[②] 1918 年，任鼓浪屿会审公堂堂长，1922 年离职。[③] 1925 年 1 月 16 日，经北洋政府司法部任命，复任鼓浪屿会审公堂堂长。[④] 任职一年后，因被控贪污，于 1926 年 2 月 18 日离职。

（十一）第十四任堂长——曹士元

曹士元（生卒年不详），福建人，1922 年 10 月被任命为鼓浪屿会审公堂堂长。1924 年 5 月，福建省欲罢免曹士元以萧其昌继之，被时任福建军务帮办周荫人（1887~1956）之部将张毅电请阻止。[⑤] 后再次罢免，曹士元拒绝交出印信，时任福建“自治”省省长萨镇冰（1859~1952）致电厦门交涉员予以交涉。后福建省任命林葆炘为鼓浪屿会审公堂堂长，曹士元曾“携印先逃”。

卸任后，曹士元以“前鼓浪屿会审委员”的身份成为周荫人、张毅的代理人，为他们奔走服务。

（十二）第十五任堂长——林葆炘

林葆炘（1879~1946），字谦轩，号息园，福建闽县人。林葆炘早年毕业于日本法政大学，自清末至民国，曾历任徐闻、石城等县知县，福建省水上警察厅厅长，广州、奉天、辽阳地方审判厅厅长，湖南长沙地方检察厅检察长，福建第一高等审判分厅监

---

① 该书 1905 年由两江学务处审定，上海南洋官书局出版。

② 《石广垣大律师》，《生计》第 1 期，1912 年。

③ 《令国务总理靳云鹏：呈核外交部请奖厦门鼓浪屿会审公堂委员石广垣勋章拟请改给六等嘉禾章由》，《大总统指令》第二千五百三十八号（1921 年 11 月 10 日）。

④ 《厦门鼓浪屿会审公堂一缺拟派石委员广垣仍回原任本部甚表赞同复请查照函》，《外交公报》第 44 期，1925 年。

⑤ 《申报》1924 年 5 月 20 日。

督推事等职，曾诰授奉政大夫。林葆炘少有诗名，1920 年曾与福建省议院院长林翰等人组成“说诗社”。林葆炘“自幼即好吟咏，未弱冠，积稿已盈尺”，著有《中隐斋诗稿》。[①]

1924 年，林葆炘被任命为鼓浪屿会审公堂堂长，当年卸任。

（十三）第十八和第二十一任堂长——罗忠谌

罗忠谌（1888~1963），字仪朱，福建福州人。其父为中国近代著名外交家、北洋水师重要创建者、清政府驻英公使罗丰禄（1850~1903）。早年毕业于英国剑桥大学，原任福州交涉署交涉员。1926 年 3 月 1 日，福建省省长任命罗忠谌担任鼓浪屿会审公堂堂长，1933 年 7 月 23 日离职。[②] 1935 年 1 月 16 日，中华民国政府外交部、司法部及福建省重新委任罗忠谌担任鼓浪屿会审公堂堂长。

1941 年 12 月，日本占领鼓浪屿租界，发现会审公堂仍悬挂中国国旗，立刻包围了会审公堂。罗忠谌据理力争，他认为中日之间并未正式宣战，这是日本不宣而战，对华实施侵略，且会审公堂根据国际公法有悬挂本国国旗的权利。日军立即逮捕罗忠谌，囚禁其数月。其间日伪当局胁迫其出任日伪“厦门市高等法院”院长，被严词拒绝，他表示“宁可做难民，决不当汉奸”。1942 年底，罗忠谌一家趁日本人不备坐货船离开鼓浪屿，抵达泉州后，徒步一个多月，沿途经惠安、枫亭、莆田、涵江、渔溪、宏路等县镇，最终回到福州仓前山罗家老宅。[③]

作为日本占领鼓浪屿租界会审公堂前的最后一任堂长，罗忠谌面对日伪的威逼利诱，表现出可贵的民族气节和浩然正气。不仅如此，罗忠谌的家人也积极参与抗敌，并获得了厦门市政府嘉奖。史料载，厦门市政府于 1937 年专门发函称：“‘查鼓浪屿会审公堂委员罗忠谌夫人罗吴璇如，在本支会[④]未成立之前，自动捐赠并征募慰劳前方将士寒衣，计得棉背心一千二百九十六件，又棉背心代价共国币三百一十二元八角，现经本支会点收完竣在案。伏查罗吴璇如除自行制赠一百件外，又以个人名义征集捐赠，为数计达一千五百件以上，实为本省妇女界之倡，应请逾格加以奖励，以昭激励’……等由，准此，查罗吴璇如募赠寒衣满一千件以上，核与慰劳前方将士募制寒衣办法第六项规定相符，应由本府明令奖勉，以昭激励。除录登公报并函复外，合行令仰该市长转行知照。”

---

① 林葆恒编修《风池林氏族谱》，第 188~189 页。

② 《罗堂长判案》，《民钟日报》1930 年 3 月 20 日。

③ 周旻：《鼓浪屿历史名人画传》，厦门大学出版社，2016，第 112 页。

④ 即福建省抗敌后援会。

表 1 鼓浪屿会审公堂历任堂长

姓名	字号	籍贯	到任时间	卸任时间	备注
杨荣忠			1903 年 5 月 1 日	1903 年 6 月	第一任堂长
张兆奎	字聚五，别号文川	天津	1903 年 6 月	1904 年	第二任堂长
金学献		浙江杭州	1904 年		第三任堂长
张千			1905 年		第四任堂长
沈瑞麟	字伯龄，号砚裔	浙江湖州府	1907 年 5 月 21 日		第五任堂长
陈鸿运			1907 年 9 月 16 日		第六任堂长
董延瑞	少珊		1908 年 9 月 11 日		第七任堂长
曹友兰	字亮甫	浙江	1909 年 7 月 16 日	1914 年 5 月	第八任堂长
李瑞年		福建	1914 年 5 月	1914 年 8 月 7 日	第九任堂长
朱兆莘	字鼎青、鼎馨	广东花县	1914 年 8 月	1916 年 7 月	第十任堂长
沈观源			1916 年		第十一任堂长
陆守经	字鼎生，号达权（一说字达权）	上海青浦朱家角镇	1916 年	1917 年	第十二任堂长
石广垣	字诚齐	广东石家村	1918 年	1922 年	第十三任堂长
曹士元		福建	1922 年 10 月	1924 年	第十四任堂长
林葆炘	字谦轩，号息园	福建闽县	1924 年	1924 年	第十五任堂长
刘亮齐		湖南	1925 年 1 月 12 日	1925 年 1 月 15 日	第十六任堂长
石广垣	字诚齐	广东石家村	1925 年 1 月 16 日	1926 年 2 月 18 日	第十七任堂长
罗忠谌	字仪朱	福建福州	1926 年 3 月 1 日	1933 年 7 月 23 日	第十八任堂长
吴照轩	字镜襄	江西	1933 年 7 月 23 日	1934 年 3 月 31 日	第十九任堂长
周先觉		广东南海	1934 年 4 月 1 日	1935 年 1 月初	第二十任堂长
罗忠谌	字仪朱	福建福州	1935 年 1 月 16 日	1941 年 12 月	第二十一任堂长。日本占领鼓浪屿后被捕，后被遣返至福州
杨廷枢			1941 年	1943 年	第二十二任堂长，系日伪政府所派

注：本表是笔者根据史料整理而来。按照各位堂长的任职时间顺序排列，其中有的堂长有两届不同任期，均分别列出。

（十四）第十九任堂长——吴照轩

吴照轩（生卒年不详），字镜襄，江西人，曾是中国同盟会江西分会骨干成员。①

① 平欲晓：《江西同盟分会与辛亥革命》，《抚州师专学报》1992 年第 1 期。

早年留学美国，曾在国民革命军第十九路军任职。1933 年 7 月 23 日，由福建省省长委派，担任鼓浪屿会审公堂堂长。[①] 在任期间，曾配合鼓浪屿华人议事会要求工部局消弭鼓浪屿吴氏、陈氏两姓殴斗，维护鼓浪屿的社会秩序。

1933 年 11 月 20 日，十九路军在福州南校场召开大会，宣布联共反蒋抗日，成立“中华共和国人民革命政府”。1934 年 1 月，蒋介石军队相继攻陷福州、泉州、漳州，“福建事变”失败。吴照轩因为与十九路军有着极为深厚的关系，于 1934 年 3 月 31 日被免去鼓浪屿会审公堂堂长的职务。

（十五）第二十任堂长——周先觉

周先觉（1890～?），广东南海人。早年毕业于英国剑桥大学，获法学学士学位，曾在英国伦敦做执业律师。[②]

1921 年，周先觉调任中华民国司法部刑事司办事，兼秘书上办事。[③] 1925 年，任广州地方法院院长。1927 年，任上海临时法院法官。1930～1932 年，先后任上海第一特区地方法院总检察长、院长。此后，周先觉转任浙江鄞县地方法院首席检察官。1934 年 4 月 1 日，被中华民国外交部与司法行政部任命为厦门鼓浪屿会审公堂委员。[④] 1934 年底，周先觉的小妾被其妻逼迫在厦门酒店内自缢，周先觉受到社会舆论抨击，于 1935 年 1 月初辞职。

三　对鼓浪屿会审公堂堂长的总结与评价

从会审公堂这些堂长的履历来看，他们大都接受过良好的教育，精通法律，有些还具有外交方面的履职经历。可以从两个方面阐述。

（一）出身与背景

清代官员的选拔主要是两种途径：一种是通过传统的科举考试；另一种是通过捐纳、推荐或军功的方式。其中，通过捐纳获得官职是常见的方式。但清朝对由捐纳获得官职者有诸多限制，因此，他们获得的官职多为虚职，以候补官员的身份等

---

① 《本府派吴照轩代理厦门鼓浪屿会审公堂委员》，《福建省政府令》第八二号（1933 年 7 月 12 日）。

② 《周先觉》，载《中国名人录》，中国密勒氏评论发行，1932，第 56 页。

③ 《周先觉调刑事司办事仍兼秘书上办事此令》，载《司法部令（二则）・司法部令》第一零零号（1921 年 1 月 31 日）。

④ 《令浙江鄞县地院首检派该员接充福建厦门鼓浪屿会审公堂暂代委员》，《司法行政公报・外交部・司法部行政部训令》第二八七零号、第七四九号（1934 年 3 月 2 日）。

待获得正式官职。从会审公堂委员的出身来看，有些是通过科举考试获得官职，如金学献是清进士、沈瑞麟是清举人、朱兆莘曾中举；有些是通过捐纳走上仕途。按照清制，地方官学中优秀者可以进入国子监进一步深造。在国子监中，又分监生和贡生。监生和贡生均可通过捐纳获得，如曹友兰即是清国子监监生出身，通过报捐获得候补知县资格。到了中华民国时期，这些堂长中除了朱兆莘是由袁世凯直接委派的以外，其他的都是先由中央政府司法部、外交部会派，再由福建省政府加以委任。

（二）任期与评价

从 20 位堂长的任期看，平均任期约为一年。大部分堂长只有一届任期，且时间多在一到两年之间，极少数人有两届任期，个别堂长的任期极短，甚至只有几天。在就任会审公堂堂长时，他们能够恪守本职、尽职尽责，有些堂长积极倡导新式司法审判，具有民族气节，为了国家利益据理力争，但也不乏徇私舞弊者。具体来说，分为以下几类。

第一，倡导文明司法者。1910 年 1 月 5 日《申报》曾报道，厦门鼓浪屿会审公堂委员曹良甫以“公堂讼案华人皆是跪诉，现当预备立宪时代，尊重人格，何堪轻贱同胞，自辱国体”为由，“特照会各领事，请将华人跪诉之条除免”，并且强调“无论华人与西人交涉，即使华人与华人互讼，亦一概免跪”。此外，还对盗贼拐骗犯罪做出特别规定：“未讯实前，亦免下跪；如讯实后，则仍跪讯，以示区别。”对于曹委员的提议，“各领事均已签字照准”。① 1 月 10 日，《申报》再次详细报道了鼓浪屿会审公堂废止法庭跪拜之仪，称“会审公堂及洋务司曹王二大令”以“尊重国体，敬重人格”为由照会各国领事及工部局，要求“凡此后公堂案件，无论华洋讼事，即华人与英人诉讼一概免跪，惟犯盗贼劫各案讯实定罪后，仍令跪讯”。报道也指出，“各领事始不允”，经过曹、王二人的反复辩驳、交涉，最终“各领事方行一律答允”。② 从这两则史料可见，会审公堂的委员积极争取以平等、尊重的原则来处理司法程序，并取得了成效。当时的华人在面对诉讼时，一改几千年“跪讼”的模式，而是采用站着的方式平等进行，文明司法、文明治理初见成效。

第二，为国家利益据理力争者。在司法实践中，外国领事或者领事委派的人员拥有审判权，而且随着中国社会半殖民化程度的加深，外国人的审判权力不断扩大，甚

① 《谳员尊重人格》，《申报》1910 年 1 月 5 日。

② 《废止法庭跪诉之定议》，《申报》1910 年 1 月 22 日。

至超过中方的审判人员，必然引起中方委员的不满和抗争。除了在重要的“封堂事件”中与外国领事团据理力争的会审公堂第八任堂长曹友兰外，第十任堂长朱兆莘也同样值得记住。作为民国时期著名的外交官，朱兆莘曾担任中国驻意大利及驻国际联盟代表。1927 年，《国闻周报》报道：“本周发生一异闻，即驻意公使及国际联盟代表朱兆莘突然宣布将脱离北京政府而任南方代表是也。朱兆莘本国民党人。”除了评价朱“在外交界颇以能活动著名”，还指出“朱去，其职务无人肯代。国际联盟中今后将无中国代表矣”,[①] 充分肯定了朱兆莘的外交活动能力。

第三，为民族大义身体力行者。会审公堂的堂长也不乏爱国者。1937 年 9 月，根据福建省政府的规定，厦门市政府“指定高市长为本市劝募支会主任委员，饬即遴选当地爱国人士充任支会委员，以 12 人为限。核定本市最低额 80 万元，募集时间定为四个月，自本年 9 月起至 12 月止”。时任会审公堂堂长罗忠谌应是 12 位支委委员之一。1937 年 11 月，《江声报》报道，会审公堂堂长罗忠谌同时担任救国公债劝募队队长，“昨日向施纯禁劝募，施即慨允认购。昨罗氏接施来函，愿将房屋全座折价购债”。在函件中，施纯禁提到，“仪朱堂长惠鉴别：倭寇侵凌，愤恨何极，国府发行救国公债，原为救国图存要需，纯禁力薄，自应尽所能，以完天职……兹谨将纯禁所有本屿水牛庭 E140 号房屋全座，估价折购救国公债……”[②] 也许，施纯禁购买公债的行为不一定是自愿的，但是显而易见，罗忠谌作为会审公堂堂长，身体力行地为抗日救国、民族大义付出了努力。

第四，为利益徇私舞弊者。会审公堂也曾出现为了自己的利益而徇私舞弊的委员。曾在 20 世纪一二十年代两度出任鼓浪屿会审公堂堂长的石广垣，在第二次任职期间“办案不甚敏速，且有任意苛勒情事”，“经该地绅商呈控福建省长公署奉批以所控各节……厦门交涉员刘光谦派员前往彻查”。[③] 石广垣同时还被控贪污，不得不提前离任。

四　小结

作为华洋之间、官商之间的夹缝生存者，会审公堂堂长是清政府在鼓浪屿公共租界常设的重要官员，兼具司法和行政职能，且在一定程度上成为中国政府与西方诸国之间关系的桥梁和矛盾的缓冲带。这些堂长既要与外国领事共同审理华洋之间甚至界

① 《一周间国内外大事述评》，《国闻周报》第 4 卷第 27 期，1927 年。
② 《鼓屿施纯禁 献屋购公债》，《江声报》1937 年 11 月 6 日。
③ 《厦门鼓浪屿会审公堂委员被控》，《法律评论》第 30 期，1926 年。

内纯粹华人之间的民事、刑事案件，又要参与界内的社会治理。在中西法律传统的双重影响下，以会审公堂为代表的中外会审制度移植了英美律师制度、抗辩式诉讼程序，并在某些方面援引了中外判例的法律推理方式，对已有的清代司法制度造成了巨大的冲击，加剧了华洋法官之间的对抗和不平等关系，一定程度上成为租界中司法不公的诱因。①

① 侯庆斌:《晚清中外会审制度中华洋法官的法律素养与审判风格——以上海法租界会审公廨为例》,《学术月刊》2017 年第 1 期。

鼓浪屿美术史初探（1912~1964）（上）

林恒立*

摘　要：美术的发展犹如植物生长一般，要经历发芽、生长及至绽放。本文以1912~1964年鼓浪屿这片土地上美术发展为研究对象，通过对相关文献、史料的爬梳、查考，以诸多美术名家的艺术生涯为证，力求还原岛上这一时间段内的美术生态。与此同时，本文也尝试从文化的视角来分析“萌芽期”、“豆蔻年华期”以及“繁花似锦期”等各个美术时期及其生成背后的文化积淀。近年来，人们越发关注如何让艺术之岛的美学语境“重生”。希望此文能为相关专家、学者对“鼓浪屿与美术”这一话题的研究起到抛砖引玉的作用。

关键词：鼓浪屿　厦门美术专科学校　鹭潮美术学校　福建工艺美术学校

引　言

多元文化的交流、融合形成了鼓浪屿特有的人文气质。红砖厝与洋楼、南音与钢琴曲、讲古与电影……中西文化在岛上并行不悖、各得其所，这正是“世遗之岛”的独特魅力所在。法国雕刻家罗丹曾说：“你问我在什么地方学来的雕刻？在深林里看树，在路上看云，在雕刻室里研究模型学来的。我在到处学，只是不在学校里。”毋庸置疑，景色迷人、人文底蕴深厚的滨海之岛鼓浪屿，对于美术家们来说，不啻一座理想的艺术校园！

然而，论及鼓浪屿的包容性，相较于建筑、音乐等方面的文献而言，美术方面的文章所见不多。笔者在查考过程中发现，无论是关于鼓浪屿历史的文献，还是美术方面的史料，对“鼓浪屿与美术”这一专题进行较为系统的脉络梳理皆甚稀少。而提及“鼓浪屿的美术”，不少人脑海里迸出的关键词无非就是“工艺美术学校”。其实，在此之前，美术的种子早已播撒在了小岛上，并渐次萌芽、开花。由此，本文试图通过

* 林恒立，民盟厦门市委思明区文化支部副主任委员，研究方向为厦门地方史。

对相关史料的抽丝剥茧，力求还原鼓浪屿1912~1964年半个世纪间的美术生态，以期对鼓浪屿历史以及美术文化方面的相关研究有所帮助。

值得说明的是，为了让读者对画家及其艺术生涯有更为全面的了解，除了与美术相关的，文中亦将涉及两个方面。其一，即画家们的诗作。“味摩诘之诗，诗中有画；观摩诘之画，画中有诗。”这是苏东坡对王维艺术造诣的评价。“画与诗”关系之密切历来为画界及艺评家所关注，这也正是本文载入画家诗作的目的所在。其二，虽然，关于“‘人品即艺品’正确与否”的争论由来已久，笔者却在资料搜集的过程中越发感受到此二者间的正向关联。“人品既已高矣，气韵不得不高；气韵既已高矣，生动不得不至。”此为北宋书画鉴赏家郭若虚所言。由此，本文对于最能体现名家们人品的工作、生活方面亦有所呈现。

除此之外，在查考过程中，笔者也发现少许略有出入之处。比如：关于龚植迁居鼓浪屿的时间多种说法不一，幸有何丙仲先生关于其书画款识的详细考证，此惑才得解。20世纪初厦门老报人黄伯远在论及汀州伊秉绶与厦门吕世宜两位书法家的技艺时，曾发出“惜厦人不善为名”这样的感叹。[①] 由是，鼓浪屿美术家的“低调”或也是其资料留存不多，以致记载存有出入的原因所在。再有，鹭潮美术学校转为公办后，短短几年间几易校名，又因时隔多年，以致有些作者、口述者在陈述事件时将当时所对应的校名记错。[②]

关于“鼓浪屿美术史”，尚有许多待发掘、考证之处。例如：美术在鼓浪屿发端于何时？曾于岛上学习或工作过的丘堤[③]、黄紫霞[④]等画家与鼓浪屿有着怎样的渊源？还有后文将提及的“厦门美术专科学校与鼓浪屿渊源”话题之延续，即有关鼓浪屿的雕塑史、鼓浪屿各门类（如彩扎、陶瓷）的工艺美术史，等等。期冀本文能收到抛砖引玉之效，吸引更多有志于此方面研究的人士共同探讨“鼓浪屿与美术”的相关话题。

---

① 黄伯远、庄克昌：《红叶草堂笔记·感旧录》（同文书库·厦门文献系列），厦门大学出版社，2018，第80页。

② 为遵循“严谨性”原则，笔者已将相关段落中所陈述的事件与对应时间段的校名一一核对。若原文有误，笔者也已做了相应修改。在忠实于原文的前提下，从通顺阅读的角度出发，笔者在文中也就不再对此类修改一一做出备注了。

③ 丘堤（1906~1958），福建霞浦人，20世纪30年代才华颖异的一位女画家。《台北庞均：鼓浪屿，妈妈最后的回忆》（讲述人：庞均，整理：郑雯馨，《台海杂志》2023年第11期）一文写道：“从前我曾听母亲（指丘堤）提起过她在鼓浪屿读书的往事，对她而言，那座小岛应该承载了她许多的回忆。”

④ 黄紫霞（1894~1975），福建南安人，以擅画花卉翎毛著称，在中国漫画史上亦有不可磨灭的业绩和突出贡献。“1929年，热心于教育事业的黄紫霞出任厦门慈勤女中（位于鼓浪屿）校长。”（黄俊如主编《黄紫霞书画艺术》，中国艺术家出版社，2017，第7页。）

一　厦鼓[①]的美术萌芽期

（一）厦门的画家

地处福建南部的厦门，是一个海岛型港口城市。清末民初，厦门已然成为东南沿海的商贸中心，能人异士纷至沓来，其中不乏各路艺坛名家。下面将述及其时厦门的美术发展情况，列举几位较有代表性的画家。

1. 花鸟画家赵素

赵素（约1870~1933后），字龙骖，号闲鹤、长白山农，斋名墨香庐，东北沈阳人，入闽籍。[②] 早年，赵素学画于清末名画师傅余庵。傅氏画花鸟草虫以生动有趣见称，晚年喜用水墨作画，淡雅可赏。赵素尽得其妙，又兼学任伯年等海上名家之优点，在驾驭笔墨、施染墨彩方面自辟蹊径，故其画形神兼备、笔墨灵动，艺术造诣颇高，是颇负盛名之花鸟画家。《中国美术家人名辞典》称其作品“精巧工细，则别有风格”。[③]

辛亥革命后，赵素由福州入厦门，时50余岁。居厦门20余年，与其时之名家苏笑三、郑霁林齐名。莅厦后，赵素之艺术创作也进入巅峰期，无论在技法还是意境方面都给厦门美术界带来新意。赵素后又受聘为厦门美术专科学校教师、国画系主任，影响更为直接。[④] 近现代画家发挥过承上启下作用者中，应该说赵素属于比较突出的一位。[⑤]

2. 人物画家赖少嵩

赖少嵩（生卒年不详），名绍南，字少嵩、筱嵩，号半道人，福建诏安人。[⑥] 赖少嵩原是福建水师营武官，兼擅丹青，辛亥革命后流寓厦门，以卖画为生，其画作在闽粤一带较有名气。赖少嵩专擅人物画，笔下人物形象生动，用笔线条朴实有力、流畅自如，设色也很雅致，具有典型的“诏安画派”[⑦] 风格。其作画内容大多取材于群众所熟悉的古代先贤、孝子等故事及《聊斋志异》《红楼梦》等名著，其画以小屏

---

① “厦鼓”指厦门与鼓浪屿。

② 梁桂元：《八闽画人传》，福建美术出版社，2018，第350页。

③ 何丙仲：《民国年间厦门书画家传略》，中国人民政治协商会议厦门市委员会文史资料委员会编《厦门文史资料》第17辑，1990，第193页。

④ 关于厦门美术专科学校的国画学生，后文还将述及。

⑤ 何丙仲：《厦门美术专科学校述略》，载《何丙仲学术文集》，鹭江出版社，2018，第339页。赵素虽是名家，惜所存生平资料不多。就目前笔者所查考到的资料，何丙仲先生此文可谓详尽之作。

⑥ 梁桂元：《八闽画人传》，福建美术出版社，2018，第370页。

⑦ 关于鼓浪屿上“诏安画派”的代表人物，后文亦将述及。

幅最为精彩。①

赖少嵩的生平资料所存不多。画家萧百亮1962年在《厦门日报》上发表了一篇介绍赖少嵩的文章，笔者特将文中内容摘略如下：

> （赖少嵩）曾经做过清朝的武官，所以人家称他赖大老，后来为专业人物画家，孜孜数十年，作品遍八闽……我在五十年前跟家兄百川拜访赖老先生于一座古老的大屋宇里，他个子高又瘦，双目炯炯有光……那时我十多岁，赖老先生出示几幅中堂人物画和十数小斗方水族画。他顾我一下，举起五个手指头作开阖状笑着说“我的水蛙会活”，我也恍惚听着阁阁似的声音……②

3. 鱼藻画家苏笑三

苏元（生卒年不详），字笑三，晚号梦鹿山樵，别署笑道人，福建厦门人，原籍漳州海澄县。因先世军功承袭云骑尉，任水师后营守备，故世居厦门。苏元初学诏安谢颖苏，后追“八怪”之一李复堂，曾得彭楚汉③指授，精写梅、松、鱼藻、芦雁等，其诗亦工丽。他曾在画作《翠竹喜鹊图》中题道：“人作画各有一种别致，所能自成名家，不必拘泥成法，所谓脱去凡胎方能成佛。然非从法度中过来，未易与道也。”④

苏元的画作以鱼藻、梅名于世，然其山水画功夫却是知者不多，幸有散文家庄克昌先生的一篇文章为后人留作珍贵的研究史料。20世纪20年代执教于双十商业学校⑤的庄克昌先生⑥，曾随学生、苏元的文孙拜访苏先生位于霞溪路的住处。对于苏先生赠予之扇面画，庄克昌先生的描述可谓“传神”：“扇面画的是破墨山水的秋山，远近浓淡，看来虽分明，而似乎有一层晴岚爽气回旋于其中，细视之，又没有痕迹。画中无人物，无亭榭，就只是三叠的秋山。‘山静如太古’，对此扇面，髣髴晤对着淡泊明志、宁静致远的古人——苏笑三老画师。”⑦

---

① 何丙仲：《民国年间厦门书画家传略》，中国人民政治协商会议厦门市委员会文史资料委员会编《厦门文史资料》第17辑，1990，第193页。

② 萧百亮：《画家赖少嵩》，《厦门日报》1962年1月11日。

③ “彭楚汉，于同治十三年（1874）至光绪十九年（1893）任福建水师提督，驻厦门20余年。光绪十七年（1891）筹建厦门胡里山炮台。彭乃武将儒风，军务之余，常以画自娱，尤擅写墨梅，有‘提督书画家’之称。”引自梁桂元《八闽画人传》，福建美术出版社，2018，第220页。

④ 梁桂元：《八闽画人传》，福建美术出版社，2018，第224页。

⑤ 该校为厦门市双十中学前身。

⑥ 庄克昌于民国12年应马侨儒先生之聘执教于霞溪仔之双十商业学校。参见庄克昌《马师侨儒》，载黄伯远、庄克昌《红叶草堂笔记·感旧录》（同文书库·厦门文献系列），厦门大学出版社，2018，第105页。

⑦ 庄克昌：《苏笑三先生》，载黄伯远、庄克昌《红叶草堂笔记·感旧录》（同文书库·厦门文献系列），厦门大学出版社，2018，第129页。

（二）鼓浪屿画家

鼓浪屿位于福建东南海域、厦门市之西南，与厦门本岛隔海相望。鼓浪屿沦为公共租界时期[①]，由于国内连年战乱，闽南各地兵匪肆虐，公共租界这个特殊的社会环境相对却比较平静，加上20世纪10~20年代厦门正处于近代化港市建设时期，因此，鼓浪屿吸引了更多闽南籍的海外华侨和漳、泉人士前来筑宅居住。[②]

论及美术，中国传统的书画艺术在鼓浪屿有着深厚的社会基础。20世纪二三十年代住在鼓浪屿的郑煦（霁林）、龚植（樵生）等著名中国画家的作品，无论中堂还是册页都被视为珍璧。[③] 郑煦（霁林）、林嘉（瑞亭）擅画工笔花鸟和人物，其水平在当今海内画坛都可称为上乘。龚植还擅长书法、篆刻，其工笔菊花闻名于闽台地区和东南亚，影响至今不歇。[④]

1. 工笔画名家龚植

龚植（1870~1943），字樵生，号亦楼，福建泉州人。1912年移居鼓浪屿。[⑤] 其父为清末翰林，擅长书法、音乐、绘画。在书香家庭氛围的熏陶下，龚植从小爱好书画艺术。后来不仅工书画，还兼诗文、篆刻，尤擅工笔重彩菊花。[⑥] 其工笔设色菊花，深得恽寿平双钩敷彩之技巧，线描流利挺劲，色彩典雅秀丽。其他梅、藤萝之属则多以写意画为之，也清新可爱。[⑦]

樵生先生书法学赵之谦，多糅入汉隶魏碑之意味，别具一格，自称“五分半书”。日光岩之“嵌石亭”三字和虎溪岩的林尔嘉诗刻，乃其有名款之佳者。此外，日光岩的许多题刻，以及太平岩、万寿岩上凡署黄仲训款的擘窠大字，皆出其手。[⑧]

龚植的篆刻亦属上乘。《亦楼印存》为其印谱，共4册，收录了他1928~1929年所刻的300余枚印章。龚植刻印，喜欢刻边款，交代刻印的背景。赵之谦在龚植年幼时

① 腐败无能的清政府于1902年与西方列强签订了《厦门鼓浪屿公共地界章程》，至此鼓浪屿沦为公共租界。

② 何丙仲：《鼓浪屿公共租界》，厦门大学出版社，2015，第99页。

③ 何丙仲：《鼓浪屿公共租界》，厦门大学出版社，2015，第115页。

④ 戴一峰等：《海外移民与跨文化视野下的近代鼓浪屿社会变迁》，厦门大学出版社，2018，第214页。

⑤ 关于龚植移居鼓浪屿的时间，梁桂元先生《八闽画人传》原文记为1885年。何丙仲先生于其《藏书家龚显曾、樵生父子》一文中有详细论述：“我友龚万钟同学乃樵生先生文孙，藏有先祖印蜕数十枚，其中边款与藏书有关者有二……其二：‘金石碑记，余家所藏不下千余种，先人搜置垂三十年。壬子之秋，移居厦门之鼓浪屿，兵火后散失殆尽。吉光片羽，仅此一二，真令人沧桑之感，书此志恨。庚午樵生。’壬子（1912）乃龚氏移居厦门之年。”（载何丙仲著《一灯精舍随笔》，厦门大学出版社，2022，第253页。）既有实物为证，笔者以为何先生之考证时间应为确切时间。

⑥ 梁桂元：《八闽画人传》，福建美术出版社，2018，第349页。

⑦ 何丙仲：《民国年间厦门书画家传略》，中国人民政治协商会议厦门市委员会文史资料委员会编《厦门文史资料》第17辑，1990，第195页。

⑧ 何丙仲：《龚樵生先生》，载《一灯精舍随笔》，厦门大学出版社，2022，第254页。

曾避难至闽，客居其家，与龚植的父亲龚显曾关系密切、友谊深厚，经常切磋治印技术，龚植耳濡目染，以至于其日后治印风格的形成深受影响。①

龚植先生诗才敏赡，为菽庄吟社核心吟侣“菽庄十八子”之一。② 评论家们称其诗“闲情逸致、潇洒出尘”，“描摹形象、诗中有画”。③ 龚植先生的诗作多未刊，幸有部分手稿尚存，笔者特摘录几首与鼓浪屿风情或与其艺术生涯相关的诗作：

题自画菊④

当年绘事鲤趋庭，搓粉撚脂手未停。
每到东篱看秋色，便思收拾上丹青。

自题画册⑤

定知贻笑大方家，钩沈描黄似否耶？
原拟奏刀思刻鹄，偏教着笔类涂鸦。
未窥六法画工秘，枉载盈车老佛沙。
一服闲中陶性药，留将自己作丹砂。

鹿耳礁渡头纳凉（三首）⑥

晚来踯躅鹭江滨，自笑浮生一劫尘。
尺五蘧庐天地窄，更无一发可容身。

十里波光不受尘，海鸥狎惯转相亲。
沿江倘可垂竿处，容把是乡作富春。

---

① 蔡文田、龚万钟：《“五绝”名士龚植及其家族史语》，《鼓浪屿研究》第 7 辑，厦门大学出版社，2017，第 88 页。

② “吟社”为早期诗人骚客聚会吟诗之组织。1913 年，林尔嘉在鼓浪屿创立菽庄吟社。关于菽庄吟社与吟侣的详尽研究，可参见黄乃江《东南坛坫第一家——菽庄吟社研究》一书（武汉出版社，2011）。

③ 杨绍烝辑《壬申重阳集·虎溪踏青集》（同文书库·厦门文献系列），厦门大学出版社，2016，前言第 22 页。

④ 录自《如愚别馆诗存》抄本卷二，转引自何丙仲主编《琴岛潮音：林尔嘉菽庄吟社及其家族诗选》，鹭江出版社，2016，第 63 页。

⑤ 录自《如愚别馆诗存》抄本卷二，转引自何丙仲主编《琴岛潮音：林尔嘉菽庄吟社及其家族诗选》，鹭江出版社，2016，第 63 页。

⑥ 录自《如愚别馆诗存》抄本卷二，转引自何丙仲主编《琴岛潮音：林尔嘉菽庄吟社及其家族诗选》，鹭江出版社，2016，第 64~65 页。

着脂水国蓼初花，暑气今年秋后加。

向晚寻凉何处好？榕阴临水两三家。

诗、书、画、印以外，龚植于藏书方面亦有成就。他的藏书，多继承自其父亲之遗藏。其于1928年至1929年间编纂的《亦楼印存》中有一方“四万卷楼”钤印，边款铭：“余家藏书七万卷，宋元明善本约四万余。二十年来兵火虫蚀，毁散迨尽。先代心血，每思泪下，刊作此石，聊志感伤。”此印应刻于1929年之前，“二十年来”当指20世纪初的二十几年。20世纪初，龚植尚拥有7万卷藏书。而二十几年后，由于战火和虫蚀等原因而“毁散迨尽”，实令人扼腕。[①]《厦门市志（民国）》记载：“抗战军兴，（龚植）以老且贫，不能离厦，蛰居鼓浪屿，治印卖画为生。”[②]

无须赘言，龚植书画艺术之高境界与其博学多采、精研多门的艺术生涯是密不可分的！

2. 诏安画派林嘉

林嘉（1874~1939），字瑞亭、成浦，号汉仙、东山渔子，福建诏安人。林嘉出生于贫苦渔民家，少时为银器加工学徒。自学绘画，后拜马兆麟为师[③]，善人物、花鸟。白描人物追陈老莲，铁画银钩，行笔劲健，造型奇特。林嘉晚年客居鼓浪屿（见图1），开设画室，以卖画为生。他画路很广，无论工笔重彩、泼墨写意，还是花鸟、人物、山水，皆臻至妙，为后期诏安画派之能手，其艺术造诣可追马兆麟。[④]清末民初，郭白阳于其著作《竹间续话》中对林嘉的艺术造诣给予了极高评价：“诏安多画家，著者无几人……谢东澜观有及东山林瑞亭嘉善山水佛像，笔墨严肃，敷色雅逸，皆诏安画派之能深造者也。”[⑤]

厦门文化名人李禧先生亦曾赋诗描绘林嘉所绘之鹦鹉：

林瑞亭画鹦鹉[⑥]

锦絛玉粒戢雄心，破碎花阴午日沉。

---

① 陈峰：《厦门藏书史略》，厦门大学出版社，2021，第105~106页。

② 厦门市地方志编纂委员会办公室整理《厦门市志（民国）》，方志出版社，1999，第664页。何丙仲先生赞其为一位富有民族气节的文化人。（何丙仲：《龚樵生先生》，载《一灯精舍随笔》，厦门大学出版社，2022，第254页。）

③ 马兆麟是“后期诏安画派”之领军人物。详细生平可参梁桂元《八闽画人传》，福建美术出版社，2018，第343页。

④ 梁桂元：《八闽画人传》，福建美术出版社，2018，第344~345页。

⑤ 郭白阳：《竹间续话》卷四，福州市地方志编纂委员会整理，海风出版社，2001，第77页。

⑥ 李禧：《梦梅花馆诗钞》（同文书库·厦门文献系列），厦门大学出版社，2016，第42页。

似尔聪明成底事，讽经争及画中喑。

关于林嘉在鼓浪屿的艺术活动，所见文献不多，黄曾恒口述、整理的《鼓浪屿君子——黄省堂黄吟军父子》一书中有所涉及：

（20世纪）三十年代初，有一位东山的画家林瑞亭来到我们家，是马亦籛先生介绍来的，我祖父（即黄省堂）[①] 把三楼东北隅的房间腾出来给他住（见图1），他就在那里和他长子一起住着，铺着一张大画桌天天作画。这是一个专业的画家：山水、人物、花卉、鸟兽虫鱼无一不精，他的画风比较接近海派，是当时流行的风气，因此他的画卖得很好。在整个福建、台湾地区他的名气也很大……有一天，祖父走进他的画室，看到他画了一幅很大幅的观音像，画得非常精彩……这是一件别人预定了的作品，林瑞亭看到祖父那么动心，于是就把画赠给了祖父。然后再重新画一幅给他的客户，可是就逊色了。[②]

3. 花鸟画家郑煦

郑煦（1858~1950后），字斋林，广东香山人，光绪间以通判任厦门厘金局局长。光绪二十九年（1903）任厦门海防同知。[③] 辛亥革命后，任厦门中国银行行长，退休后居鼓浪屿，以书画自娱。[④] 郑煦的花卉翎毛崇尚宋元的双钩院体画，笔墨精巧生动，画人物则学清代费丹旭和近代任伯年，衣褶线条飘逸流畅，运笔顿挫有致，加上设色淡雅，造型非常灵动，所以他的画“大江南北，人争宝之”。郑煦还擅小楷，甚得王羲之《灵飞经》之神韵，故其画上时有小楷题词，可称双绝。[⑤] 关于郑煦的美术造诣，《竹间续话》亦有论及：“郑霁林先生煦寓厦门甚久，擅长工笔花卉，尤工佛像，敷色鲜艳，愈老画愈工……世以‘鸳湖外史’目之。”[⑥]

关于郑煦在鼓浪屿的美术活动，《鼓浪屿君子——黄省堂黄吟军父子》一书同样有

① 黄省堂，曾任鼓浪屿工部局华人董事、鼓浪屿电灯公司经理等职。详细生平可参黄曾恒口述、整理《鼓浪屿君子——黄省堂黄吟军父子》，厦门大学出版社，2022。

② 黄曾恒口述、整理《鼓浪屿君子——黄省堂黄吟军父子》，厦门大学出版社，2022，第86页。

③ 梁桂元《八闽画人传》（福建美术出版社，2018，第348页）记：“郑煦于光绪二十九年（1903）任泉州海防分府，驻厦门。”《厦门市志（民国）》（厦门市地方志编纂委员会办公室整理，方志出版社，1999，第254页）记载：“郑煦于光绪二十九年实授厦门海防同知”。笔者认为，地方史志之考证资料应为确切信息。

④ 梁桂元：《八闽画人传》，福建美术出版社，2018，第348页。

⑤ 何丙仲：《民国年间厦门书画家传略》，中国人民政治协商会议厦门市委员会文史资料委员会编《厦门文史资料》第17辑，1990，第190页。

⑥ 郭白阳：《竹间续话》卷四，福州市地方志编纂委员会整理，海风出版社，2001，第78页。

图 1　林嘉曾居处

所记述：

郑霁林常来我家串门，并且教导祖父画画，但教的却不是工笔画。他让我祖父学一学明末的那些山水画，比如蓝田叔、李流芳之类的文人画。但太狂野的作风，则郑霁林也不能忍受，因此我祖父的入门可算是十分的正统了……①

有一天他与我祖父闲聊，祖父又说起了他至今最大的遗憾是没有生育一个男孩子。郑霁林说："我看到你和夫人的卧室内挂着一张林瑞亭画的《五鬼闹钟馗图》，那种画怎么能放在卧室里！我来为你重新画一幅吧。"过几天，他画了一幅婴戏图，画面上只有两个小男孩，蹲着在一起玩蟋蟀……②

从这段趣谈或可管窥彼时鼓岛文人交游之一斑。

① 黄曾恒口述、整理《鼓浪屿君子——黄省堂黄吟军父子》，厦门大学出版社，2022，第 85 页。
② 黄曾恒口述、整理《鼓浪屿君子——黄省堂黄吟军父子》，厦门大学出版社，2022，第 86 页。

郑煦的书画收藏颇丰。1933 年 2 月 26 日下午，厦门大学中国艺术社的社员曾前往鼓浪屿郑煦家参观书画，由以下报道中可略知一二："郑先生年龄虽高，但精神矍铄，前辈风度和蔼可亲，每示一书画，必详加说明。参观三小时余，据郑先生云：'尚为其收藏之一部分。'是日所观者，以明末清初书画为最多，宋元时代之作品亦有数事（件）。闻郑先生收藏已历劫三次，此次所藏之物尚非极精之品，皆自迁鼓屿后数年内所收买者，则以前郑先生收藏品之名贵，可想可（而）知矣，惜乎其散亡也。"① 抗战军兴，郑煦举家避倭香江，鬻画自给，淡如也。太平洋战起，先生所藏名贵书画被劫一空，处境愈艰窘，而抱璞自守、足不逾户者四年，尤可贵。后倭兵陷香港九龙，搜其家，询所业，以作画对，不卑不亢，倭兵为敬礼而退。其后有以画请者，皆婉辞不应，日寇卒莫奈何。②

关于郑煦在厦门任职中国银行分行行长的经历，在此亦交代一笔：1914 年 1 月 5 日，中国银行福建分行在福州开业，对内简称闽行，为管辖全省的分行。同年 9 月，在厦门派驻临时办事处。1915 年 5 月 20 日，厦门分号正式成立。1919 年，厦门分号改称厦门支行，郑煦任行长。1921 年，福建分行由福州移迁至厦门，郑煦任副行长兼代行长。厦门支行即行取消。1923 年，闽行副行长兼代行长郑煦升任行长。1929 年，中国银行福建分行改称厦门分行，略名仍称闽行。1930 年 1 月 1 日，郑煦经理退职。③

由前文民初厦门、鼓浪屿几位国画家的大致情况可知，彼时的美术发展离"蔚然成风"尚欠火候。在戴一峰先生对鼓浪屿近代人口社会结构与社会阶层的分析中，无论是从"华人居民的职业构成"的角度，还是从"社会阶层的划分与演化"之视角，都未见"画家"这一职业。④ 这也恰恰说明了其时"画家"群体之小众。然而，无论是从《厦门市志（民国）》介绍画家的相关章节⑤，还是从黄伯远对清末民初画家的专文记述⑥，

---

① 《厦门大学中国艺术社近况 参观画家郑霁林先生家收藏品》，《厦大周刊》第 12 卷第 17 期，1933 年。转引自洪卜仁主编《厦门文化艺术资料选编（1909-1949）》，厦门大学出版社，2017，第 135~136 页。

② 黄伯远：《记厦门画家》，《厦门公会十周年特刊》1947 年 12 月 31 日。转引自洪卜仁主编《厦门文化艺术资料选编（1909-1949）》，厦门大学出版社，2017，第 146 页。

③ 《中国银行厦门市分行行史资料汇编》编委会编《中国银行厦门市分行行史资料汇编（1915-1949 年）》，厦门大学出版社，1999，第 3、647~649 页。

④ 戴一峰等：《海外移民与跨文化视野下的近代鼓浪屿社会变迁》，厦门大学出版社，2018，第 58~70 页。

⑤ 《厦门市志（民国）》内有《艺术传》和《流寓传》等相关章节介绍艺术家。

⑥ 黄伯远的著述有两处，一为《红叶草堂笔记》［载黄伯远、庄克昌《红叶草堂笔记·感旧录》（同文书库·厦门文献系列），厦门大学出版社，2018，第 46~48 页］，二为《记厦门画家》（载《厦门公会十周年特刊》1947 年 12 月 31 日，转引自洪卜仁主编《厦门文化艺术资料选编（1909-1949）》，厦门大学出版社，2017，第 147 页）。此两处内容略有不同。

又或是从何丙仲先生的《民国年间厦门书画家传略》[①] 等，皆可看出鼓浪屿画家在厦鼓画家总体中所占比例不小。相较于厦门本岛，在面积只有区区 1.88 平方公里的鼓浪屿，尚处萌芽期的美术发展“土壤”之优良，由此可见一斑。

二　鼓浪屿美术的“豆蔻年华期”

辛亥革命推翻了封建制度，一个新的时代诞生了。不少有识之士广泛接受西方文化思想，在厦门地区留洋归国的学子兴办了引进西方教育规范的美术专科学校，传播西方绘画艺术。[②] 20 世纪 20 年代当西方新潮画派（印象主义、后印象主义及表现主义）开始流行的时候，其理念与技法很快就被出洋学画的鼓浪屿人吸收到自己的创作之中。林克恭与周廷旭这两位鼓浪屿人堪称是中国油画艺术的先驱。此外，鼓浪屿还养育了郭应麟、龚鼎铭、叶永年等一批有成就的西洋画家。[③]

（一）艺术先驱周廷旭

周廷旭（1903~1972），出生于鼓浪屿，是第一位被聘为英国皇家艺术家协会会员的外国人。1920 年，他前往美国哈佛大学学习历史与考古，1921 年进入波士顿美术博物馆美术学院学习绘画，此后进入巴黎美术学院、伦敦皇家美术学院学习。周廷旭有敏锐超前的审美眼光，是一位将中国的美学观念成功融入西洋绘画中的先导者，欧洲、东南亚地区及我国北京、上海、天津等地都留下了他的足迹。[④]

周廷旭的鼓浪屿家族可谓人才辈出，亦皆业内翘楚，如中国第一位留德哲学博士周慕西，中国语言改革先驱周辨明，中国第一位合唱女指挥家、声乐家、女作曲家、音乐教育家周淑安等。[⑤]

显然，周廷旭的艺术造诣离不开家庭的文化熏陶。而鼓浪屿的美丽也启迪了他的艺术灵感，他曾写道：“我常常在宏伟的庙宇里、松林中和沙滩上嬉戏，我一直想见识自然界最好的东西，也希望能让别人见识到。”[⑥] 周廷旭虽在鼓浪屿生活的时间不长，

---

① 何丙仲：《民国年间厦门书画家传略》，中国人民政治协商会议厦门市委员会文史资料委员会编《厦门文史资料》第 17 辑，1990，第 190~197 页。

② 梁桂元：《闽画史稿》，天津人民美术出版社，2001，第 3 页。

③ 何丙仲：《鼓浪屿公共租界》，厦门大学出版社，2015，第 114 页。

④ 郭易平：《鼓浪屿美术早熟的年代》，《厦门日报》2006 年 8 月 20 日。

⑤ 詹朝霞、周景龙：《从乡土走向世界，鼓浪屿在鼓浪屿家族形成中的中转站作用——以鼓浪屿周氏家族为例》，《鼓浪屿研究》第 19 辑，社会科学文献出版社，2024，第 132~134 页。

⑥ 潘维廉：《魅力鼓浪屿》，厦门日报双语周刊译，厦门大学出版社，2005，第 107 页。

却保留下来一些作品，极为珍贵。据周廷旭堂妹周碧玉之子柯锡祺所述，20 世纪 40 年代，周寿卿一家移居香港。作为其亲属，周碧玉一家于 1947 年左右搬进晃岩路 35 号居住，帮助打理房屋，柯锡祺自小在那长大。柯锡祺现住在鼓浪屿永春路，家中还收藏有两幅周廷旭画的油画，从前一直挂在晃岩路 35 号的房子里，房屋改造时他从里面带了出来。柯锡祺记得从前房子里还有一些油画、素描，但世事沧桑，已不知去向。此外，鼓浪屿鸡山路的卓先生家中也挂有周廷旭的油画，卓先生祖父的弟弟与周家结亲，关系甚密。卓家现有周廷旭四幅作品：一幅是周廷旭从国外带回来的，其余三幅是在国内所作，画的是黄山风光和厦门沿海从前的景色。①

周廷旭曾经说过："当我在艺术道路上前进的时候，我越来越强烈地意识到，艺术既不是东方的，也不是西方的，总有一天人类将创造出新的世界文明艺术，作为一个画家，我希望能对此有所贡献。"②

（二）鼓浪屿与厦门美术专科学校之渊源

述及鼓浪屿美术界另一位重要人物林克恭，有必要先对其曾掌校印的厦门美术专科学校做相关介绍，以便大家对他在厦鼓的艺术生涯能有更好的了解。

1. 厦门美术专科学校简史

创办于 1923 年的厦门美术专科学校，先于杭州的国立艺术学院五年，是近代中国最早的美术专业学校之一，是抗战前福建省唯一的一所美术专业学校。③

厦门美术专科学校原名厦门美术学校，创办人黄燧弼，毕业于菲律宾国家艺术大学。1921 年，他学成归来，在今厦门中山路黄厝巷的"迎祥宫"开设"真庐画室"，教授西洋画。在教西洋画的过程中，他有感于厦门西洋画人才奇缺，认为很有创办一所美术学校的必要。黄燧弼经与同由菲律宾学成归国的同学杨赓堂，以及先后在集美学校和厦门十三中学担任美术教师的挚友林学大共同商议，于 1923 年 9 月 1 日创办了"厦门美术学校"，"真庐画室"即为临时校舍。黄燧弼为首任校长，林学大任训育主任，杨赓堂主持教务。随着生源不断增加，学校几经搬迁，后于 1934 年 6 月下旬迁入中山公园内。④

值得一提的是，黄燧弼等人创办厦门美术学校的同时，另一所"厦门绘画学院"

---

① 龚小莞：《知情者细说尘封往事 周廷旭家庭背景初现》，载厦门晚报社编著《城市记忆——厦门晚报乡土题材作品选》，中国文联出版社，2003，第 451~452 页。

② 谢闻莺、龚小莞：《厦门籍旅美画家周廷旭的艺术创作与成就》，载厦门晚报社编著《城市记忆——厦门晚报乡土题材作品选》，中国文联出版社，2003，第 447 页。

③ 洪卜仁：《厦门美术专科学校》，载洪卜仁主编《厦门老校名校》，厦门大学出版社，2013，第 137、140 页。

④ 洪卜仁：《厦门美术专科学校》，载洪卜仁主编《厦门老校名校》，厦门大学出版社，2013，第 137~138 页。

也在厦门诞生。该学院创办人王逸云先生于1913年留学日本京都市立绘画专门学校，1926年又进东京本乡绘画研究所研习西洋画，是留日资格最老的画家之一。回国后创办“厦门绘画学院”，1929年该学院与厦门美术学校合并，黄燧弼任校长，王逸云任教务主任。不久，学校改名为“私立厦门美术专门学校”，1930年又依照教育部规定改称“厦门美术专科学校”。[①]（见图2）

图2　厦门美术专科学校于中山公园内校址现况

厦门美术专科学校的课程设置当时在国内可谓比较齐全的。该校初办时期设有西画系（学制四年）、国画系和艺术师范科，后来又陆续添设了雕刻系、图案科。1933年设立女子图案专修科，1936年还设有音乐专修科，以及短期（半年或一年）的肖像速成班。[②]

除了两任校长[③]皆为艺坛名家外，厦门美术专科学校的师资队伍亦堪称精良。

---

① 何丙仲：《厦门美术专科学校述略》，载《何丙仲学术文集》，鹭江出版社，2018，第334页。何丙仲先生在该文中特别提到：“在研究地方美术发展史时，不知何因往往忽略王逸云其人，即梳理厦门美专校史时，也没有把‘厦门绘画学院’列入。”

② 何丙仲：《厦门美术专科学校述略》，载《何丙仲学术文集》，鹭江出版社，2018，第335页。

③ 1936年，黄燧弼先生辞职到菲律宾，林克恭被推举为第二任校长。关于林克恭接掌校印一事，何丙仲先生有专门查考：“1936年黄燧弼先生辞职到菲律宾（梁桂元先生《闽画史稿》载为黄氏去世才由林克恭接任，不确。据黄先生之子说，黄燧弼是1937年病逝菲岛的，遗体运回厦门安葬），（林克恭）被推为第二任校长。”参见何丙仲《厦门美术专科学校述略》，载《何丙仲学术文集》，鹭江出版社，2018，第335页。

1930年秋，学校敦聘刚从法国留学回乡的艺术大师周碧初任教务主任。1931年春，邀聘同从法国留学归来的郭应麟为西洋画教授。同年，增设雕塑系，聘荷兰人葛默和女士为教授、系主任。除此之外，尚有国画系主任赵素教授，西画和日文教授张万传，西画和美术史教授陈再思，国文教授邱应葵、曾玉林、苏警予、谢云声、陈丹初、欧阳桢等。[①]

厦门美术专科学校虽然在抗战时期厦门沦陷前夕停办，存世仅14年左右，但在地方文化艺术的发展过程中却起了非常重要的作用。据《厦门美术专科学校特刊》（1931年）所载，创办十年，该校"毕业之学生计约百人，除一部分升学者，其余在社会上幸均能得相当之位置"，另有部分优秀学生毕业后留校任教，继续为厦门的美术教育事业做出贡献。[②] 厦门美术专科学校的学生来自省内各地，先后毕业的学生共约150人。[③] 这批学生以后都成为闽南各地甚至东南亚地区艺术界的中坚力量。黄敏、陈绿声、林英仪、叶永年、张丽娜等著名画家当年都是厦门美术专科学校的学生。[④]

2. 教师们的鼓浪屿渊源

（1）西画大师林克恭

林克恭（1901~1992），字幼庄，擅长油画，鼓浪屿菽庄花园主人，台湾实业家林尔嘉之子。1921年留学英国，获剑桥大学法学硕士学位，旋入圣约翰美术学校、伦敦大学斯莱德美术学院学习绘画。毕业后到法国巴黎裘里安美专学习油画，获美术硕士学位，1930年回国。1936年，林克恭接掌厦门美术专科学校校印。[⑤] 1938年5月，厦门陷落于日军之手，厦门美术专科学校被迫关闭停招，林克恭一家辗转移居香港避难，其间曾赴澳洲等地写生作画。1939年，林克恭在香港大学举办个展，徐悲鸿书"南天人物"为贺。1940年，他再迁回暂未受战争波及的鼓浪屿。1945年8月日本投降后，林克恭回厦门筹办厦门美术专科学校复校事宜。[⑥] 谈及复校之事，他曾对忠翰[⑦]说，念及东南角落无一艺专创设，对于从事艺术的学子而言是一大损失。因此，他亟盼在最

① 洪卜仁：《厦门美术专科学校》，载洪卜仁主编《厦门老校名校》，厦门大学出版社，2013，第138~140页。

② 何丙仲：《厦门美术专科学校述略》，载《何丙仲学术文集》，鹭江出版社，2018，第338页。

③ 厦门文化艺术志编纂委员会编《厦门文化艺术志》，厦门大学出版社，1999，第415页。

④ 何丙仲：《厦门美术专科学校述略》，载《何丙仲学术文集》，鹭江出版社，2018，第338页。

⑤ 梁桂元：《八闽画人传》，福建美术出版社，2018，第355~356页。关于林克恭接任黄燧弼的原因，并非由于黄燧弼逝世，前文已有提及，此处不再重复。

⑥ 彭一万：《菽庄后裔林克恭》，载《厦门跨海情缘》，厦门大学出版社，2011，第47~48页。

⑦ "忠翰"应为画家吴忠翰。抗战胜利后，他与张人希曾发起组织了一次书画展览，林克恭的作品也参展。详参厦门文化艺术志编纂委员会编《厦门文化艺术志》，厦门大学出版社，1999，第394页。

短期内能够复校，俾使酷爱艺术的青年有地可容。[①] 遗憾的是，此事终因师资四散难寻而作罢。[②]

论及林克恭的画风，吴忠翰的文章描述颇为形象："他的画恰如其人，一件作品的成功和内容派别的倾向，对于作者的生活环境及社会意识有绝大关系的。如徐悲鸿先生批评他说'他有英国派之精严，又有法国派之活泼，其光的感觉极细，当是印象主义。而其结构，则更近代化。'由这段话里，我们再来体味他的画幅，是个很好的例证。林先生的作品每一幅都能使观众生起恬静和谐之感，尤其是他着色鲜淡、调子浓烈、气氛洋溢，使人观后如置身于仙境般的超然之阶……"[③] 这段评价极易令人联想到画家保罗·克利的那句话："画家是人，他本身就是自然，是自然的一部分，存在于自然的空间之中。"[④]

关于林克恭在鼓浪屿的美术活动，所见记述不多。寓居鼓浪屿的文化名人江煦曾有诗作提及林克恭画展的观后感：

> 丙子冬日幼庄开油画展览会参观后口占一绝：
> 传神写照两真真，画苑而今有几人。
> 家法西来称绝技，顾痴也应点头频。[⑤]

美术以外，林克恭先生同样有着极高的音乐造诣。1948 年 7 月 31 日，厦门艺术协会在鼓浪屿毓德中学宣告成立，主办者正是林克恭。协会定期开展活动，以文化沙龙为主。成立当天至 8 月 3 日，协会举办了美术作品展览，又于 8 月 2 日、3 日两晚举行了一场会集厦鼓音乐界名流的音乐会。节目内容有洪永明、林桥的钢琴独奏，林克恭、陈泽汉的小提琴独奏，勿拉索夫人、颜宝玲、郑美丽的女高音独唱，丘继川的男高音独唱，陈平权等人的重唱等。演出十分成功，受到厦鼓地区乃至外籍音乐界的一致赞扬。这个协会除了一些具有独奏、独唱水平的会员外，还有两个小型合唱团，一个是由龚鼎铭指挥的三一堂教友合唱团，一个是由崔月梅女士指挥的合唱团，这按当时条件来说不能不说是一支活跃的音乐队伍。[⑥]

---

① 忠翰：《画家林克恭印象记》，《江声报》1948 年 11 月 19 日。

② 彭一万：《菽庄后裔林克恭》，载《厦门跨海情缘》，厦门大学出版社，2011，第 47~48 页。

③ 忠翰：《画家林克恭印象记》，《江声报》1948 年 11 月 19 日。

④ 转引自周至禹《读懂画家：从达·芬奇到大卫·霍克尼》，重庆大学出版社，2020，第 159 页。

⑤ 何丙仲先生附注"丙子"为 1936 年。江煦：《草堂别集·圭海集》（同文书库·厦门文献系列），厦门大学出版社，2019，前言第 6 页、175 页。

⑥ 陈炳煌：《厦门艺术协会与林克恭先生》，《厦门日报》1990 年 8 月 18 日。

图 3 郭应麟先生（笔者于陈嘉庚纪念馆拍摄）

（2）写实派画家郭应麟

郭应麟（1898～1961），原籍海澄（今福建省龙海市）（见图 3）。1898 年出生于印尼，6 岁时随父回国。1918 年与谢投八、邱应葵等成为新式集美中学首届学生。1922 年，郭应麟与顾拯来从集美出发，历时近 3 小时横渡到鼓浪屿岛。此壮举轰动一时，上海《申报》为此做了专题报道。①

1928 年，郭应麟经教育家颜文初先生推荐，得到著名侨商林珠光先生的资助赴法国留学，并于 1930 年考入巴黎国立高等美术专科学校学习绘画，半工半读完成油画学业。1933 年 1 月，郭应麟回到厦门，3 月被集美学校聘为美术馆主任，并兼任厦门美术专科学校西洋画教师。1934 年，郭应麟与寓居鼓浪屿的名媛林翠锦结婚（见图 4），此后一直在厦门从事美术教育。②

图 4 据林翠锦女士侄女回忆，林翠锦早年寓居于此

① 《游泳三十华里之顾拯来君郭应麟君》，《申报》1922 年 10 月 13 日。

② 董松：《“看不见”的艺术史：早期留法油画家郭应麟的发现与研究》，《美术学报》2019 年第 2 期。

20世纪30年代，郭应麟回国后应聘于集美母校，主持师范艺术科科务，培养了不少艺术师资。当时郭家住鼓浪屿，郭应麟周末回鼓，兼厦门美术专科学校半日素描课，教学严格，为学生所敬重。[①] 画家黄永玉在回忆恩师时写道："集美学校我第一个美术老师是郭应麟，他是真正正式的法国巴黎美术学院毕业的（有的人不是），油画人物和风景都行。我敬畏他是因为我不懂油画，他提到的一些外国画家我大部分不认识。他原是集美毕业才去巴黎的。他说话喉音、鼻音都重，带点洋味，穿着又很潇洒。跟在他后面去美术馆，穿过油咖喱树和合欢树林荫，心里很神气。走廊里挂着大幅大幅他从巴黎临摹回来的油画，装在金框子里。其中一个老头子在钢琴边教一个漂亮至极的女孩子弹钢琴的画，让人心跳，仿佛她是郭应麟先生的亲生女儿，怕郭先生生气，只好偷偷多看了几眼。"[②] 而郭应麟在厦门美术专科学校任教时的学生庄索则说："如集全国写实的有志者一同于电视台上，作素描或油画的才艺竞赛，（李铁夫缺席）由在下糟老头来评审，则徐悲鸿得三粒灯，张充仁得四粒灯，郭应麟和谢投八各得五粒灯。"[③]

抗战爆发后，郭应麟全家避难南洋，他1938年3月出任南洋美术专科学校美术教员。1941年底，新加坡战事紧张，南洋美专停办，郭应麟全家迁往印尼泗水，先后在华侨小学教书、开办礼品店，彻底弃画从商。1942年，郭应麟夫妇为掩护避难到印尼的侨领陈嘉庚先生，主动放弃礼品店，辗转到梭罗、玛琅居住，帮助陈嘉庚屡屡躲过日本人的搜捕，一直到日本战败投降。50年代，郭应麟与李曼峰、周碧初有了联系，重新开始画画，并加入印尼华侨美术团体。1956年，郭应麟随印尼华侨美工团回国访问并有多幅作品参展。展览后，郭应麟回到鼓浪屿老家居住了一段时间，创作了一批画作。1961年，郭应麟先生逝世，生前多次嘱咐林翠锦女士将画作捐献给祖国。[④]

郭应麟在他临终前交代妻子林翠锦，将其留法期间临摹的大幅画作如《授琴》《牧马》等送印尼大使馆并转送北京美术馆。后虽经多方查找，这批作品却全无音信。2018年10月31日，经印尼的王聪丛女士、郭应麟的学生、曹达立的学生以及郭应麟后人多方努力，最终确认郭应麟去世后有三件作品捐给了中央美术学院。这一消息得到了中央美术学院美术馆典藏部主任李垚辰的确认，至此寻找半个多世纪郭应麟遗作

① 谢投八：《郭应麟事略》，载政协厦门市集美区委员会编《陈嘉庚的亲属、族亲及事业襄助者（资料选编）》，2002，第388页。

② 黄永玉：《示朴琐记》，载《黄永玉全集·文学编》，湖南美术出版社，2016，第76页。

③ 索翁：《厦门美专的追忆》，《艺术家》第59期，1969年4月。转引自董松《"看不见"的艺术史：早期留法油画家郭应麟的发现与研究》，《美术学报》2019年第2期。

④ 董松：《"看不见"的艺术史：早期留法油画家郭应麟的发现与研究》，《美术学报》2019年第2期。

的工作最终有了圆满结果。[①] 郭应麟非常崇尚写实主义，从收藏在中央美术学院美术馆的三幅临摹作品可见一斑。画家曹达立先生说，自己十七八岁学画的时候，因为在印尼看不到西方原作，就三天两头去郭应麟家看挂在墙上的这几幅临摹作品。[②] 郭应麟曾告诉他，一幅临摹作品光起稿就要花费一个月时间。谢投八曾评价："君于画事，基本功掌握得极其扎实。所作人物画，造型严谨，设色明朗；间作风景画，色光夺目，得者宝之。其临摹柯罗、米勒等名家作品，对原作极端忠实，反复推敲，直至可以乱真，始行搁笔。"[③] 2014 年，董松先生去鼓浪屿郭家老屋拜访郭应麟的亲戚时，发现了 14 幅郭应麟创作的油画，极为珍贵。[④]

特别值得一提的是，郭应麟除了艺术造诣高，抗战时在印尼与夫人林翠锦共同保护校主陈嘉庚三年的事迹也十分感人。1945 年，日寇投降，嘉庚先生准备返回新加坡，亲手将誊写的《南侨回忆录》交郭应麟夫妇保存（见图 5）。历经印尼社会风云变幻，林翠锦一直悉心保存着校主的手稿，并于 1982 年辗转交给了集美学校委员会。如今，这部手稿已成为陈嘉庚纪念馆的"镇馆之宝"。[⑤]

图 5　林翠锦保管的《南侨回忆录》手稿（笔者于陈嘉庚纪念馆拍摄）

（3）张万传的鼓浪屿情结

张万传（1909~2003），生于台北，青年时因没机会赴欧洲学习绘画即到厦门加入

① 董松：《从中央美院三件藏品谈早期留法画家郭应麟》，《公关世界》2019 年第 4 期。

② 董松：《"看不见"的艺术史：早期留法油画家郭应麟的发现与研究》，《美术学报》2019 年第 2 期。

③ 谢投八：《郭应麟事略》，载政协厦门市集美区委员会编《陈嘉庚的亲属、族亲及事业襄助者（资料选编）》，2002，第 388 页。

④ 董松：《"看不见"的艺术史：早期留法油画家郭应麟的发现与研究》，《美术学报》2019 年第 2 期。

⑤ 关于郭应麟伉俪在印尼保护陈嘉庚这段经历，笔者曾于 2021 年 5 月 23 日在《厦门晚报》上发表文章《保护校主的女中豪杰 林翠锦与避难爪哇的陈嘉庚》，此文亦由学习强国平台选登。

当地美术团体，参加艺术活动。他是日本名画家石川钦一郎的学生，深受野兽派浓烈色彩、大笔触线条与夸张造型之影响，呈现独特画风，笔法纵横、强劲有力，强调气氛和动感。①

1932 年，张万传利用假期回厦门老家省亲。在此之前，张万传已数度到过厦门。此次，他特地拜访了厦门美术专科学校。访问该校时，张万传与黄燧弼校长相识，并与当时求学的台籍学生如黄连登、谢国镛等人相善，日后黄、谢二人均参加了由张万传等人组织的“纪元画会”展出。经常撰写美术史志的画家庄索，1928 年入学厦门美术专科学校。他曾回忆张万传到校和同学相处的情形：“民国十九年到二十年，或二十一年这段期间的春季，在日本川端画学校研习中的张万传，利用假期有两、三次到厦门省亲，常常到美专与台籍学生聚玩，有时邀约谢国镛等几位学生去写生，亦友、亦师、亦是老大哥……”②

此后，张氏便常往来于日本与我国的厦门和台湾地区之间。这个时期的张万传，在作品上有着一些逐渐明显的特色。《龙头》作于 1936 年，在强烈的色彩之外可以看到作者如何掌握前景：老榕的枝干扭曲变化，须根下垂，更以尖笔直接刮出港边的景致，所画应为厦门地区。③

1937 年，张万传再度前往中国东南沿海旅游，经由广东等地回到福建，居留较长时间。位于厦门对岸的鼓浪屿成为他大量画作的题材。次年 10 月举行的第一届“台湾总督府”展览会，张万传正是以《鼓浪屿风景》一作获得“特选”，他也是当届特选名单中唯一的台籍画家。这件作品在笔触上显然收敛了率性挥洒的作风，改以色面的组构为主，来表现鼓浪屿异国风情浓厚的建筑、巷道。从张万传入选的这件作品《鼓浪屿风景》可以看出，画家花费心思在那些壁面、窗户、屋顶的表现上，基本上仍是巴黎画派趣味的延伸。另有一幅名为《鼓浪屿教堂》的画在木板上的油画，几乎是以一种充满速度感的狂野笔法呈现了树木掩映下的白色教堂，高耸的主楼、尖拱的窗户，以及一堵高大的围墙横在前方，看来颇不稳定。事实上，这正是鼓浪屿狭窄巷道中经常可见的实景。画家这种让情感充分流露的野兽画风，看来是和那些入选官展的严谨画风齐头并进的。④

---

① 梁桂元：《八闽画人传》，福建美术出版社，2018，第 363、365 页。

② 索翁：《厦门美专追忆》，《艺术家》第 59 期，1980 年 4 月。转引自萧琼瑞《台湾美术全集 · 张万传》，台北艺术家出版社，2006，第 23 页。

③ 萧琼瑞：《台湾美术全集 · 张万传》，台北艺术家出版社，2006，第 24~25 页。“龙头”为厦门鼓浪屿的一处地名。

④ 萧琼瑞：《台湾美术全集 · 张万传》，台北艺术家出版社，2006，第 25~26 页。

1938 年，受厦门美术专科学校林克恭校长之邀，张万传任教于该校。[①] 在厦门美术专科学校，张万传教授西画与日文。[②] 也在这一年，厦门沦陷。不久，厦门美术专科学校就被迫停办了。张万传于 1939 年初返回台湾。[③] 返台后，张万传对朋友说，他在鼓浪屿几年的艺术生活圆了他的“巴黎梦”。[④]

1940 年 5 月，张万传与黄清呈、谢国镛在台南公会堂办了一场“Mouve 三人展”。张万传在三人展中提供的实际作品名单，目前仍无法确切掌握，但从现存作品的创作年代来看，有多幅题名《鼓浪屿风景》的水彩作品创作于 1940 年，甚至到了 1942 年，入选“台湾总督府”第五届展览会的作品仍题名《厦门所见》。是否这个时期的张万传还经常有机会前往福建？或根本上，他的这些作品已经不是现场写生的产物？依他晚年经常动手修改早期作品的习惯，后一种情形的可能性是相当大的。对张万传而言，现场的风景或物象固然是引发灵感的重要因素，但面对画面进行纯粹的造型思考与情感宣泄，显然比对物象准确性的捕捉更为重要。[⑤]

1936~1940 年，是张万传创作相当丰富的一个时期。这个时期的作品，就张万传一生而言，是相当多元、丰富而精彩的，呈现出这个艺术青年多方面的思维和尝试，充满着自信、创新与真诚、率直。在台湾第一代西画家中，能将油彩的特质或素描的形色掌握、发挥得如此自由潇洒、淋漓尽致的，张万传如果不是唯一的一位，至少也是极少数中的一位，他以这种特质在台湾美术史上占据了一席之地。[⑥] 毋庸置疑，在张先生的艺术生涯中，“鼓浪屿”这三个字赋予他的意义何其重要。

3. 学生们的鼓浪屿渊源

（1）音、美兼佳的龚鼎铭

龚鼎铭[⑦]（见图 6）家学渊源深厚，自幼受父亲龚植影响，能歌善画。对龚鼎铭艺术生涯影响颇大的还有他的表哥林克恭，他是中国早期著名留欧油画家、小提琴家。[⑧] 从厦门美术专科学校毕业后，龚鼎铭先后执教于鼓浪屿毓德女子中学、厦门二中，任

① 萧琼瑞：《台湾美术全集 · 张万传》，台北艺术家出版社，2006，第 280 页。

② 何丙仲：《厦门美术专科学校述略》，载《何丙仲学术文集》，鹭江出版社，2018，第 336 页。

③ 萧琼瑞：《台湾美术全集 · 张万传》，台北艺术家出版社，2006，第 28 页。

④ 郭易平：《鼓浪屿美术早熟的年代》，《厦门日报》2006 年 8 月 20 日。

⑤ 萧琼瑞：《台湾美术全集 · 张万传》，台北艺术家出版社，2006，第 29 页。

⑥ 萧琼瑞：《台湾美术全集 · 张万传》，台北艺术家出版社，2006，第 42~43 页。

⑦ 龚鼎铭生卒年不详，待查考。

⑧ 鼓浪屿区文化局、文化馆：《鼓浪屿部分音乐家庭简介》，载《鼓浪屿文史资料》中册，鼓浪屿申报世界文化遗产系列丛书编委会，2010，第 307 页。

音乐、美术教师40余年，其油画作品甚佳（见图7）。

图6　龚鼎铭先生
（陈杰民先生供图）

除绘画以外，龚鼎铭业余时间还兼任鼓浪屿合唱团团长及指挥、鼓浪屿“三一堂”歌颂团指挥。[①] 众所周知，鼓浪屿被称为“音乐之岛”，岛上合唱团及歌颂团几乎达到专业水准，能够执两团指挥棒，音乐造诣非同小可。

龚鼎铭为人低调谦和，经过他曾经的寓所（见图8），许多老鼓浪屿人还会提起他。在1947年出版的厦门城市指南类、方志类书籍《厦门大观》中，“画家”一项中总共只记录了14位名家，龚先生即占一席。[②] 如此大家，存留的文字和影像却是不多。文史学家何丙仲先生中学时也曾受教于他。提及老师，何老深情地忆道：“我中学时代的音乐和美术老师龚鼎铭先生乃樵生先生季子，我始终得到他的教诲，直到他去世。”[③] 1959年第二学期，音乐老师由龚鼎铭先生担任。音乐室四壁挂着肖邦、贝多芬的画像，里面有一架钢琴。“龚先生握着拳头指挥我们大家合唱贝多芬的《五月》：‘来吧，五月！

图7　龚鼎铭画作（陈杰民先生供图）

---

① 蔡文田、龚万钟：《“五绝”名士龚植及其家族史语》，《鼓浪屿研究》第7辑，厦门大学出版社，2017，第93页。

② 吴雅纯编《厦门大观》（同文书库·厦门文献系列），厦门大学出版社，2022，第181页。

③ 何丙仲：《龚樵生先生》，载《一灯精舍随笔》，厦门大学出版社，2022，第254页。

你把鲜花带给大地!'这歌声陪伴我们一生。少年时代，我们的心灵就这样受到了滋润。"①

图8 龚鼎铭先生曾寓居处

笔者也曾采访过一些老前辈，力求多了解一些龚鼎铭先生的生平，并发表文章《怒打寻衅美国水兵的鼓浪屿画家、音乐家 我所了解的龚鼎铭先生》，刊于2020年11月22日《厦门晚报》B5版。如厦门市水彩水粉画研究会原秘书长、画家陈杰民先生曾是龚老的学生。在他的记忆里，龚鼎铭老师文雅洒脱、学识渊博，且和蔼可亲。虽然龚老师不是他的任课老师，但他隔三岔五就和好友、现在亦是名画家的郭易平、张尚伟等同学上门讨教，龚老师皆耐心指导，毫无门户芥蒂。陈杰民先生说，龚老师的油画水平很高，记得他的一幅油画《日光岩》，极具西方印象派风格。美术、音乐而外，龚鼎铭对摄影亦有专研，曾教授他们拍照、冲洗和放大技术。20世纪70年代，陈杰民有次要去外地出差，找龚老师借相机。龚老师不但欣然应允，还借给他一架高级莱卡相机。此事令陈杰民先生至今感念。

笔者的父亲曾任教于厦门二中，与龚老共事过，提起他的教学风格，至今记忆犹新：音乐考试时，龚老师用手指敲击桌面打出各种节拍，让学生跟着模仿，以考查学生的音乐记忆及节奏感。此外，龚老师还热心地教英语教师们画简笔画，帮助他们利

① 何丙仲口述，白毅、林琳访谈《母校精神滋养我一生》，载何丙仲主编《鼓浪弦歌——校友访谈录》第2辑，2021，第227页。

用直观的画面加深学生对英语单词的理解和记忆。[①]

值得一提的是，艺术造诣颇高的龚先生还习练过武术。《厦门文史资料》上《三惩美水兵》一文即记录了他在20世纪二三十年代，在鼓浪屿惩治醉酒美国水兵的经历。[②]铮铮铁骨之雅士，其义举令人敬佩！

（2）画了一辈子鼓浪屿的叶永年

叶永年，油画家，美术教师。父亲早逝，家境贫寒。他自幼酷爱美术，曾获寻源中学初中图画比赛第一名，自此开始在鼓浪屿多所小学担任图画教员，补贴家用。后获厦门美术专科学校创办人、校长黄燧弼器重，得以免学费入读厦门美术专科学校。叶先生长期从事美术教育，执教40余年，培养了大批人才，被称为“画了一辈子鼓浪屿的鼓浪屿画家”。[③]

得遇恩师黄燧弼，看似机缘巧合，实则黄先生惜才之举。当时，叶老师在宗文小学教画图课。有一天，他上完课出来，教室外一位西装革履的绅士过来问他是不是寻源中学画图夺冠者。得到肯定答复后，他夸赞叶永年讲得很好、很用心，并介绍自己是黄燧弼。叶永年连忙鞠躬施礼，并请黄先生到办公室。当看到叶先生画的草图时，黄先生对他说：“年轻人，你画得很用功，很有灵性；只是欠缺更扎实的基本功，如果再到我那去学习，可以再进一步提高，应该会更好。”听到这，叶先生很感动，但是又很无奈地说：“谢谢校长错爱！我心驰神往，只是老母没钱。”令叶先生万万没想到的是，黄校长竟拍拍他的肩膀说：“不要紧，我不收你的学费，这对你可是个例外哦！一定要努力！”经过刻苦学习，叶永年顺利地从厦门美术专科学校取得了毕业证书，梦想成真。[④]

19岁从美术学校毕业后，叶先生便开始了他的美术教师生涯。解放前，他先后在厦门、华安、漳浦等地的中小学当美术教师，并与画家林克恭举办过联展，名噪一时。解放后，他在厦门一中、五中等校任教。叶先生勤勤恳恳地教书育人，得到社会各界的称赞。许多厦门籍有成就的画家均接受过叶老的指导与培养，如林以友、洪瑞生、

① 林恒立：《怒打寻衅美国水兵的鼓浪屿画家、音乐家 我所了解的龚鼎铭先生》，《厦门晚报》2020年11月22日。

② 龚鼎铭、龚鼎煌：《三惩美水兵》，厦门市政协文史和学习宣传委员会编《厦门文史资料》第23辑，2002，第128~129页。

③ 叶永年、叶丽琳、叶丽丽、叶丽薇、柯文辉口述，黄英杰整理《尊严与自足——美术教师、画家叶永年》，载中共厦门市委宣传部、厦门市社会科学界联合会合编《口述历史：我的鼓浪屿往事》，厦门音像出版有限公司，2011，第7页。

④ 叶永年、叶丽琳、叶丽丽、叶丽薇、柯文辉口述，黄英杰整理《尊严与自足——美术教师、画家叶永年》，载中共厦门市委宣传部、厦门市社会科学界联合会合编《口述历史：我的鼓浪屿往事》，厦门音像出版有限公司，2011，第13~15页。

陈云鹏等。[①]

解放后，叶老的作品多次入选市美展，获得好评。1972 年退休后，他深居鼓浪屿内厝沃（见图 9），潜心于鼓浪屿油画风景的写生与创作。按照他的习惯，每画一景前，都要几次先到实地细心观察思考，做到胸有成竹，而后才动笔。他不是当场把一幅作品马上画完，而是先在画布上勾勒出景物的轮廓，稍加注明明暗或色彩的冷暖关系，然后回到画室里才开始动笔。先把全局画下来，而后逐步深入，加工细部，反复修改才完成一幅作品。叶老说，一幅成功的作品往往要经过几天、几个月甚至是几年的反复修改才能最后完成。他的作品注重写生，忠实于对象，又绝不是对客观自然景物的照搬，而是在对客观景物深度理解和全局把握后才进行更高层次的加工与创作。其油画色彩以自然景物的固有色为主，风格朴实厚重。他用细腻的笔触表现对象的各种形质和色彩的变化，生动而丰富，加上反复薄画覆盖，颇有欧洲古典画风格。叶老的鼓浪屿风景油画宁静、幽雅，令人陶醉。1988 年，厦门市教委等单位联合为叶老举办个人画展，当时叶老已八十高龄。彼时展出的五六十件油画，都是叶老退休后的新作。他笔下绿树成荫，充满了生机和雅趣，反映了画家对退休后能在鼓浪屿安度幸福晚年的无限深情。[②]

（3）诗书画三绝之林英仪

以西画为主的厦门美术专科学校，对传统文化及书画艺术同样颇为重视，其教授团队的配置即可为证。赵素任国画系主任，教国画；上海新华艺专研究院林子白教国画；厦门名书法家欧阳桢（小椿）教金石学；地方文化人士谢云声、陈丹初、苏警予、曾玉林等教国文及书法。[③] 在这些名师的培养与熏陶下，厦门美术专科学校培养出的学生同样有国画界之大家。

林英仪（1917~2007），福建晋江人，字少逸，别署天风海涛斋主。幼随父居台湾，于 1926 年求学于台湾汉学书法家曹秋圃之“澹庐书房”[④]。还乡后，肄业于厦门美术专科学校，1940 年毕业于福建音乐专科学校艺师科，1942 年毕业于福建省立师范专科学校（福建师范学院前身）艺术科，得谢投八、吴茀之亲授，兼习中西画，尤擅国

① 邱祥锐：《潜心描绘鼓浪屿风光的老油画家叶永年》，载《鼓浪屿文史资料》下册，鼓浪屿申报世界文化遗产系列丛书编委会，2010，第 81 页。

② 邱祥锐：《潜心描绘鼓浪屿风光的老油画家叶永年》，载《鼓浪屿文史资料》下册，鼓浪屿申报世界文化遗产系列丛书编委会，2010，第 81 页。

③ 何丙仲：《厦门美术专科学校述略》，载《何丙仲学术文集》，鹭江出版社，2018，第 336 页。

④ 曹秋圃不仅是林英仪儿时的启蒙老师，亦是林英仪在厦门美专受艺时的书法导师，二人感情深厚。详见何丙仲《曹秋圃与林英仪》，载《一灯精舍随笔》，厦门大学出版社，2022，第 386~387 页。

图9 叶永年晚年寓居处

画。国画宗石涛、八大山人，浑朴中见放逸。[①]

《厦门日报》上有一篇署名“人希”的文章，是对“林英仪书画展”的观后记。该文极形象地刻画了林英仪先生之艺术造诣：“中国画有个特点，它要求画家除了掌握绘画技巧而外，还要求有高深的文学素养和娴练的书法……所以，人们对中国画的要求，也不仅单纯欣赏其画法而已，而要求有诗的意境，使人看了，得到文学的艺术享受。这次参观林英仪书画展览，我觉得他的作品就很好地体现了东方绘画艺术的这个特点，他展出的作品内容，画有山水、花鸟、人物，书有真草隶篆。每幅画都有作者的题诗和跋语，更加丰富了画的意境。他的画雄奇而不怪诞，古朴而见清新，线条如隶如篆，自辟蹊径，特别是章法上擅以奇险取胜，不论山水、花鸟或人物，虽寥寥几笔，却很引人入胜，看出作者对诗、书、画的造诣，才能博采众长，创作出来。”[②]

① 梁桂元：《八闽画人传》，福建美术出版社，2018，第367~368页。

② 人希：《雄奇不怪诞 古朴见清新 林英仪书画展观后》，《厦门日报》1963年2月28日。作者“人希”应为厦门知名画家张人希先生。

林英仪曾撰写《与弘一法师之偶缘》一文，文中提到了他为弘一绘制涅槃素描一事："（二十世纪）四十年代初余负笈闽荒山中，承吾师葛民谢氏（投八）之嘱，谓得缘代求法师墨宝。一九四二年秋，法师演《八大人觉经》于泉州朱子过代亭，息迹于亭畔禅房，时余任教梅石书院，距亭数百步，乃于课暇入而漫步，承其邀纳就座，叩以书道之旨，蒙自示欲余留名为作墨迹以结缘，余亦并为谢师代求焉。不日，开元广义师央人来告，谓法师忽尔升西，嘱到禅所为法师画一涅槃之像……所作涅槃速写像，则存于泉州开元寺尊胜院之法师纪念馆。"① 对于这幅素描，林先生只是寥寥数语一带而过。画家曾良奎先生《〈弘一法师涅槃素描〉重现记》一文曾刊出林英仪先生为弘一法师涅槃时所绘素描。论及此画作，曾先生说："据目前资料，它是海内外惟一的一幅面对法师的素描遗像，具有历史及艺术的重要价值，是研究弘一法师一生中不可缺少的珍贵资料。"② 书法家吴孙权亦评价："（此画）则成为研究中国近代绘画史、书法史和佛学史的一件不可多得的宝贵资料。"③

谈及授徒，林老有着自己的方法。他先是从大的画理、画法（包括历代名人的画法）谈起，再结合习作提出问题让学生思考，而后谈他自己的见解。20 世纪 80 年代，学生白磊想尝试"用水技巧"的探索，林老十分赞同，他找了许多资料给白磊作参考，鼓励爱徒用心研究定有收获。他举例指出，石涛作画有三胜，首要的就是运于水，破墨法中的"浓破淡"与"淡破浓"说的都是在宣纸上的用水之法。淡墨多水绘出，未干之时重墨破之，墨韵效果自然天成。④

尽管艺术造诣已臻化境，林英仪先生的为人却十分简朴、乐于助人。林老离世时，诗人舒婷忆道："21 年前，我赴美国参加诗歌节之前，丈夫陪我去求两幅画作礼品。在那简陋而幽暗的寓所里，林英仪展开几轴作品让我挑选，最后由他做主，送我一春一冬两幅墨梅。那时节，除了一声由衷的谢谢，并无润笔费之说。"⑤

林老在鼓浪屿的家十分普通，没装空调，连一张像样的画案都没有（见图 10、图 11）。带着钱慕名来找他求画求字的人很多，可他总是推辞，而对有上进心、投缘的人，他则欣然挥毫，不收一分"润笔费"。⑥

---

① 林英仪：《与弘一法师之偶缘》，载《泉州书法·弘一法师圆寂四十五周年专刊》，1987。转引自吴孙权《腹有诗书气自华——略论林英仪的书法艺术》，《书法》2002 年第 8 期。

② 曾良奎：《〈弘一法师涅槃素描〉重现记》，载《闽南人》创刊号。转引自吴孙权《腹有诗书气自华——略论林英仪的书法艺术》，《书法》2002 年第 8 期。

③ 吴孙权：《腹有诗书气自华——略论林英仪的书法艺术》，《书法》2002 年第 8 期。

④ 中共厦门市委宣传部、厦门市文学艺术界联合会编《书画家白磊》，南方出版社，2021，第 22 页。

⑤ 舒婷：《真水无香》，作家出版社，2011，第 166 页。

⑥ 海鹰：《他为弘一法师遗容画过素描——怀念著名书画家林英仪先生》，《厦门日报》2007 年 7 月 26 日。

图 10　林英仪先生曾寓居处（吴远大老师供图）

图 11　林英仪书房（萧春雷先生摄于 2007 年 7 月）

李世平先生在其《林英仪先生散记》一文中写道："登门求购先生字画者众。先生被扰，是有不悦，自语：'我的画每张各不相同，人民币却每张都一模一样。'"①

庄为玑先生称林英仪先生"诗书画三绝"。② 下面特摘录林老诗作三首③于此：

咏日光岩

崔巍龙窟矗江东，赤子孤臣一体同。
国破天教存片土，兵哀人自作杀虫。
劫灰拨尽苍生恨，樯影望穿贯日忠。
荒屿凿崖陈迹永，低回岩侧吊英风。

咏林则徐

百年序幕炮声隆，铭志将军不世功。
鸦片贻羞留史册，虎门热焰烛长虹。
海疆奋战惊寰宇，朝议成降罪寸衷。
共耻南都开港日，要垂遗训到童蒙。

秋瑾在厦门

巾帼英豪第一流，鉴湖女侠志吴钩。
身先十万男儿血，义重千秋国士头。
鹭岛亲缘曾燕雁，泰山视死异蜉蝣。
秋风秋雨兴亡系，泪洒中原白二州。

（4）国画名家杨柳溪

杨柳溪（1915～1974），原名文泉，号静庵，厦门同安人。自幼喜爱诗文书画，后入厦门美术专科学校学习中西画法，平生从事教育工作，历任同安城厢中心小学、龙溪师范学校、鼓浪屿英华中学和集美中学的校长或教师，业余创作大量书画。④

杨柳溪于1934年前后入学厦门美术专科学校。诸名师中，谢投八、赵素两位老师对杨柳溪的影响最大。1947年的《美术年鉴》这样介绍他："及长，入厦门美专，从

① 李世平：《林英仪先生散记》，《厦门晚报》2007年7月29日。
② 庄为玑：《风涛集》序，载厦门文学艺术界联合会编《林英仪作品集》，鹭江出版社，2000，第36页。
③ 厦门文学艺术界联合会编《林英仪作品集》，鹭江出版社，2000，第57～58页。
④ 厦门市文联、厦门书画院编《厦门近现代画家》，厦门大学出版社，2007，第75页。

画家谢投八、赵素二游，艺遂大进。”[①]

抗日战争时期，杨柳溪创作了大量抗战题材作品，如体现日寇暴行的《敌机轰炸图》、表现战乱惨景的《行乞图》、反映十九路军抗日的《饮马图》等，颇受好评。[②] 1949 年，杨柳溪赴鼓浪屿著名的英华中学（厦门二中前身）教书。同年，杨柳溪先生还与张人希、高怀、杨夏林、黄敏、孔继昭等一道组织了名为“涛社”的书画社，经常举办各类活动。[③]

1951 年，杨柳溪受聘于集美中学，任语文组组长、工会主席，随后又被推举担任厦门市语文教研组组长，足见其于厦门中学语文教学界的人望。[④] 当时，汉语、文学分科，一些教师普遍感到对古典文学教材生疏。对此，杨柳溪提出了自己的见解：“我个人认为，恰当的做法是严格按照教学大纲要求，深入钻研教材本身是最主要的，但适当接触一些基本参考材料也还有必要。当然，我们要反对旁征博引与繁琐考证……可是，你如果能在熟悉教材的基础上掌握较多的有关资料，又能去粗存精地选择那最主要的、能够形象具体地阐明作品的主题，有助于学生理解课文的材料，恰当地把它结合到串讲或分析中去，效果是很好的。”[⑤] 显然，杨柳溪的绘画造诣与其深厚的文学功底是密不可分的。

近代教育家蔡元培先生着力营造“兼容并包”与“思想自由”的学术研究氛围。他在五四运动和中国近代美术史上的地位和重要性不容置疑。蔡元培主张：“纯粹之美育，所以陶养吾人之感情，便有高尚纯洁的习惯，而使人我之见，利己损人之思念，以渐消沮者也。盖以美为普遍性，绝无人我差别之见能参入其中。”[⑥] 他的一系列美育思想在 20 世纪初影响了艺术家及新型美术学校的教育思想和办学方针。尤其是他将美育置于新兴教育的重要地位，进一步明确了现代教育的主要思想和方向——德、智、体、美一体化，给长期的封建桎梏以猛烈冲击。[⑦] 而随着鼓浪屿近代化的推进，岛上出现了不少近代知识分子。这些知识分子的文化修养、思维方式和知识结构迥然不同于传统的知识分子。不过，他们从传统的“士”阶层继承来的社会责任感和使命感，使

① 转引自范世高《不该被遗忘的文化名家杨柳溪》，载厦门市同安区文化馆编《同安文艺优秀作品选 · 散文卷》，厦门大学出版社，2020，第 70~71 页。

② 《厦门民盟先贤谱》编纂委员会编《厦门民盟先贤谱》，2023，第 93 页。

③ 范世高：《不该被遗忘的文化名家杨柳溪》，载厦门市同安区文化馆编《同安文艺优秀作品选 · 散文卷》，厦门大学出版社，2020，第 84 页。

④ 范世高：《不该被遗忘的文化名家杨柳溪》，载厦门市同安区文化馆编《同安文艺优秀作品选 · 散文卷》，厦门大学出版社，2020，第 84 页。

⑤ 杨柳溪：《谈中学古典文学教学的一些问题》，《厦门日报》1956 年 11 月 15 日。

⑥ 蔡元培：《以美育代宗教说：在北京神学会演讲》，《新青年》第 3 卷第 3 号，1917 年，第 14 页。

⑦ 刘淳：《中国油画史》，中国青年出版社，2005，第 35 页。

他们总是处于不满足的探索之中，具有较强的社会批判意识。他们对民族兴亡、国势强弱的感受比其他社会阶层更为深刻，在社会变革中往往就成为带头人。[①] 于是，“将美育视为自由进步的象征”成为他们强烈的诉求。与此同时，作为鼓浪屿文化的承载者，这些社会精英也被鼓浪屿多元文化所孕育和形塑。[②] 显而易见，他们在研习西画的同时，并未摒弃对中华优秀传统文化及中国画艺术的追求。

尤为可惜的是，鼓浪屿美术在厦鼓沦陷后一片凋零。抗战胜利后，由于历经多年战乱，加之国民党统治腐败无能，经济、社会生活领域残破不堪，厦鼓美坛自然亦未见多少实质性恢复。《厦门文化艺术志》一书仅记载了抗战胜利后的一次书画展览，是由吴忠翰、张人希发起组织的。在这次画展中，林克恭、龚鼎铭、叶永年等鼓浪屿画家的作品也悉数亮相。[③] 由此，或可理解为：此次展览乃彼时少有的、较为活跃之美术活动。

（洪峻峰先生为引言部分的作者，特表致谢！）

① 戴一峰等：《海外移民与跨文化视野下的近代鼓浪屿社会变迁》，厦门大学出版社，2018，第 67、75 页。

② 戴一峰等：《海外移民与跨文化视野下的近代鼓浪屿社会变迁》，厦门大学出版社，2018，第 429 页。

③ 厦门文化艺术志编纂委员会编《厦门文化艺术志》，厦门大学出版社，1999，第 394 页。

“我很幸运，因为我已经拥有了一切。”
——记著名画家林克恭

詹朝霞[*]

摘　要： 鼓浪屿作为钢琴之岛、音乐之岛已广为人知，很多钢琴家与音乐家的名字更是为人们耳熟能详。但作为艺术之岛的鼓浪屿却少为人知，对艺术家亦少有介绍。作为鼓浪屿的美术先锋，周廷旭与林克恭是较早从鼓浪屿走出去的具有国际视野的画家。他们与徐悲鸿、林风眠、刘海粟等有相似的留学英法学习西方绘画、探索中西方画法结合的历程，在此基础上形成了兼融中西、自成一体的绘画风格。林克恭在其中并不声名显赫，但因与鼓浪屿以及台湾非同寻常的渊源，他的绘画艺术尤其独具一格，因此有不可忽视的研究价值。本文试图从手之所及的有限文献中追溯其幸运的一生，以及贯穿其一生的艺术追求与成就，试图为鼓浪屿美术史补添不可或缺的一笔，亦为台海文化艺术交流贡献不可忘却的记忆。

关键词： 林克恭　鼓浪屿　台北板桥林家　美术

1992 年，92 岁的林克恭在美国纽约去世。弥留之际，他告诉妻子海蒂：“我很幸运，因为我已经拥有了一切。”这是林克恭留给世间的最后一句话。

时隔多年，在林克恭去世 30 多年后之所以重提林克恭，就是因为这句话一下子震住了我。我不知道，这世间有几人能够在生命的最后一刻说出这样的话，如此满足，如此安详，如此含笑而去。

在鼓浪屿，林克恭是一个隐约的传说、依稀的存在。他是画家、小提琴家林尔嘉的六公子。

在台湾，林克恭是为人敬慕的艺术家，是学生心目中受尊重的教授，是“台湾画

* 詹朝霞，厦门市社会科学院《鼓浪屿研究》编辑部主任，厦门大学鼓浪屿研究中心副主任，厦门市政协特邀文史研究员，研究方向为鼓浪屿文史。

坛的一泓清泉”，“台湾画坛上一株谦逊的仙人掌”。

在中国，林克恭是积极投身于中西方绘画艺术创作与突破的先行者，被徐悲鸿誉为“南天人物”。

在世界，林克恭是影响广泛的三大著名国际艺术展之一巴西圣保罗国际艺术双年展唯一的华人评委。

何为“幸运”？“一切”又是什么？一个生于富贵之家的翩翩公子，如何成为一个矢志不渝的艺术家？关于林克恭的一生，我十分好奇。以我有限所知，不敢企望解密林克恭拥有的“一切”，仅试图以零星片段勾勒出林克恭的“幸运”所在。

一　衔玉而生，台湾板桥林家的六公子

如贾宝玉衔玉而生，林克恭也生于钟鸣鼎食之家——台湾首富板桥林家。板桥林家之富，可从日据台湾时期（1895~1945）日本人的调查数据略知一斑：台北地区三大富豪中，第三名是艋舺的洪合益，资产 20 万圆；第二名是大稻埕的李春生，资产 120 万圆；第一名就是板桥林家，资产 1 亿 1000 万圆①。板桥林家的财富呈几何指数增长，第三名和第二名与之不是一个重量级的。板桥林家财富实力之雄厚可见一斑。

林克恭生于 1901 年，是台北板桥林氏家族第五代掌门人林尔嘉与原配夫人龚云环所生的六公子。1895 年，甲午战争后，林尔嘉跟随其父林维源举家归国，定居于厦门鼓浪屿。林克恭的出生地是台湾板桥林家花园还是鼓浪屿林氏府，目前文献所见还没有一致的说法。黄朝谟在《林克恭绘画研究》中明确写道：“（林克恭）出生于台湾板桥林家花园。”② 但是张泉在《紫藤簃》中却说，除长子景仁、次子刚义出生在台北板桥林本源邸园外，林尔嘉其余所有儿女全部出生在厦门鼓浪屿鹿礁路林氏府。虽然我们无法由此判断林克恭确切的出生地，但鼓浪屿的林氏府和菽庄花园无疑是林氏兄弟学习成长的主场。而日后林克恭学成归来，自 1930 年至 1949 年鼓浪屿是林克恭主要栖居之地与重要的创作基地。此点后文还会述及。

生于如此巨富之家，是林克恭与生俱来的幸运。

二　西学东成，从一而终的艺术之路

林克恭生于巨富之家，已经是多少人可遇不可求的幸运。更幸运的是，他还有开

① 陈娟英：《板桥林家与闽台诗人林尔嘉》，海风出版社，2011，第 25 页。

② 黄朝谟：《林克恭绘画研究》，载《台湾美术全集・林克恭》，台北艺术家出版社，1995，第 17 页。

明豁达的父母。父亲林尔嘉，身为大富商，不仅具有卓越的经纶济世能力，更钟情于采菊东篱的诗意田园生活。母亲龚云环，出生于泉州诗书世家，温文尔雅、知书达理，诗文俱佳。父母的言传身教，从容悠游的人生态度，宽松开明的教育理念，无不为林克恭的人生涂上柔和明亮的人生底色。而林尔嘉创办于1914年的“菽庄吟社”，更是为林家子弟提供了不可或缺的艺术熏陶。林克恭就是其中被影响最深的那个。这些都为以后林克恭坚定选择走艺术之路准备了条件、奠定了基础。

1. 中西合璧——林氏家族的教育环境

板桥林家发家致富后，对家族子女的教育十分重视。到了第五代林尔嘉这一代，面对东西方文明的接触碰撞、世界格局的骤然巨变，更加认识到教育的重要性，尤其是西式教育理念与模式引入的重要性。林尔嘉认为：“处今世交通时代，当淹贯中西而后为国家有用之才。”① 在此观念下，林氏家族延请礼聘海峡两岸的中西名师、饱学之士为子女授课。列其名者，有金石学家吕世宜，名画家谢颖苏、许筠，诗钟大家郭名昌，著名诗论家陈衍等人②。南安名儒进士吴增，南岳名儒举人沈琇莹，英籍教师 Mrs Barr 等③，都是林家座上西席。

有如此阵容强大的家庭教师队伍，并不意味着林氏家族子女就不用上学堂读书。实际上，除了长子林景仁是由母亲龚云环亲自督学及受名师施士洁教导，没有接受正规学校教育外④，其余子女都接受了正规的学校教育。在家庭私塾教育与正规学校教育的结合下，林氏家族的子女个个学有所成。

长子林景仁，虽未进学，却是学贯中西、名闻海峡两岸的诗坛才俊，有多本诗集存世。

次子林刚义，毕业于日本神户工业高等专门学校，回国后任交通部咨议。

三子林鼎礼，毕业于英国剑桥大学经济科，回国后受聘出任厦门同文书院院长。

四子林崇智，始入学日本皇家学习院，后就读于东京帝国大学植物系，回国后受聘于鼓浪屿慈勤女中任校长。

五子林履信，随四哥崇智入学日本皇家学习院，后就读于东京帝国大学文学部社会科。毕业后出任台湾新民报社董事长。

说到这里，六公子林克恭就要闪亮登场了。林克恭也和三哥林鼎礼一样进入英国剑桥大学，攻读法律、商学科，获法学学士学位。但是之后，林克恭却就此打住，不肯再沿此进行专业深造，也不从事与此相关职业，而是走上另一条道路，即艺术之路。

① 张泉：《紫藤簃》，东方出版社，2017，第69页。

② 陈娟英：《板桥林家与闽台诗人林尔嘉》，海风出版社，2011，第47页。

③ 张泉：《紫藤簃》，东方出版社，2017，第69页。

④ 张泉：《紫藤簃》，东方出版社，2017，第67页。

七公子林志宽，是林克恭唯一的弟弟，与六哥克恭一样，进入剑桥大学攻读法律，并通过了英国大律师资格考试。

2. 从心所欲，弃商法从艺术的剑桥毕业生

林克恭走上艺术之路并不是偶然，而是必然。这一必然来自林克恭内心对艺术不可遏制的爱与追求，也来自父亲林尔嘉与母亲龚云环的开明与鼓励。他们尊重林克恭的选择，鼓励他走自己的道路。

1916 年，林克恭 15 岁，离开鼓浪屿到香港圣士提凡学校学习，一直到 17 岁。1919 年，林克恭与三哥鼎礼、七弟志宽一起经美国赴伦敦留学。1921 年，林克恭进入英国剑桥大学攻读法律、商学科。虽然经四年苦读顺利于 1925 年获得法学学士学位，但林克恭意不在此。他真正的兴趣是艺术。他利用课余时间选修剑桥美术学院课程。同时加入了剑桥美术研究会，暑假期间到圣约翰务特美术学校学习[①]。

终于，选择的时刻到了：是继续法律、商学的深造，还是改弦易辙真正踏上艺术之路？林克恭毫不犹豫地选择了后者。令林克恭备受鼓舞的是，家里人尤其是父亲林尔嘉非但未给他压力和责难，反而倍加鼓励[②]。

从此，林克恭开始了放飞自我的艺术人生。

首先，林克恭正式入学伦敦大学斯雷得美术学院，这是他从剑桥毕业的同一年，1925 年。上课、临摹、写生、创作、听讲座、看画展，三年的时间很快就过去了。林克恭一边学习一边创作，作品入选英国皇家美术学会展览[③]。1927 年，林克恭赴巴黎裘里安美术专科学校深造。创办于 1860 年的裘里安美专是一所著名的美术学校，林克恭在这里受到严格的学院派传统教育，对他今后绘画风格的形成影响深远。

1924 年林尔嘉前往欧洲，开始了长达六年的欧洲游历。1928 年林克恭陪父亲客居日内瓦。对于林克恭来说，日内瓦意义非凡。他不仅在日内瓦美专进一步求学深造，更遇到了终生的挚爱——海蒂小姐，并于 1929 年 6 月与她喜结连理。

春风得意，琴瑟相和，林克恭迎来了创作的井喷期。

1930 年 11 月，林克恭携妻儿回到厦门，居鼓浪屿林氏府。林风眠主持的国立杭州艺术专科学校、杨子仲主持的国立北平艺术专科学校都向林克恭抛出了橄榄枝，可是林克恭却无意北上[④]。鼓浪屿虽小，却是此间安乐的故土家园。鼓浪屿的海浪沙滩、碧海蓝天，菽庄花园中的藏海、补山二园及其他楼台庭院，带给林克恭无穷的创作灵感。

---

① 黄朝谟：《林克恭绘画研究》，载《台湾美术全集・林克恭》，台北艺术家出版社，1995，第 19 页。
② 黄朝谟：《林克恭绘画研究》，载《台湾美术全集・林克恭》，台北艺术家出版社，1995，第 19 页。
③ 黄朝谟：《林克恭绘画研究》，载《台湾美术全集・林克恭》，台北艺术家出版社，1995，第 19 页。
④ 张泉：《一家眷属群芬谱》，载《紫藤簃》，东方出版社，2017，第 74 页。

"头两年，克恭帮着哥哥办中学，在学校里教英文与艺术，剩余的时间则用来作画。"① 这里的"中学"，不知指的是同文书院还是慈勤女子学校。因为，其时三哥鼎礼接任厦门同文书院院长，四哥崇智负责鼓浪屿慈勤女子学校。我猜想是同文书院，因为林克恭与鼎礼都毕业于剑桥大学，至少教育理念相近。

显然，在中学教书并不是林克恭的重点。每天带着画板早出晚归，将小岛鼓浪屿的天风海涛、红砖丹瓦、绿树沙滩一一绘于笔端，对于林克恭来说才是赏心悦目之事。尤其是自家的菽庄花园，亭台楼阁、长桥支海更是林克恭的"御用"创作基地，林克恭不知在这里留下了多少绚丽的笔触。

"他早上很早起床，带着画具出门，一、二个小时后就带着一幅漂亮的风景画回来。"② 这就是妻子海蒂眼中的林克恭。在此期间，林克恭创作了大量鼓浪屿风景画，可惜留下来的只有几幅。

直到 1937 年抗战爆发前，林克恭都以鼓浪屿为中心，往返于台湾、厦门、香港、上海多地，观摩、创作、学习、交流、办画展，忙得不亦乐乎。在此期间，林克恭与鼓浪屿国画家郑煦、龚植、郭应麟等联合举办"中西画展览"。③。

1931 年，林克恭以油画《裸女》入选第五届台展。1935 年，《月下美人》入选第九届台展。同年 11 月 23~25 日，林克恭在台湾《日日新报》举办个展。④

1936 年，林克恭担任私立厦门美术专科学校校长。对这所于 1929 年由厦门美术学校与厦门绘画学院合并而成的学校，林克恭投入了极大的热情和精力，他正可以一施所长。可是好景不长，战争逼近厦门。1937 年，林克恭只好带着妻儿等家人避走香港、澳门。在香港林克恭也没闲着，他们家经常高朋满座，成了艺术家和朋友们聚会的场所，无论是华人艺术家还是国外艺术家，无论是主教还是总督，都聚集在这里。而这一切都随着欧战爆发而结束。1940 年，林克恭再次携妻儿回到受战争影响较小的鼓浪屿。在此期间，林克恭虽未停止创作，但精力显然无法集中于此。战争风云之下，生存才是迫在眉睫之事。"隐遁在家中的那段日子，我们将心力花在教育子女上，并想办法把花园变菜圃以求生存，忙得根本没有时间去追求艺术。"⑤

实际上，1938 年至 1949 年间，林克恭曾在香港举办四次个展。1939 年，林克恭在香港大学举办个展，徐悲鸿书"南天人物"为贺。1945 年抗战胜利后，林克恭立即与

① 海蒂：《我的丈夫——林克恭》，载《台湾美术全集·林克恭》，台北艺术家出版社，1995，第 40 页。
② 海蒂：《我的丈夫——林克恭》，载《台湾美术全集·林克恭》，台北艺术家出版社，1995，第 40 页。
③ 厦门文化艺术志编纂委员会编《厦门文化艺术志》，厦门大学出版社，1999，第 394 页。
④ 黄朝谟：《林克恭绘画研究》，载《台湾美术全集·林克恭》，台北艺术家出版社，1995，第 19 页。
⑤ 海蒂：《我的丈夫——林克恭》，载《台湾美术全集·林克恭》，台北艺术家出版社，1995，第 40 页。

一位澳大利亚画家一起举办画展，展出他在香港期间创作的作品。在鼓浪屿，吴忠翰、张人希曾发起组织了一次书画展览，林克恭与龚鼎铭、石延陵、叶永年、叶近勇等名家都是其中的佼佼者。[①]

1949 年，林克恭举家迁到香港，后辗转到了台湾，再度迎来创作高峰。1953 年，他在文化名人俞鸿钧先生、吴三连先生等人的赞助下举办个展[②]。1956 年，林克恭应邀至台湾“政治作战学校”美术系任教。1963 年，受聘于台湾中国文化大学美术系任教，直到 1973 年退休。为了与孩子们多亲近些，林克恭与夫人海蒂于同年迁居美国纽约。

在台湾的二十几年，林克恭除了保持高度的创作热情，创作了大量油画与抽象画外，还把大量时间和精力用于教书育人，深受学生爱戴和敬重。多年后，学生们对他仍旧念念不忘。

3. 一泓清泉，纵横台海的“南天人物”

林克恭生性淡泊宁静，悠游于恬淡的生活空间，怡然自得于艺术海洋，对于名利全无追求，对于功名顺其自然。他认为：“一个从事艺术工作者，当追求的，不是虚荣，也不是由作品所获得的利益，而是为理想坚守而立善尽的精神。”[③] 虽然林克恭一生作画无数，创作量惊人，却并没有举办多少画展，即使到台湾后也少有个展举办。从 20 世纪 70 年代至其去世，林克恭的主要个展包括 1967 年台北历史博物馆个展，1993 年他去世一周年时台北市立美术馆举办的“林克恭艺术展”[④]。对林克恭的国际艺术地位最具说服力的是，1973 年 9 月 16 日，林克恭成为三大国际著名艺术展之一巴西圣保罗国际艺术双年展评审员（见图 1）。作为该展唯一的华人评审委员，林克恭提出“准备要点、注意民族性、自我创意、不受西方现代画洗礼的中国现代画参展”[⑤]，以激发后起之秀。

对一个艺术家来说，举办多少次画展、卖出多少画固然重要，但更重要的是其作品是否具有强烈的感染力和生命力，是否具有超越时空和打动人心的力量。对此林克恭有自己的认识：“一个从事绘画的人，正和一幅画一样，它不只影响作者自己的感情和行为，创造自己的新生命，进而创造民族性和生命，艺术工作者，除有宁静的工作态度外，更必须把自己与民族心灵活在一起才可以。”[⑥]

① 厦门文化艺术志编纂委员会编《厦门文化艺术志》，厦门大学出版社，1999，第 394 页。

② 海蒂：《我的丈夫——林克恭》，载《台湾美术全集·林克恭》，台北艺术家出版社，1995，第 40 页。

③ 黄朝谟：《林克恭绘画研究》，载《台湾美术全集·林克恭》，台北艺术家出版社，1995，第 21 页。

④ 黄朝谟：《林克恭绘画研究》，载《台湾美术全集·林克恭》，台北艺术家出版社，1995，第 19 页。

⑤ 黄朝谟：《林克恭绘画研究》，载《台湾美术全集·林克恭》，台北艺术家出版社，1995，第 34 页。

⑥ 黄朝谟：《林克恭绘画研究》，载《台湾美术全集·林克恭》，台北艺术家出版社，1995，第 21 页。

中華民國六十二年九月十六日

中央日報

巴西聖保羅國際藝術展

聘林克恭爲評審員

图 1　1973 年《中央日报》报道林克恭应邀担任巴西圣保罗国际艺术双年展评审员的消息

林克恭兼具中西方艺术理念、有扎实的绘画功底，其对光影的精妙掌握、对物象造型的独特创意受到中外艺术界的高度肯定。徐悲鸿先生曾经评价林克恭的画：“他有英国派之精严，又有法国派之活泼，其光的感觉极细，当是印象主义。而其结构，则更近代化。”[①] 而他的好友画家吴忠翰认为：“林先生的作品每一幅都能使观众生起恬静和谐之感，尤其是他着色鲜淡、调子浓烈、气氛洋溢，使人观后如置身于仙境般的超然之阶……”[②] 而寓居鼓浪屿的文化名人江煦曾于 1936 年以一首诗表达对林克恭画展的观后感：

传神写照两真真，画苑而今有几人。
家法西来称绝技，顾痴也应点头频。[③]

20 世纪五六十年代，于右任、蒋经国、林柏寿、辜振甫等台湾名流皆为林克恭的画展题字推介。1965 年，林克恭荣获“金爵奖”。台湾著名画家席德进用“台湾画坛上一株谦逊的仙人掌”形容林克恭的人格和艺术。台湾美术史评论家黄朝谟认为林克恭是“台湾画坛的一泓清泉”，而中国大陆的绘画大师徐悲鸿更是以“南天人物”推崇林克恭[④]。如此评价，当是公允之论，林克恭当之无愧。

---

① 忠翰：《画家林克恭印象记》，《江声报》1948 年 11 月 19 日。

② 忠翰：《画家林克恭印象记》，《江声报》1948 年 11 月 19 日。

③ 江煦：《丙子冬日幼庄开油画展览会参观后口占一绝》，载《草堂别集 · 圭海集》（同文书库 · 厦门文献系列），厦门大学出版社，2019，第 175 页。

④ 黄朝谟：《林克恭绘画研究》，载《台湾美术全集 · 林克恭》，台北艺术家出版社，1995，第 19 页。

三 5A 俱乐部，鼓浪屿家庭音乐会的肇始者

我们在说画家林克恭的时候，经常忘记他其实还是个小提琴家。林克恭童年、少年大部分时间是在鼓浪屿林氏府和菽庄花园度过的，其时鼓浪屿的音乐氛围已相当浓厚。早在 1913 年林尔嘉建菽庄花园时，已购进鼓浪屿华人第一台私人钢琴。1914 年菽庄吟社成立后，文人骚客和艺术家们的诗会雅集都少不了钢琴与小提琴的助兴。这为林克恭学小提琴提供了得天独厚的优越条件。可以说，他的小提琴水平一点儿也不亚于绘画水平。只是因为在绘画上投入更多的时间和精力，林克恭才以画家身份被人们记住。

1930 年，林克恭携妻儿归来鼓浪屿，林氏府与菽庄花园成了林克恭的乐园。他经常邀请亲朋好友在菽庄花园开 Party。妙手弄丹青，素琴展歌喉。真的是琴歌如美人，琴似少年郎。

良辰美景岂可虚度。抗战胜利后，在林克恭的倡议主持下，一个叫 5A Club 的俱乐部成立了。俱乐部全名叫 All Amateur Artists Association in Amoy（厦门全体业余艺术家协会），其实真的是太谦虚了。这个协会的每一个成员拉出来都比专业的还专业，比如张圣才、洪永明、龚鼎铭、朱思明、颜宝玲、林桥、郑约惠等①都是鼓浪屿资深的音乐发烧友，也是 5A Club 活跃的成员。他们认为音乐不是一门职业，而是生活的一种方式，带来身心的愉悦。他们可能是牧师、医生、学者、工程师、科学家，而音乐是他们共同的爱好，让他们共享美好时光。②

1948 年 7 月 31 日，5A Club 在鼓浪屿毓德女子中学宣告成立。成立当天至 8 月 3 日协会举办了美术作品展览会，又于 8 月 2 日、3 日两晚举行了一个会集厦鼓音乐界名流的音乐会。节目内容有洪永明、林桥的钢琴独奏，林克恭、陈泽汉的小提琴独奏，勿拉索夫人、颜宝玲、郑美丽的女高音独唱，丘继川的男高音独唱、陈平权等人的重唱等。演出十分成功，受到厦鼓及外籍音乐界的一致赞扬。这个协会除了一些具有独奏、独唱水平的会员外，还有两个小型合唱团：一是由龚鼎铭指挥的三一堂教友合唱团；一是由陈崔月梅女士③指挥的合唱团，这在当时的条件来说，不能不说是一支活跃

① 苏晓东等：《鼓浪屿回音——鼓浪屿音乐人文之历史回溯与现代回响》，《鼓浪屿研究》第 19 辑，社会科学文献出版社，2024，第 215 页。

② 詹朝霞：《清末及民国年间，两个女人记忆中的鼓浪屿生活史》，《鼓浪屿研究》第 10 辑，社会科学文献出版社，2019，第 101 页。

③ 陈崔月梅，燕京大学音乐系高材生，鼓浪屿名医陈五爵的儿媳，鼓浪屿救世医院陈耀翰医生的夫人。

的音乐队伍。[①]

以后定期举办音乐会就成了 5A Club 的保留节目[②]。在林克恭的主持下，5A Club 邀请上海交响乐团来小岛演奏，还组织了一个混声合唱团，由陈崔月梅任指挥，在毓德女中的礼堂开演唱会。听众挤满了礼堂，一席难求。连九岁的蒋孝文都来添"挤"，是蒋介石的武官夏功权带他来的。这是蒋介石自南京引退后首次到访鼓浪屿。[③] 5A Club 的活跃与影响由此可见一斑。

四　一见钟情，情定阿尔卑斯山

如果说林克恭生于富贵之家是他的第一重幸运，父母开明，允许他弃商法而从艺术，并且予以他极大的鼓励支持，使他能够心无旁骛地全身心投入艺术创作且卓有成就，是他的第二重幸运，那么，与瑞士女子海蒂在阿尔卑斯山相遇，二人一见钟情、两情相悦，喜结连理、琴瑟相和直至白头偕老，这近乎完美的爱情和婚姻则是他的第三重幸运。

1928 年，在欧洲留学的林克恭赶赴瑞士日内瓦，与在此休养度假的父亲林尔嘉相聚。林克恭也许没有想到，此次瑞士之行能确定他的终身大事，也改变了一位瑞士女子的一生。

1929 年寒假，林克恭陪父亲在瑞士山区度假。林克恭不知道，他未来的妻子就住在同一家旅馆。他在旅馆见到一个女子，一下子为之着迷，如影随形地跟着这个女子，一步也不肯离开。为了接近这个女子，林克恭甚至鼓起勇气参加舞会——这是他以前从未做过的事。林克恭的热烈追求和讨好，结果只换来这名女子的缩短行程和提前回家。可是，女子前脚刚到家，林克恭的信就到了，一日三封。不久，林克恭就找上门来，登门拜访女子的父亲，并正式向女子求婚。女子答应了。但女子的父母却有点儿犹豫，毕竟她是家中的独生女，而远东地区的中国是个神秘的国度，怎么舍得让女儿嫁到如此远的异国他乡呢？但是这些犹豫很快就因为女子的父母赴瑞士对林尔嘉拜访而不存在了。[④]

仅仅几个月后，1929 年 6 月，二人婚礼举行。佳偶天成，天作之合。阿尔卑斯山

---

① 陈炳煌：《厦门艺术协会与林克恭先生》，《厦门日报》1990 年 8 月 18 日。

② 苏晓东等：《鼓浪屿回音——鼓浪屿音乐人文之历史回溯与现代回响》，《鼓浪屿研究》第 19 辑，社会科学文献出版社，2024，第 215 页。

③ 詹朝霞：《清末及民国年间，两个女人记忆中的鼓浪屿生活史》，《鼓浪屿研究》第 10 辑，社会科学文献出版社，2019，第 102 页。

④ 海蒂：《我的丈夫——林克恭》，载《台湾美术全集·林克恭》，台北艺术家出版社，1995，第 40 页。

的冰雪湖泊见证了一对新人的山盟海誓、执手偕老。

这名成为林克恭妻子的女子就是海蒂（林尔嘉给她起的中文名为高瑞英）。海蒂与林克恭结婚后，便与林克恭及其父亲林尔嘉等家人一起在瑞士住了一年多。海蒂热切地学中文，对中国文化充满好奇。

1930 年 7 月，林克恭与海蒂的长子林杉出生。10 月，他们起航回国。11 月经香港到厦门。

从此，鼓浪屿林氏府就成为他们的安乐窝，直到 1949 年。近 20 年间，林克恭与海蒂在此度过了人生中最好的年华。虽然中间他们也迁到香港、澳门一段时间，在香港、澳门、上海、厦门之间往返来回，但多半时间他们都住在鼓浪屿。可以说，鼓浪屿已成为林克恭与海蒂美好而难忘的记忆。那张鼓浪屿三个女子回头一顾的照片，早已成为鼓浪屿的经典照片。

照片中，海蒂居中，一身洋装，贝雷帽、墨镜、呢质深色宽长外套、呢质浅色长裙、高跟鞋，充满文艺气质。左边深色呢质长大衣套长裙、透出新式教育书卷气的女子是林履信的夫人王宝英（日本神户侨领王敬祥之女）。右边衣着朴素、散发着中国传统书香门第闺阁气息的女子是林克恭四哥崇智的夫人周竹君（福建兴泉永道周莲之女）。照片中三个女子的装扮与表情，是鼓浪屿中西文化融合的表征，很有意味。

从这张照片中足见海蒂在鼓浪屿过得不错。他们的孩子（林杉、若琛、若珪）童年、少年时代也主要在鼓浪屿度过。特别是 1940 年从香港回来后隐遁于鼓浪屿，他们更是把主要精力放在孩子们的教育上。

1949 年，林克恭、海蒂一家经香港到台湾定居。台北板桥是林氏家族的发祥地和根据地。林克恭一家回台也算是重归家园。1973 年，林克恭退休，为了离孩子们近点儿，海蒂想迁到美国纽约居住。对于林克恭来说，台湾是他的故土家园，他的亲人、学生和事业都在台湾，离开台湾实在舍不得。但为了夫人海蒂和孩子们团聚，林克恭还是同意与夫人海蒂搬到纽约。

林克恭定居纽约后，仍然热衷绘画。海蒂后来回忆道："在作画之前，他会在心中构思，有时他会花数小时的时间在花圃除草，并藉此激活创造力，然后才下笔，他的一幅画可能在数小时之内完成，也可能在动笔之后中断，数日、数周，甚至数月之后才完成。"①

"克恭没有一刻是闲着的，他总觉得一天太短了，而还有好多想做的事情没做。他

① 海蒂：《我的丈夫——林克恭》，载《台湾美术全集・林克恭》，台北艺术家出版社，1995，第 41 页。

喜欢种花，收藏不平凡的画作，还喜欢看运动比赛，也着迷于各种艺术活动。”[①] 在夫人海蒂的笔下，林克恭单纯而充实、真实而生动。俩人日常生活的点点滴滴流于她的笔端。

无论走到哪，国内的鼓浪屿、厦门、香港、上海、台湾，远至巴西、美国，林克恭都寸步不离地与夫人海蒂在一起，即使战争也未使他们分离。能使他们分离的，唯有死亡。

1992 年，林克恭于纽约逝世。弥留之际，他对夫人海蒂说：“我很幸运，因为我已经拥有了一切。”

还有什么情话是比这句更动听的？

五　再论林克恭的“幸运”

并不是生于富贵就一定意味着幸运。比如贾宝玉未及而立之年贾府就被抄家，家道中落，从此艰辛度日。也并不是父母开明就可以放飞梦想、事业有成。比如林克恭的长兄、板桥林家长子林景仁，论在家中地位，岂是身为六公子的林克恭可以比拟的？但是集万千宠爱于一身的长子林景仁却人生坎坷，颠沛流离、困顿交加，死于 40 岁。[②] 相形之下，林克恭却学业顺利，为艺术孜孜以求并卓有成就，爱情甜蜜，家庭幸福，子女成材，91 岁高寿时寿终正寝。生于同一个家庭、同一父母的亲兄弟，为何命运如此不同？这是一个复杂的问题，不在本文探讨的范围。但一个显著的因素是，林克恭性情淡泊、不求名利，却又坚定执着、脚踏实地，对艺术与爱情都不遗余力地追求和付出，因而人生丰盈，生命圆满。

相对于林克恭终生崇拜的梵高，林克恭已经太幸运了，富有的家庭背景使他有条件忠实于自己的内心，他只需要醉心创作、纵情作画，而不需要为有没有人买画而发愁。他也比他的同乡、同样生长于鼓浪屿的画家周廷旭（1903～1972）幸运得多。小他两岁的周廷旭与他有着相似的求学经历，比他更出色。早在伦敦求学期间，周廷旭就已经获奖无数，在英国、法国成功举办过多次个展，是英国皇家艺术家学会唯一的中国籍会员。但这一切的光环与成就并没有带给周廷旭一个幸福的人生，周廷旭的“旭日之路”因美国岁月的坎坷与婚姻变故而黯然失色。周廷旭在贫病中死去，不满 70 岁。相对于周廷旭，林克恭的人生是多么一帆风

① 海蒂：《我的丈夫——林克恭》，载《台湾美术全集·林克恭》，台北艺术家出版社，1995，第 41 页。

② 张泉：《一夜狂风满地春》，载《紫藤簃》，东方出版社，2017，第 129～145 页。

顺、多么岁月静好呀！

事业、家庭、爱情、财富、长寿五福俱全，中国人所求的，不，世人所求的所谓幸福，不过如此吧？

其实，通透与豁达，恬淡与知足，谦卑与博爱，将中西方文化融于一体，才是林克恭最大的幸运！

蔡元培与陈嘉庚的交往

董立功*

摘　要： 蔡元培与陈嘉庚都是我国著名的教育家、社会活动家。二人的交往始于陈嘉庚创办厦门大学之际。蔡元培最初对陈嘉庚创办厦门大学持悲观态度，但还是同意出任厦门大学筹备员以示支持。1923年8月，蔡元培到访新加坡时与陈嘉庚有了一次面对面的接触。对于陈嘉庚在办学过程中的种种疑问，蔡元培都耐心地给予了答复。1926年底，为了躲避军阀孙传芳的通缉，蔡元培来到福建，并于1927年初参观了陈嘉庚创办的厦门大学和集美学校。蔡元培在厦门期间参与调解厦门大学和集美学校的风潮。蔡元培与陈嘉庚1926年1月在新加坡分别后未再见面，但是他们都在为中国的教育事业而奋斗，他们身上的教育家精神和对祖国教育事业的贡献将永载史册、激励后人。

关键词： 蔡元培　陈嘉庚　教育家

蔡元培出生于1868年，陈嘉庚出生于1874年，二人相差六岁，都经历了晚清、民国那个风雨飘摇的年代。在晚清，二人都加入了孙中山领导的中国同盟会。在民国，二人都认为教育落后是中国政治腐败、经济凋敝和科技落后的根源。中华民族内忧外患之际，二人都致力于用兴办教育的方式来挽救民族危亡。蔡元培有写日记的习惯，蔡元培的日记始于1894年，止于1940年，在时间跨度上长达47年。在蔡元培日记中多处提到了陈嘉庚，这些记载是二人长达20年深厚友谊的见证。

一　因创办厦门大学结缘

1916年12月26日，蔡元培受命担任北京大学校长。因为北京大学在中国教育界

---

* 董立功，山西闻喜人，历史学博士，集美大学马克思主义学院副教授，集美校友总会陈嘉庚研究工作委员会主任。

的特殊地位，陈嘉庚虽然远在南洋，但由于对国内教育事业非常关注，所以他肯定注意到了这一消息。

事实上，在1918年3月创办了集美中学和集美师范后，陈嘉庚并未满足。当年6月，陈嘉庚在《筹办南洋华侨中学演词》中讲道："勿谓海外侨居，与祖国全无关系也。有志者更当再希望进一筹，他日于相当地点，续办专门大学，庶乎达到教育完全之目的。"① 这是陈嘉庚第一次流露出要创办大学的想法。当年11月，第一次世界大战结束，陈嘉庚似乎看到了世界和平的曙光，他计划在家乡创办大学的想法也变得更加强烈。1919年，陈嘉庚抱着"教育为立国之本，兴学乃国民天职"的信念，怀着"为吾国放一异彩"的宏愿，从新加坡返回故乡厦门创办厦门大学。

为了创办厦门大学，陈嘉庚专门聘请了黄炎培、余日章、汪精卫、蔡元培、郭秉文、胡敦复等七位社会名流担任厦门大学的筹备员。但是，时任北大校长蔡元培却对陈嘉庚即将创办的厦门大学并不看好，并试图通过毕业于北京大学的叶渊"力劝"陈嘉庚改变主意。1920年6月27日，陈嘉庚在给叶渊的一封信中谈了他的看法：

> 至于蔡、蒋二君之言，不过因他少数人及北大一校所经验而揣度全国之人才，岂遍国中之人物皆荟萃于京都，及皆为二君所选剩者乎？不宁唯是，二君虽有数人物，总或难免于一己之见。②

信中的"蔡"即蔡元培，"蒋"指蒋梦麟。1920年时的陈嘉庚，其在国内的影响力和社会地位还无法与蔡元培、蒋梦麟相提并论。但是在创办厦大的过程中，即使是面对蔡元培、蒋梦麟这样的教育界权威的意见，陈嘉庚也并没有盲从，而是有自己的主见。

为了加快厦门大学的创办进程，陈嘉庚曾于1920年专程赶赴上海。学界现有研究成果对陈嘉庚1920年的上海之行语焉不详，甚至连陈嘉庚抵达上海的具体时间都搞不清楚。③ 但事实上，当时上海的报纸对陈嘉庚的行程进行了追踪报道。1920年10月30日，《申报》刊登了一则题为《华侨巨商陈嘉庚将抵沪》的新闻，内容如下：

> 本埠华侨联合会，昨得消息，有捐资创办厦门大学之华侨巨商陈嘉庚君，将

① 陈嘉庚：《筹办南洋华侨中学演词》，《国民日报》1918年6月18日。

② 陈嘉庚：《致叶渊函》（1920年6月27日），载《陈嘉庚文集·书信》，福建教育出版社，2024。

③ 1986年版《陈嘉庚年谱》对陈嘉庚1920年抵达上海的时间并未记载。厦门大学教授庄景辉在其著作《厦门大学嘉庚建筑》一书中称，陈嘉庚1920年抵达上海的时间为1920年农历三月，显然有误。

于星期日（三十一日）乘绥阳轮抵埠，商办厦门大学手续，并假该会所宴黄炎培、李登辉等教育家云。[①]

可见，陈嘉庚1920年抵达上海的具体时间是10月31日。陈嘉庚此行最重要的目的就是召集厦门大学筹备员开会，而受邀担任厦门大学筹备员的蔡元培当天并不在上海。据《蔡元培年谱长编》，蔡元培当天“与杜威、章太炎、吴稚晖等，由谭延闿、黄一欧等陪同，游览岳麓山，并瞻黄兴、蔡锷之墓。在岳麓工业专门学校进餐，应邀演说”。[②]蔡元培当天正陪同杜威、章太炎等人在湖南长沙游览，自然无缘与陈嘉庚见面。

虽然蔡元培缺席，厦门大学筹备委员会第一次会议还是于1920年11月1日在老靶子路（今武进路）华侨联合会如期召开。应陈嘉庚之邀，当时在沪上的黄炎培、余日章、郭秉文、胡敦复、邓萃英、黄琬等厦门大学筹备员悉数出席。[③] 会上，陈嘉庚发表了一篇演讲，报告了他“尽出家产”创办厦门大学的原因。陈嘉庚认为，欧美各国之所以富强，是因为教育发达。“中国欲富强、欲教育发达，何独不然?”[④] 陈嘉庚最后得出一个结论：“国家之富强，全在乎国民。国民之发展，全在乎教育。”[⑤] 这篇演讲后来被刊登在11月30日出版的《新国民日报》上。

蔡元培的缺席并没有影响会议的进程。11月3日，在陈嘉庚主持下，厦门大学筹备委员会在江苏省教育会召开了第二次会议。这次会议主要讨论厦门大学设科、章程起草等问题。陈嘉庚在会上提出，厦门大学应办成一所综合性大学，所以“文理农工商各科，均应设立”。为了培养教员，“并须设高等师范科”。大家一致决定厦大于1921年春季开学。这次会议开到当天晚上10点方才散会。[⑥]

二　两人的第一次会面

虽然有学者称蔡元培和陈嘉庚于1920年12月5日在新加坡见了一面[⑦]，但综合《陈嘉庚年谱》《蔡元培日记》《蔡元培年谱长编》等材料，我们可以肯定，1920年10月至11月，陈嘉庚与蔡元培并未会面。虽然蔡元培1920年12月5日抵达了新加坡，

---

① 《华侨巨商陈嘉庚将抵沪》，《申报》1920年10月30日。
② 高平叔：《蔡元培年谱长编》第2卷，人民教育出版社，1999，第346页。
③ 《厦门大学举定校长 开校定民国十年三月》，《神州日报》1920年11月2日。
④ 《陈嘉庚筹办厦门大学演词》，《厦大校史资料》第1辑，厦门大学出版社，1987，第18页。
⑤ 《陈嘉庚筹办厦门大学演词》，《厦大校史资料》第1辑，厦门大学出版社，1987，第19页。
⑥ 《厦门大学筹备员续开会议》，《新闻报》1920年11月5日。
⑦ 陈满意：《集美学村的先生们》，江苏人民出版社，2018，第243页。

但当时陈嘉庚并不在新加坡，而是在厦门。直到1923年，蔡元培才在新加坡与陈嘉庚有了一次面对面的接触。

1923年春，因不满北洋政府教育总长彭允彝干涉司法的行为，蔡元培辞去北京大学校长一职，离京南下，转赴欧洲从事研究和著述。当年8月途经新加坡时，蔡元培终于和陈嘉庚会面了。蔡元培在8月2日的日记中这样记载了二人的这次会面：

> 四时，至陈嘉庚公司……晤陈嘉庚君，朴实可亲，不能作普通语，由其子厥福传译，厥福曾肄业北大预科二年也。询办学校事颇详，彼所最注意者，为学生罢课与延请好教员不易二事；对于有高级中学后不办大学预科，亦怀疑。①

蔡元培在日记中称陈嘉庚"不能作普通语"，其实是指陈嘉庚只会讲闽南语，而不会讲国语。曾在北京大学读预科的长子陈厥福则充当了陈嘉庚与蔡元培交流的翻译。

在蔡元培这位教育界权威面前，陈嘉庚表现得不卑不亢，大胆表达了自己对教育问题的看法。1922年，北洋政府教育部召开学制会议，颁布了《学校系统改革案》。因1922年是农历壬戌年，故又称"壬戌学制"。"壬戌学制"一个重要的内容是取消大学预科，设三年制综合高中，这有利于提高中等教育水平和减轻大学的负担，但陈嘉庚对此并不认同，而是持怀疑态度。

蔡元培与陈嘉庚此次见面时，陈嘉庚创办厦门大学刚满两年，办学过程中所遇到的"学生罢课"和"延请好教员不易"等问题让陈嘉庚很是头疼。对于蔡元培的到访，陈嘉庚可谓充满了期待，希望能从这位教育界权威口中获得解决上述问题的方法。蔡元培对于陈嘉庚的疑问也耐心地给予了答复：

> 第一事，答以学校当于平日考察学生意见，先为安排；如彼等已发难，而学校自审无错误，则当坚持之，不必因挟制而迁就。第二事，告以先划定款设备图籍仪器，使教员得研究学问之凭借，则学者肯来。第三事，告以如高级中学毕业生程度不能即入大学本科，可设补习班。②

二人交谈结束后，陈嘉庚又将蔡元培请至新加坡中华总商会位于海滨的一幢别墅参观。陈嘉庚向其介绍道，该别墅"本一侨商所建，费二十余万，破产后，以十余万

---

① 《蔡元培日记》上册，北京大学出版社，2010，第331页。

② 《蔡元培日记》上册，北京大学出版社，2010，第331页。

售诸中华俱乐部”。[①] 在旁边充当翻译的陈厥福评论说，“人何必一意赚钱，钱多而不善用，己身或子孙终不免破产”。[②] 蔡元培听后，对这位尚不满 30 岁的年轻人很是欣赏，并在日记中留下了“殊不愧为嘉庚之子”的评价。

在 8 月 3 日的日记中，蔡元培留下了“六时，船行”[③] 的记载，表明他当天已经乘船离开新加坡。陈嘉庚是否到码头相送不得而知，但二人的第一次会面就此结束。在这次会面中，陈嘉庚给蔡元培留下了“朴实可亲”的印象。

三 蔡元培的厦门之行

1926 年 1 月 22 日，蔡元培从欧洲返国途经新加坡时，再次与陈嘉庚会面。因蔡元培此次在新加坡只停留了一天，所以二人并未进行太多交流。蔡元培也仅在日记中留下了“到新加坡，访林义顺、陈嘉庚”[④] 寥寥数笔的记载。

蔡元培此次回国之际，正值北伐战争如火如荼。蔡元培主张用“联省自治”来代替军阀统治，并和褚辅成、沈钧儒等人发起组织苏浙皖三省联合会，策动三省的自治运动。12 月 24 日，北洋军阀孙传芳下令通缉蔡元培、马叙伦、沈钧儒、褚辅成等人。为了躲避孙传芳的追杀，蔡元培、马叙伦等人决定到已经被北伐军收复的福州暂避一时。

据《蔡元培日记》的记载，1927 年 1 月 20 日上午 10 时，蔡元培所乘之船“进福州港口”。[⑤] 厦大校长林文庆得知蔡元培已经抵达福州后，即遣顾颉刚等人前去拜访蔡元培，并邀请蔡元培访问厦门大学和集美学校。

1 月 30 日，蔡元培乘船抵达厦门之时，正值厦门大学第二次风潮和集美学校第三次风潮爆发之际。这是蔡元培第一次踏上厦门的土地，当天“寓鼓浪屿厦门酒店”。[⑥] 第二天，蔡元培在顾颉刚等人的陪同下参观了他建议“不宜速办”的厦门大学。当时校长林文庆已南渡新加坡，找陈嘉庚商量对策。蔡元培在日记中对他的厦大之行记载极简：“到厦大。晚，顾、潘、黄招饮南普陀。”[⑦] 不过，他在给妻子周峻的信中写得非常详细：

---

① 《蔡元培日记》上册，北京大学出版社，2010，第 331 页。
② 《蔡元培日记》上册，北京大学出版社，2010，第 331 页。
③ 《蔡元培日记》上册，北京大学出版社，2010，第 331 页。
④ 《蔡元培日记》下册，北京大学出版社，2010，第 349 页。
⑤ 《蔡元培日记》下册，北京大学出版社，2010，第 353 页。
⑥ 《蔡元培日记》下册，北京大学出版社，2010，第 354 页。
⑦ 《蔡元培日记》下册，北京大学出版社，2010，第 354 页。

> 往厦门大学。十点，为在厦门之北大同学招待。先参观国学研究院及生物学院等。有一种鱼，在沙中钻行，白色而无目，为各种记述鱼类者所未见，而土人亦不知其为何物，故无名。现由厦大学者名为“嘉庚鱼”，以作为陈嘉庚之纪念。鱼甚小，略如最小之银鱼或缦线也。

蔡元培书信中所提到的“嘉庚鱼”，厦门民间俗称文昌鱼。文昌鱼其实并不是鱼，而是无脊椎动物向脊椎动物进化过程中的一种脊索动物。在很长一段时间里，国际生物界以为它已灭绝。不料，厦大的美籍教授莱特（Sol Felty Light）在厦门的刘五店海区发现了这种脊索动物，并写成《中国厦门大学附近的文昌鱼渔业》一文发表在《科学》（*Science*）杂志上，引起世界关注。①

在厦门大学参观期间，蔡元培和马叙伦均发表演说。午餐后到厦门大学浙江同乡会交流。晚上，顾颉刚、黄坚等人“约饮南普陀佛寺，吃素餐”。②

2月1日，蔡元培、马叙伦等人从厦门乘船来到了集美学校参观。蔡元培当天的日记记载极简，仅留下“到集美”③ 三字记载。不过，蔡元培在给妻子的信中写得比较详细：

> 今日，参观集美学校。学生一部分尚反对校长，我亦想为他们调和，看情形如何耳。集贤学校之建筑及设备均甚好。午间，在集美吃饭。晚间，集美校长叶君又邀往其家中晚餐。厦大及集美所在，既无车，又无轿。两日内，走路颇多，然脚尚好，请勿念。④

集美学校历史上曾经发生过1920年、1923年和1926年三次风潮。蔡元培到访集美学校时，第三次风潮已持续大半年，仍未结束。面对风潮，陈嘉庚的态度很坚决。2月8日，他在给叶渊的一封信中写道：“我之宗旨在办学尽天职，能办则办，不能办则罢。”⑤

第三次风潮发生时，适值北伐军光复同安。受到革命形势的鼓舞，学生们决议成立“校务革新委员会”，并拟出《校务革新会章程草案》十二条，其中第四条的内容

---

① 袁东星、李炎编《启航问海：厦门大学早期的海洋学科（1921-1952）》，厦门大学出版社，2021，第48页。

② 高平叔：《蔡元培年谱长编》第3卷，人民教育出版社，1999，第9~10页。

③ 《蔡元培日记》下册，北京大学出版社，2010，第354页。

④ 高平叔：《蔡元培年谱长编》第3卷，人民教育出版社，1999，第11页。

⑤ 陈嘉庚：《致叶渊函》（1927年2月8日），载《陈嘉庚文集（征求意见稿）》第2册，第243页。

是："凡本校一切校务皆由本会议决施行之。"①

假设学生的意见变为现实，校长在校务方面的权限范围将大大缩小，这显然是叶渊不愿意看到的。所以，11 月 25 日，叶渊召开临时校务会议，把第四条的内容改为："凡本校中事务关系全体学生者，本会出席人员均得提议讨论，以便采择施行，其关于一部一组或个人者由各部讨论之。"② 学生不同意叶渊的更改，于 12 月 1 日发出《罢课宣言》。之后数日，漳属政治监察员鲁纯仁奉何应钦之命数次来校调解风潮，但由于叶渊和学生代表始终无法达成共识，调解以失败告终。12 月 4 日，万般无奈之下，叶渊只好启程前往新加坡，向陈嘉庚汇报校务。学生闻讯后，立刻发出第二份《罢课宣言》，并成立了"罢课委员会"。

身在南洋的陈嘉庚虽然赞成改进集美学校校务，但反对学生罢课，更反对更换校长。12 月 16 日，陈嘉庚电告集美学校各主任："集美各主任鉴：进退校长，主权在余，不准学生干涉，校长决不更动。各生如不满意，即日停课放假，切布告实行。"③

陈嘉庚力挺校长叶渊的态度并未能使学生回心转意。12 月 18 日，学生更是将"罢课委员会"改为"倒叶运动全权代表会"，大有"倒叶"不成誓不罢休之势。蔡元培既不愿看到陈嘉庚停办集美学校，也不愿意看到学生被开除，竭力在二者之间斡旋。1927 年 2 月 11 日，《申报》上一则报道写道："蔡元培电陈嘉庚，劝勿停办集美校，陈复对蔡办法表示容纳，但提三条：一、叶渊改任监督，仍留校。二、政府明令保护以后，不再受任何扰乱。三、主动风潮学生查明决开除，否仍决停办。蔡已转省政府。"④为了让陈嘉庚回心转意，蔡元培要求学生向陈嘉庚道歉。大概是出于对蔡元培的敬重，集美学校学生给陈嘉庚发了一封电报，恳请陈嘉庚把集美学校继续办下去："校事已承蔡元培先生商处，生等向承培植，仍恳始终维持，俾学有成，至为感幸。"⑤ 2 月 12 日《申报》一则报道写道："蔡元培对陈开除学生条件斡旋，令学生于真电陈道歉，候复可解决。"⑥

从陈嘉庚的回电可知，陈嘉庚对学生作了让步。后来的事实是，陈嘉庚并未因为学校风潮而停办集美学校和厦门大学，只是由于经费短缺的原因停办了厦门大学工科、

---

① 纪念陈嘉庚先生创办集美学校七十周年筹备委员会校史编写组编《集美学校七十年（1913-1983）》，福建人民出版社，1983，第 43 页。

② 纪念陈嘉庚先生创办集美学校七十周年筹备委员会校史编写组编《集美学校七十年（1913-1983）》，福建人民出版社，1983，第 43 页。

③ 纪念陈嘉庚先生创办集美学校七十周年筹备委员会校史编写组编《集美学校七十年（1913-1983）》，福建人民出版社，1983，第 45 页。

④ 《专电》，《申报》1927 年 2 月 11 日。

⑤ 《集美学校编年小史》，集美学校校董会，1948，第 13 页。

⑥ 《专电》，《申报》1927 年 2 月 12 日。

医科、矿科和国学研究院，这也说明蔡元培的调解确实发挥了作用。

通过阅读《蔡元培日记》可知，蔡元培、马叙伦二人于2月14日赴漳州游历，“十时抵漳州，寓西园，游公园”。[①] 2月15日，二人“乘汽车直达南靖县，游南山寺。午后二时，往礼拜寺演讲。”[②] 2月16日下午5时，二人返回厦门。2月17日，北伐军攻占杭州。消息传来，蔡元培、马叙伦决定即刻返回浙江，继续筹划和召开浙江省政务会议。2月18日晨8时，集美学校特地派“集美二号”渔轮护送蔡元培、马叙伦返回浙江。“集美二号”是陈嘉庚1926年5月花重金从法国买的一艘铁壳渔船，这是当时全国最大的拖网渔轮。2月20日夜，二人在温州登岸，“集美二号”才返回厦门。为了表示感谢，蔡元培特地赋诗一首，诗曰：

见惯风潮了不奇，要将实习养新知。
渔权外海新开展，记取青天白日旗。
断发操舟古越民，浙东渔户尚精勤。
更将闽士雄强气，随着银涛到海门。[③]

四 尾声

1927年6月13日，蔡元培在国民党中央政治会议上提出应在国民政府设大学院、大学区的提案，获得通过。7月4日，国民政府公布《大学院组织法》，大学院成为全国最高学术教育机关。10月1日，蔡元培正式出任大学院院长。

1928年初，国民政府大学院开始对成立已七年的厦门大学进行全面调查。3月26日，蔡元培以大学院院长的名义签署国民政府大学院131号训令：“该私立厦门大学应即准予立案，除令行福建教育厅遵照外，合行令该校长即便遵照。”[④] 厦门大学因此成为南京国民政府批准立案的第一所私立大学，先于南开、复旦、燕京、金陵、东吴、圣约翰等知名高校。

蔡元培与陈嘉庚1926年1月在新加坡分别后未再见面，但是他们都在为中国的教育事业而奋斗，且二人一直保持着书信往来。1928年6月，蔡元培曾与吴稚晖联名致

---

① 《蔡元培日记》下册，北京大学出版社，2010，第354页。
② 《蔡元培日记》下册，北京大学出版社，2010，第355页。
③ 《新发现的蔡元培佚诗》，载陈梦熊《文幕与文墓》，东南大学出版社，2004，第217页。
④ 《国民政府大学院准厦门大学立案》，《申报》1928年4月16日。

函陈嘉庚，对其捐款 60 万元表达感谢。[①] 卢沟桥事变爆发后，蔡、陈二人又同时为挽救民族危亡而斗争。1938 年 3 月 10 日，中国战时儿童保育会在武汉成立时，蔡元培和陈嘉庚共同受邀出任名誉理事。[②] 他们身上的教育家精神和对祖国教育事业的贡献，将永载史册，激励后人。

① 高平叔：《蔡元培年谱长编》第 3 卷，人民教育出版社，1999，第 242 页。

② 易慧清：《中国近现代学前教育史》，东北师范大学出版社，1994，第 164 页。

周寿恺、黄萱的抗战岁月

梁忠军*

摘　要：周寿恺，协和医学院高材生，著名内科学和医学教育家。黄萱，著名爱国华侨、印尼“四大糖王”之一黄奕住的爱女。两位先生有着或富贵显赫或书香门第的家族背景，但是在日本侵华战争时期都毅然放弃优渥的生活，投身于抗战的洪流之中。本文截取了1939年至1945年间周寿恺、黄萱夫妇参加中国红十字总会救护总队在图云关工作生活的片段，通过细节描述，展现了两位先生无私的爱国情怀和高尚情操，为进一步研究二人的事迹及鼓浪屿相关人物提供了翔实且宝贵的史料。

关键词：周寿恺　黄萱　中国红十字总会救护总队　图云关

1939年夏末，由中国红十字总会卡车组成的车队从越南海防出发，经过越南河内以及我国广西南宁、柳州、桂林等地，一路辗转、风尘仆仆，最终抵达贵州贵阳（见图1）。车队里有一对带着年幼子女的年轻夫妇，丈夫名叫周寿恺，妻子名叫黄萱，夫妻两人都是厦门人。

周寿恺的父亲周殿薰是晚清举人，厦门图书馆第一任馆长，官立厦门中学堂创办人之一，思明县修志局局长。黄萱的父亲是印度尼西亚“四大糖王”之一，著名的爱国华侨、企业家和社会活动家黄奕住。

1919年，黄奕住因不满荷兰殖民政府的苛政毅然离开印尼三宝垄，踏上叶落归根的返乡之路，并定居于鼓浪屿。20世纪20年代前后，他在国内先后投入各行业的资金为8000万元、4000万元和2000万元，涉及的行业包括厦门的市政、商业，国内金融行业、矿产和铁路，他还创办和支持多所海内外华人学校，因此受到南洋华侨和闽地乡贤的普遍赞誉。

* 梁忠军，策划、编导。福建省闽南文化研究会口述历史专业委员会会长，厦门市政协特邀文史研究员，厦门市历史影像研究会秘书长。研究方向为闽南文化与厦门地方史。

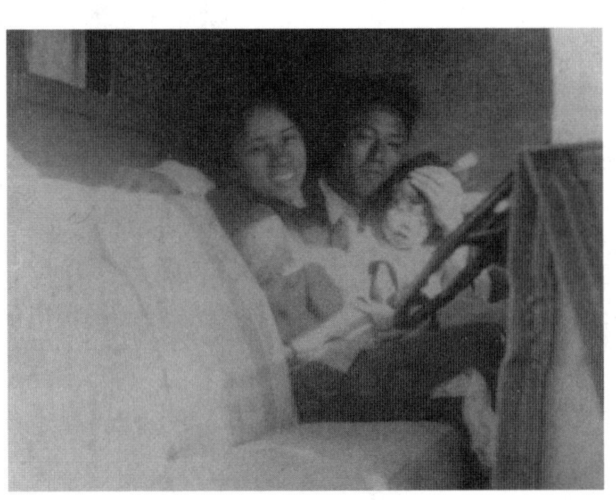

图 1　周寿恺一家抵达贵阳

1933 年，周寿恺以优异成绩毕业于北京协和医学院，获得医学博士学位，并留校担任驻院医师、助教。黄萱则先后就读于鼓浪屿毓德小学、厦门女子师范学校，并曾到厦门大学旁听过法语。后来其父黄奕住延请鄢耀枢、贺仲禹等地方名儒在鼓浪屿的家中教她经书词律，为黄萱打下了深厚的国学基础。

无论家世还是自身的成就，都可以帮助二人跻身上流社会、乐享灯红酒绿的生活，可是他们为什么要放弃令人称羡的生活，来到“地无三尺平，天无三日晴”的贵阳呢？

一　携妻带子共赴国难

1937 年“卢沟桥事变”爆发，日本军国主义发动全面侵华战争，已经是协和医学院助教的周寿恺谢绝院方的挽留，舍弃已有的事业和温馨的小家，将身怀六甲的妻子黄萱和襁褓中的长女周萼送回到鼓浪屿的娘家，然后奔赴上海，投身“淞沪战役”的战地救护。

“淞沪战役”是中日在抗日战争中的第一场大会战，中日双方共有约 100 万人投入战斗。战役持续了三个月，中国军队约 33 万名将士牺牲，日军凭借武器装备的优势，伤亡人数在 7 万以上。震惊中外的“四行保卫战”发生地在四行仓库，而其中中南银行董事长就是周寿恺的岳父黄奕住。

国民党军队在苦战三个月之后，宣布“淞沪战役”失利。周寿恺和大批救护人员撤到南京，陆续转往武汉，并加入由林可胜组建的中国红十字总会救护总队，担任第二医疗队副队长，率领医疗队赶往洛阳。不久，被召回救护总队队部，担任内科指导员，并出任卫训所内科主任。

受战事影响，救护总队及卫训所一路从武汉迁到长沙，又相继撤往祁阳、桂林，几经辗转，最终在贵阳郊区的图云关落脚。

救护总队在图云关行装甫卸不久，周寿恺便启程前往香港，将夫人黄萱和一双年幼的儿女接往贵阳团聚。年逾古稀的黄奕住劝说女儿、女婿，即便不为自己着想，也应该为年幼的儿女考虑。但周寿恺和黄萱毅然决然地离开了繁华的香港，奔赴中国抗战救护的大本营——图云关。

图云关位于贵阳郊区，是通往广西、湖南的咽喉要道，原本是一个林场，公路两旁及附近的山谷地带栽植了洋槐等树。和其他救护总队成员一样，周寿恺和黄萱用茅草替代瓦片做屋顶，用竹片编成墙板，内外用泥巴涂抹，再粉刷石灰水作为砖墙，搭建起一个属于自己的家（见图2）。

图2 图云关的家

这个家后来不仅成为卫训所学生们每周三晚上组织读书报告会的场所，阳台还被改成骨科医生屠开元和妻子韩遥仙的新房。为了改善住院医师们的伙食，黄萱会亲手制作蛋糕招待来访和学习的客人。多年之后，曾享能、杨锡寿等年轻医生依旧念念不忘当年黄萱对他们的关怀。周寿恺的侄女周秀鸾也曾和黄萱聊起在图云关那段缺衣少食的艰难时光。黄萱轻松地说：“我们把 ji 都吃了，就行了。”周秀鸾不解地追问：“你们养了那么多鸡吗？”生性豁达的黄萱被逗笑了：“是把留声机、打字机、照相机、缝纫机等都变卖了，吃了！”（见图3）

在图云关的6年时间，身为家庭主妇的黄萱与周美玉、林飞卿等一批优秀的救护总队医学人员缔结了深厚的友情，并且一直维系终生。

图3　被吃掉的“机”之一——留声机

二　华侨领袖笔下的周君

1939年冬，爱国华侨领袖陈嘉庚先生以南洋华侨筹赈祖国难民总会①主席的身份组织“回国慰劳视察团”，慰劳忠勇抗战的将士和遭受痛苦的民众。1940年3月26日，慰劳团成员在重庆会集，开始了慰劳之旅。

8月15日，陈嘉庚等抵达贵阳。他后来记述称：“贵阳中国红十字会，主持人为华侨林君可胜，乃林文庆先生长子。……余到贵阳时，林君及周君来见，周君厦门人，在协和医大毕业，任总站要职，邀余往参观。”②

陈嘉庚先生笔下的“周君”即周寿恺。虽然嘉庚先生和周寿恺之前没有交集，但是和他的岳父黄奕住先生却是老朋友。嘉庚先生创办厦门大学时得到黄奕住先生的鼎力支持，至今厦门大学群贤楼的墙壁上还保留着“黄君奕住，慷慨相助，有益图书，其谊可著”的碑铭。

在图云关参观期间，陈嘉庚先生向林可胜详细了解了救护总队的成立发展情况，

① “南洋华侨筹赈祖国难民总会”简称“南侨总会”（或“南洋筹赈总会”）。1937年8月13日，日军进攻上海的消息传到东南亚，华侨领袖陈嘉庚先生率先在英属新加坡发起组织华侨筹赈祖国伤兵难民大会委员会（华筹赈会），号召侨胞捐款救国。10月10日，南洋华侨筹赈祖国难民代表大会在新加坡华侨中学礼堂召开，来自东南亚各国的45个筹赈会的164名代表（一说计马来亚、菲律宾等9属43城市的168名代表；因泰国亲日，其代表名单未公开，另一说代表总数为176名）决定成立南洋华侨筹赈祖国难民总会，统一领导南洋（东南亚）各地华侨的抗日救国行动。总会办事处设在新加坡，下设702个分会，由陈嘉庚出任主席，庄西言、李清泉为副主席。

② 陈嘉庚：《南侨回忆录》，中国华侨出版社，2014，第217页。

以及经费的来源，特别是战区医院的建设情况。参观完毕，陈嘉庚先生向林可胜、周寿恺表示："希望抗战胜利后，请回到闽省改革卫生，多设医院以救民众，南洋民侨必能帮筹经济而玉成之。"① 足见嘉庚先生对林、周二人工作成绩的肯定。午饭后，周寿恺陪同陈嘉庚先生前往距贵阳数十里的风景区游览。隔天，嘉庚先生再次来到图云关，详细了解经费的事情。在得知医学校（卫训所）逐月尚需加 1 万多元后，当即表示自 1940 年 9 月至 12 月"逐月由南侨总会捐助一万元"。1941 年元月之后的赞助费，则要等到他回新加坡之后筹寄。②

作为林可胜的得力助手，周寿恺不仅承担内科指导员工作，还负责本部业务设施技术事务及视察事宜（见图 4）。

图 4　周寿恺在图云关工作照

为了提升救护总队和卫训所人员战地的医疗水平，林可胜组织专家编撰各科工作规程，其中《战时卫生工作规程第三编　内科》就是由周寿恺主持编撰的。《战时卫生工作规程第三编　内科》一书中对前线士兵因未注意个人卫生造成体虱传播斑疹伤寒及回归热而减员的问题明确规定："发高烧者，1. 禁即服退烧剂；2. 取血片；3. 送附近医疗队检验；4. 送灭虱站沐浴灭虱；5. 听候医疗队医师指示处理。"③ 严谨科学的工作规程、详尽明确的处理步骤，使《战时卫生工作规程第三编　内科》对救护总队和卫训所的工作起到指导作用。

1939 年底，周寿恺和刚刚从美国康奈尔大学毕业的医学博士沈同、清华生理研究所所长汤佩松一起，通过对前线士兵膳食情况的调查，制定合理的士兵饮食规划，极大地改善了前线战士因营养不良严重减员的情况（见图 5）。

---

① 陈嘉庚：《南侨回忆录》，中国华侨出版社，2014，第 219 页。

② 陈嘉庚：《南侨回忆录》，中国华侨出版社，2014，第 271 页。

③ 杨锡寿：《回忆周寿恺主任》，《贵阳市文史资料选辑》第 22 辑，1987，第 200~201 页。

图 5 周寿恺、沈同和汤佩松一起工作

视察前线救护事宜也是各科指导员的工作范畴。1942 年夏天，周寿恺奉命搭乘救护总队运输医疗器材的卡车，只身前往湖南长沙一带的前线视察救护总队的医疗队。在汨罗，他和救护大队第九大队林竞成相见，又经过“无路区”（国民政府为了阻止日军机械化部队破坏了沿途公路）前往长沙附近一所医疗队驻扎在破庙里的战地医院。医院里设有几十张救护床，并有来自欧洲的“西班牙医生”① 参与工作。接着，周寿恺由北向东，从长沙前往平江，沿途视察了四个医疗队，最后返回汨罗，再坐卡车返回贵阳。

除了救护总队和卫训所的内科管理、教学工作，周寿恺还肩负着财务委员会主席一职，负责海外援助资金的管理工作。当时，美国医药援华会（ABMAC）② 有一笔款项专门用于图云关工作人员的津贴。在款项的使用上，ABMAC 对救护总队心存猜忌，

---

① 1936 年西班牙爆发内战，来自世界各国的 4 万多名社会主义者和国际主义者组成反法西斯国际纵队奔赴西班牙参加战斗，支持西班牙共和政府。1938 年 9 月底，西班牙共和政府战败，国际纵队被遣散和驱离，不能还乡的人员撤往法国，被法国当局关押拘留。国际医药援华委员会为支援中国的抗战，决定组织集中营里的医生前往中国。从 1939 年到 1941 年，来自德国、波兰、保加利亚、奥地利、罗马尼亚、捷克斯洛伐克、匈牙利、苏联、英国等国的志愿者分批组成国际援华医疗队，其中年龄最小的 27 岁，最大的已经 64 岁。1939 年 9 月 18 日，波兰医生傅拉率领九名国际纵队医护人员来到中国。因为他们在来中国之前都志愿参加过西班牙内战中的服务工作，在香港中转时，被媒体称为“西班牙医生”。第一个来到中国的“西班牙医生”就是著名的加拿大医生白求恩。

② 1938 年 1 月 24 日，由旅美华侨许肇堆、魏菊峰、赵不凡倡议发起创建美国医药援华会，许肇堆被推举为会长。该会以“人道至上”（Humanity above All）为信条，获得许多华人及美国友好人士的支持，包括著名学者、作家林语堂，前驻美大使胡适，前外交部长王正廷，以及旅美北平协和医学院的教职员与校友。ABMAC 物资的分配主要是通过林可胜先生领导的中国红十字会救护总队。美国参战后，ABMAC 开始募款支持林可胜以协和医学院师生为基础成立的军医护训练学校。此外，1943 年美国哥伦比亚大学著名输血专家约翰·斯卡德博士（Dr. John Scudder）协助 ABMAC 为中国建成血库以及训练人员。美国医药援华会还组织“一碗饭运动”、全美“中国周”等活动，美国和加拿大的医务人员也来华参加抗日战争的战地医疗服务。该会成为抗战期间支援中国医疗物资、救护资金等的重要机构。

当时 ABMAC 派驻图云关工作的女医生要求与周寿恺一起分发高级医务人员的津贴，周寿恺面对这个无理要求回答说："你可以拿着这笔钱回到美国去！"

1944 年的秋天，已经呈现颓败状态的日军妄图做最后一轮攻击，以便扭转不利的战局，在攻陷广西桂林和柳州后，沿黔桂铁路北犯贵州，并占领黔南重镇独山。图云关一时间人心浮动，救护总队决定将人员和家属撤离。就当载满人员的车队准备撤离时，救护总队的一位教授拖家带口地匆匆赶到，面对满员的车辆进退两难。此时，黄萱义无反顾地将自己和一双儿女的位置让出来，请教授一家先行撤离。[①]

"我们胜利了！中国万岁！"1945 年 8 月 15 日，日本无条件投降。消息传来，整个图云关沸腾起来，历尽劫难的人们一下子冲到户外，奔走相告，欢喜若狂，没有铜锣他们就敲响脸盆，没有铁鼓他们就打响油桶。"国际援华医疗队"的队员们更是激动地逢人就抱、见人就搂，图云关上下到处都是点起的篝火。人们又唱又跳，又笑又哭，直到天亮。

所有人的脸上都露出了久违的笑容，欢庆的同时他们纷纷摄影留念、签名互赠。周寿恺一家四口拍下了一张难得的合影，纪念这个来之不易的胜利！（见图 6）

图 6 庆祝胜利的一家合影

（本文照片由周寿恺、黄萱后人提供并授权）

参考文献

何丙仲：《厦门石刻撷珍》，厦门大学出版社，2011。

---

① 周秀鸾：《追忆黄萱婶母往事数则》（鼓浪屿的女儿——黄萱先生纪念展展板文章），2021 年 5 月（展览征集文稿）。

赵德馨、马长伟：《黄奕住传》，厦门大学出版社，2019。

陈嘉庚：《南侨回忆录》，中国华侨出版社，2014。

杨锡寿：《回忆周寿恺主任》，《贵阳文史资料选辑》第22辑，贵阳市委文史资料研究委员会，1987，第200~201页。

周秀鸾：《追忆黄萱婶母往事数则》（鼓浪屿的女儿——黄萱先生纪念展展板文章），2021年5月（展览征集文稿）。

厦门文史短序四篇

谢 泳*

摘 要：本文由四篇短序组成。每篇短序简要评述了对应作品并叙述了人物间的交往。文章涉及厦门地方史研究的主要专家，保存了厦门地方史研究的掌故，也是今后考察厦门地方著述的重要史料。

关键词：厦门文史 短序

一

丙仲先生是我非常尊敬的学术前辈。厦门地方史研究专家中，洪卜仁、龚洁、彭一万、何丙仲和李启宇诸先生，虽学术会议中有见面之缘，但多无深交。启宇先生时相过从，是诸先生中接触最多的，其次就算是丙仲先生了。编辑厦门“同文书库”时，初识丙仲先生风采，便觉吐属不凡、雅人深致。

厦门地方史研究能有今天这样的成绩，如厦门历代古籍整理、近代文献搜集及鼓浪屿史料的保存等等，与诸位先生的学术选择有极大关系。几位先生虽不在大学，但因专注地方史，在自己熟悉的领域，均成就斐然。说实话，今天在大学历史系教书的人，多年以后，再看自己的学术成绩，多数可能会感到惭愧。因为大学的学术评价体系导致多数研究工作是为考核而做、为课题而做，时过境迁，极少再为人提起。而厦门几位地方史研究前辈，研究完全出于学术兴趣，专业方向毫无功利目的，虽是关于厦门地方史的研究，但学术生命却能永续。

历史研究，看似容易，但做好了很难，其间学术方向的选择极为关键，如非天分和才情足够，历史研究的工作多难有长久生命力，所谓成绩不过教书吃饭而已。地方史研究则不同，只要持之以恒，最后总会有可观业绩，因其小反能成其大。就一般历史研究方向而言，专注地方史研究，其实是最聪明的学术选择，可惜多数喜欢历史的

* 谢泳，厦门大学教授，研究方向为“五四”以来知识分子的命运史，兼及厦门地方文史研究。

人还不明白这个道理。许多大学历史系的教员，退休之日即结束自己的学术，而厦门几位前辈，却保持了旺盛的学术生命，像洪卜仁老先生，可说是将学术坚持到了生命的最后一刻，时时想起，都令人心生敬意！

几位前辈的著作，我偶有涉猎，感觉丙仲先生最有才情，最具文人气质。当代学者的中国传统文化修养，一般说来，随年龄而下降，而丙仲先生例外，他是琴棋书画、诗艺辞章，都有很好的修养，研究著述、翻译介绍，也极见功力，在同代学者中，有如此全面学养的人，真是很稀见了。丙仲先生兴趣广泛，知识渊博。他早年做《厦门摩崖石刻》《厦门石刻撷珍》等，虽是地方金石汇集，却足见传统文人趣味。这些学术工作，时间愈长愈见其学术生命力。

本书是丙仲先生的一部笔记专书，今天选用传统笔记体写作的人极少。这部笔记，放在近世著名笔记中，亦属上乘之作。丙仲先生的全部著述中，我最喜欢这一部。这部笔记是信史，更是好读的美文，丙仲先生的其他著述多有专业性，但这部笔记却是学术和文学兼顾，在厦门地方史研究中是一部个性鲜明的著作。

笔记是中国传统文体，篇幅短小，随笔而记，但对作者的要求极高，不但要求知识积累，更需阅历丰富、见多识广、博闻强识。文笔要松闲简洁，内容需结实有趣。丙仲先生自幼读书，熟悉中国经史及各类野史笔记，整理过李禧先生的《紫燕金鱼室笔记》，谙熟笔记体例，晚年撰稿，文笔古雅，生动有趣，深得中国传统笔记妙谛。有史料、有轶闻，有经历、有见识，有感受、有真情。可当厦门掌故读，也可当丙仲先生自传看，因其中广泛记述了他的所见所闻。友朋论学、朋辈交游，闽南烟霞、厦门耆旧，尽在书中，洵为一部厦门掌故全书。

瞿兑之早年为《一士类稿》作序时曾说："通掌故之学者，是能透彻历史上各时期之政治内容，与夫政治社会各种制度之原委因果，以及其实际运用情状。要达到这种目的，则必须对于各时期之活动人物，熟知其世系渊源，师友亲族的各种关系，与其活动之事实经过。而又有最重要之先决条件，就是对于许多重复参错之屑琐资料具有综核之能力，存真去伪，由伪得真。"瞿兑之认为："掌故学者殊不容易养成，这种学问凭实物研究是不行的，凭书本的知识是不够的，不是有特殊修养必至于事倍功半。"丙仲先生选择这种文体，既是自信，更是全部学养的体现。

以后难得再见这样的掌故笔记，我们应当格外珍惜；一生心血成就此书，丙仲先生无愧于厦门文史研究！

2021 年 9 月 23 日于山西太原南华门东四条

（原载于何丙仲《一灯精舍随笔》，厦门大学出版社，2022）

二

2007年夏天，我初来厦门，偶识春雷兄，参加过几次他主持的民间读书会，其谈吐、趣味及博学给我留下了非常深刻的印象，最近他将多年所写关于厦门地方史的文章裒为一集，嘱我写几句话，我倍感荣幸。岁月不居，时节如流，我乞食厦门已近廿年，也算半个厦门人了。

我虽比春雷虚长三岁，但经历相同，均沐浴过20世纪80年代的风雨。春雷在福建师大念中文系，我在山西晋中师专念英文科。福建、山西，远隔千里，但时代风气相习，都曾在学校做过彩色的文学梦。80年代的中国大学，远非理想的精神家园，但时代精神确有进步昂扬的一面，自由飞扬的思想，冲破旧罗网束缚的激情，曾是80年代的普遍精神气质。春雷那时即是活跃的校园诗人，结诗社，办诗刊，一切文学活动都少不了他的身影。大学里功课好的人常见，学习努力的人也不少，但真正有趣味、有才情的学生难得，春雷的功课未见得有多好，但他的趣味和才情是朋友们公认的。以春雷的才情，他毕业应有更好的去处，如留校或到文学杂志社，可世事无常，他不得已回到了自己的故乡。不过无论何处，他写作的才能都是压制不住的。

老话说，青年作赋，中年治学，老年整理乡邦文献。这是传统读书人的习惯，在现代学校教育制度下，慢慢为人遗忘了，现代人的乡土观念早已不能和旧时代相提并论。整理乡邦文献即是我们今天所说的地方史研究。这个习惯的前提是科举时代，官员致仕还乡，早年的科举训练使他们有兴趣和能力继续读书人的本分。而现代的学校教育，无论是中文系还是历史系，教学体制中早已没有了地方史的自觉，除非个人有此偏好，一般的文学、历史教育，反而培养不出治地方史的趣味了。凡有自觉地方史意识的人，用钱穆的话说，都是内心对传统始终保持温情和敬意者，无论走到哪里，只要久居一地，便能加深对地方的感情，并让这感情延伸到自己的写作中来。春雷是泰宁人，中年居厦谋生，对厦地文史产生兴趣，长年积累，有如此收获，令人由衷敬佩。

厦地文史学者，多按传统史学方法从事研究，注重史料搜集及考证史事真伪，而春雷的厦地文史研究，却能在已有史实基础上注重分析，尤其能将地方史中发现的现象与同类事物做连类比较，提出一般规律性判断，常能以小见大。如将考证、义理和辞章的说法引入地方史评价，我以为春雷长处在义理和辞章，他能将地方史问题提升到全国或全球视角来观察分析，我不止一次听到过中国海关史专家、厦门大学教授戴一峰对春雷有关研究的赞扬。春雷不是忽略考据，而是他具超越地方史实的眼光；再就是春雷在厦地文史研究中，充分发挥了长于为文的特长，让一般枯燥的地方史研究变得灵动和富于文采，他的许多文章都可放在美文范围内来阅读。

春雷由早年的校园诗人到后来成为《国家地理》《华夏地理》杂志的重要撰稿人，一路下来，最后在厦地文史研究中又放异彩，这不仅体现了春雷的勤奋和才情，更与他的学术眼光和学术判断相关。以早年校园诗人的背景，顺理成章，春雷应该向文学发展，但事实却是他愈来愈远离了文学而偏向史学，这个转向看似简单，却包含了春雷对文学及史学的认识和理解。文学如不能做到最好，价值实在有限，而地方史研究，只要勤于积累，总会做出成绩。虽有区域局限，但可永存世间，这也是我近年向许多文学青年提出的一个忠告：文学极难，多数作品会随风飘逝，而地方史研究早晚会成为故乡历史的一部分。春雷由文学而史学的实践，不仅是个人写作中的明智选择，更是历史意识自觉的体现，我相信这本《厦门纪略》，今后会被时常提起、不断引述，焕发出蓬勃的学术生命力！

2023 年 7 月于厦门同安

（原载于萧春畦《厦门纪略》，海峡文艺出版社，2023）

三

2007 年春天，我初到厦门大学时，给中文系硕士研究生开了一门“中国现代文学史料概述”，主要讲中国现当代文学史料的搜集与应用。那年周宁兄初掌厦大中文系，似有重振中文系的雄心。他约我来，主要是知道我过去有搜集文学史料的实际经验并略有收藏，同时我在作家协会工作二十余年，熟悉中国当代文坛的人事及掌故。周兄的本意是那些从校门到校门的博士，讲不出中国当代文坛的复杂性，而不知当代中国文坛的内幕，也就难以深刻理解中国现当代文学。其时风气尚开明，我虽无学历，但周兄坚称我是合适人选。

这门课开了好几年，讲义先在台湾印出，后许多研究生看到，感觉对他们搜集史料有实际帮助，很多人向我索取讲义。广西师大出版社闻讯，索去出版，书名改为《中国现代文学史研究法》。

立功兄本是厦大财金系学生，但对历史有兴趣，后来转到历史系读完本科和硕士，工作后再来厦大念博士。他是我的山西同乡，经常来听课，印象中这门课他听了至少两轮。他虽是历史系学生，但因这点关系，我们时相过从，毕业后更是往来密切。他总说是我的学生，但我切记老辈习惯，始终平辈论交。看到他现在的学术成果，感觉非常欣慰。他对历史的热情并没有因离开学校稍减，他是个把历史当自己一生志业的人，这样的人，现在已经很少了。

立功兄的博士论文做的是福建民间信仰和海洋文化，但他的学术兴趣在中国现当代史，毕业后也自觉向这方面发展，到集美大学工作后，得天时地利，选择陈嘉庚作为主要研究对象，付出了大量心血。我敢说，现在学者当中，他是搜集陈嘉庚史料最用心、最勤奋，也最有成绩的学者之一，现在完成的《陈嘉庚年谱补编》即是他近年研究工作的主要部分。

对立功兄来说，选择陈嘉庚为主要学术研究对象面临很多困难。首先从学术原创来观察，陈嘉庚研究已有一定基础，在此基础上更上层楼，确实比较难，坊间已有几种陈嘉庚传记及年谱，再来做这个学术工作意义何在？其次是陈嘉庚从身份上说是国家领导人，不是一般的历史人物，要接触他的私人档案，在目前研究条件下，较难做到。但立功知难而进，利用现代学术研究的一切手段，从各类报刊，特别是中国内部文献及西文报刊搜集了大量史料，在此基础上修订或改正了原来许多传记及年谱中的错讹处，并补充了相当丰富的内容。可以说这是目前所见最完整的一部陈嘉庚年谱，体例得当，文字简洁，叙事准确，评价客观，可谓近年陈嘉庚研究的一大收获，也是今后陈嘉庚研究的必备基础文献。

年谱是中国传统史学的主要体例，但并非所有人物均值得做年谱，只有那些经历特别丰富、交游十分广泛、在历史进程中时时闪现他们身影的人物，才有做年谱特别是年谱长编的价值。立功兄的学术眼光即体现在这方面，他准确判断出陈嘉庚的历史价值及现实意义，在近现代厦门历史人物中，陈嘉庚是最具研究价值的历史人物，他的丰富性和复杂性集于一身，为这样的历史人物投入多少心血都值得。

研究陈嘉庚就是研究厦门现当代历史，就是研究厦门大学校史，就是研究华侨史，同时也是研究中国近现代历史的复杂性。以陈嘉庚研究为切入点，可以接触相当多中国现当代历史，这是可以成为一生事业的研究领域，希望立功兄能坚持下去，心无旁骛，不为研究风气的变化而有所转移。是为序。

2024 年 5 月 24 日于厦门

（载于《陈嘉庚年谱补编》，厦门大学出版社，2025 年即将出版）

四

我南来近十年后才认识满意，是云良兄介绍我认识的。那几年，羚羊在厦门开了一家客栈，厦门许多文友喜欢聚在那里高谈阔论。羚羊十分好客，常侍座中客，常满杯中茶。第一次识满意，他带来几部自己的古书，我见品味相当不俗，后来熟了知道他也喜欢收集乡邦文献。他是安徽人氏，客居厦门多年，自然也留意厦地文献。

前两年，他在江苏出版一册《集美学村的先生们》，不能不赞叹，有这样一位热心于厦门地方文献的外地朋友，实在是我们最好的朋友了。这几年与满意时相过从，知道他对地方文史的热情产生于大学时代，而他大学的老师桑农先生恰是我多年未谋面的老朋友，每次闲聊我都能感觉到满意高涨的创作热情。这本《厦门大学的先生们》是满意的新作，他搜集了相当丰富的史料，用自己颇富感情的文笔给我们展现了教授当年的风采。满意钩沉历史、对应时代，将那一代厦大教授的风华重新焕发出来。这本著作是一本厦大人物志，更可视为厦大风流人物谱，应当说是献给厦大百年纪念的一份厚礼。满意执意要我写几句话，我没有推辞，因为我在这本书中感受到了满意对厦大的一份特殊感情，这份感情可能在很大程度上超过了在厦大读书工作的人。满意把眼光投向厦大的先生们，包括对陈嘉庚先生的敬意，更表达了对陈先生创办厦大的感恩，这不仅是闽南之福、南方之福，更是中国之福。按说我不是本书写序的最合适人选，但满意的热情，让我感受到的是我们的友谊，美好的友情的持久。我祝贺满意写出这样的书，祝贺他为厦门文史研究增加了一本有分量的著作，

2020 年 12 月 9 日于厦门大学

（原载于陈满意《厦门大学的先生们》，黄山书社，2021）

文明以止，鼓浪遗世

——厦门口述历史丛书“鼓浪屿系列”述评*

章长城**

摘　要：厦门口述历史丛书“鼓浪屿系列”本着对厦门本土历史的修撰补充和文化传承的宗旨，选取了鼓浪屿古海域与老房子及邵建寅、林巧稚、黄省堂、孙振寰等鼓浪屿名人为口述对象，展示了百年鼓浪屿的物事成毁与人事沉浮，其中既有面向中华传统的田园守望，也有面向现代世界的鼓浪化蝶。作为口述文本，这套丛书在口述体例方面姿彩各异，呈现出历史的考据化、心灵化、逻辑化和原生化等多重样貌。

关键词：鼓浪屿　口述历史　人物评述

引　言

1841 年 8 月，英国舰队攻占鼓浪屿。1842 年 8 月，清政府和英国签订不平等的《南京条约》，厦门成为五个通商口岸之一，随即英国、美国、西班牙三国相继在鼓浪屿设立领事。1902 年，清政府同日、美、德等国签订《厦门鼓浪屿公共地界章程》，鼓浪屿被列强正式明确为公共租界。到 1949 年 10 月新中国成立前，英国、美国、德国、日本、西班牙、荷兰、奥地利、挪威、瑞典、菲律宾等国都曾在岛上设立领事馆，创办教堂、学校、医院、洋行等。2008 年 11 月 2 日，厦门市政府决定正式启动鼓浪屿申报世界文化遗产工作。2017 年 7 月 8 日，鼓浪屿作为“历史国际社区”成功入选《世界遗产名录》。

鼓浪屿世界文化遗产网（http：//www. glysyw. com/）是这样介绍鼓浪屿申遗成功“秘诀”的：

---

* “文明以止”这一概念出自《易经·贲卦·彖传》：“刚柔交错，天文也。文明以止，人文也。观乎天文，以察时变。观乎人文，以化成天下。”意指以人的伦理、礼仪来规范人们的生活，用各种政治措施来维护社会制度的尊严，使之止于适当之处，趋于至善。

** 章长城，厦门大学文艺学博士，厦门城市职业学院通识教育学院副教授，研究方向为口述史。

> “鼓浪屿”符合《实施保护世界文化和自然遗产公约的操作指南》列入《世界遗产名录》6项标准中的3项。标准（ii）展示出中国传统文化、地方文化与外来文化，在社会生活、建筑园林设计及建造、艺术风格、现代技术方面广泛而深入的交流。标准（iii）是中国步入近代化历程的缩影，更是闽南移民文化开拓性和包容性的见证。标准（iv）是近代东亚和东南亚地区具有高品质和早期现代性特征国际社区的独特范例。

申遗成功并不是鼓浪屿价值的盖棺论定，而只是一个开端，一个良好的开端。此后，我们需要更多、更深入细致地通过发掘和记忆重构来丰富鼓浪屿的文化内涵，让更多的历史细节浮现，从而还原一个生动立体、丰富多彩的鼓浪屿世界。正是在这个意义上，厦门城市职业学院厦门口述史研究中心历时多年打造出厦门口述历史丛书“鼓浪屿系列”[①] 具有颇为深远的意义。这套丛书在厦门市第十二次社会科学优秀成果奖（2019~2021年度）评选中获得三等奖，也从一个侧面证明了这套丛书的学术价值和历史价值已初步得到社会肯定。

莫里斯·哈布瓦赫指出，一切似乎都表明，过去不是被保留下来的，而是在现在的基础上被重新建构的。同样，记忆的集体框架也不是依赖个体记忆的简单加总而建构起来的。它们不是一个空洞的形式，由来自别处的记忆填充进去，相反，集体框架恰恰就是一些工具，集体记忆可用它们重建关于过去的意象，在每个时代，这些意象都是与社会的主导思想相一致的。[②]

是的，历史并不是僵硬的遗存，而是被现实生活和时代思潮不断重构，从而以生生不息的现实影像而得以传承。鼓浪屿的历史同样也逃脱不了基于现实的重塑和重构。当然，这里的重塑并不等于天花乱坠的异想天开，而是一种基于新眼光和新思想的对历史细节的重新梳理，甚至很多历史细节本身也会被重新质疑和考问。正如亨廷顿所说，“人类的历史是文明的历史。不可能用其他任何思路来思考人类的发展。……在整个历史上，文明为人们提供了最广泛的认同”。[③] 作为“历史国际社区”的鼓浪屿的记忆重构，也必然建立在文明的维度上。

如果我们相信，从来没有一个永恒的记忆等着我们去挖掘或证明，那么我们就有

---

① 这个系列的6本书分别是：《流光岁月——鼓浪屿的海域》（林聪明口述、整理）、《鼓浪屿老房子的“古早味”》（殷承典等口述，林聪明整理）、《从鼓浪屿到马尼拉——邵建寅的教育之路》（邵建寅口述，王琰采访整理）、《林巧稚及其家族》（林嘉禾口述，林晓玲整理）、《厦门通背拳宗师——孙振寰》（孙庆口述，郑轰轰整理）和《鼓浪屿君子——黄省堂黄吟军父子》（黄曾恒口述、整理）。

② 〔法〕莫里斯·哈布瓦赫：《论集体记忆》，毕然、郭金华等译，上海人民出版社，2020，第71页。

③ 〔美〕塞缪尔·亨廷顿：《文明的冲突与世界秩序的重建》，周琪等译，新华出版社，2002，第23页。

理由使用各种方法和手段去逼近我们所认定的历史真相。而口述历史，一种基于芸芸众生个体视角的回忆，将把我们带入宏大历史的毛细血管中。

一 古海域与老房子：鼓浪屿的物事成毁与人事沉浮

2013 年，林聪明从厦门市委宣传部的领导岗位退休后，将他的生活重心转向对故乡鼓浪屿的历史文化研究。2018 年，在一次画展中与陈仲义教授的邂逅，让他在接下来的短短三四年时间里连续推出两本鼓浪屿的口述著作，分别是《流光岁月——鼓浪屿的海域》（2021）和《鼓浪屿老房子的“古早味”》（2022）。这两部作品分别从古海域的物事成毁和老房子的人事沉浮，展示了一个鼓浪屿原乡人眼中的鼓浪屿娑婆世界。

（一）古海域的物事成毁

林聪明在《流光岁月——鼓浪屿的海域》的后记中说，如果说海是鼓浪屿的摇篮，那么海域则是鼓浪屿人“耕耘的田园”。近年来，有关鼓浪屿的历史文化研究汗牛充栋，但“还未见以海域为主题的较为完整性的介绍与研究”。[①] 确实，关于鼓浪屿的老房子研究可以说是鼓浪屿研究中的“显学”，而鼓浪屿的古海域研究则是林聪明厚积薄发后独具慧眼的选择和认定。也许，有朝一日，老房子和古海域会成为鼓浪屿研究的“双璧”。

这本书共分七章，话题分别涉及古路头、三丘田、讨小海、福州路、大台风、渔人渔业和古海滨等。从叙述视角看，实际上可以分为两大类，一类主要以第三者视角探究古路头和古海滨，在全书中历史价值最高；一类主要以第一人称视角叙述三丘田、讨小海、福州路、大台风和渔人渔业等，时间跨度较大，融入作者的生活较多。

福柯曾说过，把文物变成文献，然后使文献说话。面对不会说话的古路头和古海滨，该书作者采用借助历史照片和历史文献的方法来进行知识考古，从而再现古路头和古海滨的沧桑巨变。

第一章“百年沧桑话‘路头’”中，借助 19 世纪末鼓浪屿地图，作者发现了当年鹭江两岸的地形和码头（即路头）。借助 1908 年的鼓浪屿地图，作者发现鼓浪屿建造的古路头从南至北依次有新路头、西子路头、龙头路头、和记路头、三丘田路头、美国领事馆路头、河仔下路头、总巡码头、救世医院路头等 9 座。而通过 1935 年地图与

① 林聪明口述、整理《流光岁月——鼓浪屿的海域》，厦门大学出版社，2021，第 261 页。

1908 年地图的对比，作者发现鼓浪屿的码头增加了永明吕宋雪文码头、东方冰水厂码头、黄家渡码头、中谦码头，以及淘化大同公司和兆和罐头食品公司专用码头。另外，原美国领事馆路头和救世医院路头已经消失。

这就是让照片（或地图）说话的魅力，也是知识考古的神奇魅力。

再比如对鼓浪屿新路头的介绍。新路头是鼓浪屿所有古路头中最南边的一个渡口，长期以来一直是鼓浪屿岛上一个十分重要的渡口，但现在只有等到落潮时才能见到还留在滩涂中的花岗岩地基。作者展示了一张拍摄于 1930 年的新路头照片，照片中林尔嘉的三个儿媳妇正准备乘船离开鼓浪屿。这张照片让我们穿越时空回到 20 世纪 30 年代，作为在场者目睹当时的历史。当然，作者的主要目的是考证她们三人当年所站的古路头位置。显然，这样一种照片考古不但为我们提供了确切的历史知识，还带给我们强烈的历史真实感。

整章分 11 节，介绍了 13 个古路头，可谓将其一网打尽。很多消失在历史烟尘中的古路头，凭借鲜活的历史照片和一些零碎的历史文献线索，再加上作者深厚的历史知识储备和缜密的逻辑推理，一一呈现出历史真容。

关于古路头，最为详赡也最见作者考据功力的是关于厦鼓轮渡码头的讲述。作者找到《近代厦门鼓浪屿公共租界档案汇编》中提供的厦鼓轮渡建造过程中厦门市政府与外国驻厦领袖领事和鼓浪屿工部局往来的 16 份公函资料，对每份资料进行了仔细整理和详尽解读，从而勾勒出这段鲜为人知的历史。作者认为，这段历史无可辩驳地反映了鼓浪屿公共租界中行政管理权、司法权、物权皆归工部局掌控。① 这一考证填补了厦鼓轮渡建造历史讲述的空白，丰富了关于厦鼓海上交通历史的研究，也使这一章节更具有学术价值。

相比于古路头，古海滨的历史资料更为丰富，人文内涵也更为动人，因为这涉及更多名人的故事。

第七章“潮起潮落说海滨”所涉及的海滨有鼓浪屿东部海滨、鹿耳礁海滨、大德记海滨、田尾海滨、港仔后海滨、美华海滨、五个牌海滨、内厝澳坞内海滨、燕尾山海滨等 9 个。通过海滨追寻环鼓浪屿古海域的自然之美和人文之美，是这一章的最主要特色及成功之处。对海滨的讲述，或来自熟悉掌故者的介绍，或来自对资料的爬梳整理。

由于资料翔实和考据缜密，每个海滨都呈现出丰富的历史纹理。作者基于一个“鼓浪屿原乡人”的底层视角和饱满的民族主义感情，通过这些讲述构筑了一个原汁原

---

① 林聪明口述、整理《流光岁月——鼓浪屿的海域》，厦门大学出版社，2021，第 262 页。

味的鼓浪屿古海域。比如关于港仔后海滨的讲述，还原了林尔嘉与税务司洋人之间一场官司的始末。

除了第一章和第七章最能体现鼓浪屿历史独特风采之外，其他章节则与作为“历史国际社区”的鼓浪屿看似关系不大，而更贴近现实中的鼓浪屿。作者主要基于个人视角，比如第二章“依海为生‘三丘田’”、第三章“终生难忘‘讨小海’”和第四章“填海造地福州路”，彰显了一个土生土长的鼓浪屿人与故乡血肉相连的肉身记忆。它们共同展示了鼓浪屿在新中国成立后的历史变迁，让人感受到新生活带来的鼓浪屿新貌。最为感人的是，书中记述了鼓浪屿底层人的相濡以沫、患难与共。比如在第四章中，作者叙述了在那物资极其匮乏的时代，住在外祖母隔壁的“上海嫲”和“上海伯”是如何帮助他们一家的：“父母亲的辛勤劳作艰难地支撑一家九口人的生活，经常是入不敷出。只要我妹妹走进邻居‘上海嫲’的家里，老人家就会拿出 10 块钱（当年 10 块钱就是一个人一个月的生活费）借给我们，顿解无米之炊。父母亲有了钱就赶快还，然后再借，信守有借有还的一份诚信。这种常年雪中送炭的帮忙，在淡淡的流年中，充满深厚的邻里之情，这种行为也深深地影响了我们。”这是鼓浪屿从不曾失去的底层价值，也是支撑鼓浪屿作为“历史国际社区”的坚实底盘。

（二）老房子的人事沉浮

如果说，作者在讲述古海域的时候更多是借助个人的记忆，那么《鼓浪屿老房子的“古早味”》一书在讲述老房子的“古早味”时，则由于可以充分占有历史资料并寻访幸存者口述而显示出沉甸甸的历史价值。

鼓浪屿上有近千栋具有历史风貌的建筑，作者选择了其中最具代表性的十座“老房子”。从这些建筑的资本来源来看，大致可以分为四类，即海外资本（第一、二、三、四章）、本土资本（第五、六、八、十章）、红色资本（第七章）和买办资本（第九章）。不管什么资本，资本总是追逐安全和利益的，在 20 世纪一二十年代，各种资本云集于鼓浪屿是不争的事实。这恰恰说明了鼓浪屿便于资本的纵横捭阖和安全避险。

毫无疑问，海外资本涌入或回归鼓浪屿，是鼓浪屿成为“历史国际社区”的重头戏，这里面人与资本的纠缠最为动人。作者选择了资本的物态化形式即老房子，从而让人们透过冰冷的建筑外壳触及历史深处柔软的部分——那无处不在的人性光辉。

工部局成立之后，《律例》中明文规定，“于本公界内不准非法拘捕，以致惊惧居民，违者即拿办不贷”，“本公界内不许居民逾入私界，违者必拿办不贷”。两个“拿办不贷”，显示了工部局保护个人自由、保护私有财产的决心。由于得到工部局的有效保护——实际上工部局的后面是列强的坚船利炮——鼓浪屿在动荡不安、兵匪横行的晚清和民国初期成为闻名遐迩的“安全岛”和“避风港”，许多归国华侨和内地富豪慕名而来，把鼓浪屿作为庇身之地。[①] 正是在这样的氛围中，延平戏院、林氏府、廖家别墅和殷宅等老房子相继在鼓浪屿兴建。有意思的是，除了林氏府没有找到房子的后人作直接口述，其他九座老房子，作者经过不懈努力都找到了合适的口述人。这使得不少关于老房子的以讹传讹的历史传说得以澄清。

《台湾名士林尔嘉和林氏府的人与事》一篇虽然没有直接采访到林氏的家庭成员，但是采用了台湾出版的李瑞宗、蔡思薇的《风景的想象力——板桥林本源园邸的园林》一书中林尔嘉的孙子林楠讲述的内容，并参考了林尔嘉的孙女婿张泉所著的《林本源家族训眉记简史》《板桥林本源家族记事——记高瑞珠、林景仁》等资料，所以还是比较全面地反映出林尔嘉及其家族在整个发展过程中的真实面貌。全文既对林尔嘉的爱国情怀进行了浓墨重彩的描绘，又对林尔嘉创建“菽庄吟社”、寄家国情怀于传统文化的风流蕴藉给予嘉许。板桥林家近百年的历史变迁折射出中国近代史的波诡云谲，最能体现大时代与个人命运的息息相关，读之令人动容。

《廖家别墅和廖家的那些如烟往事》反映了鼓浪屿人下南洋筚路蓝缕的求生和致富之路。廖家发财后，在鼓浪屿上兴建了著名的廖家别墅。廖家别墅背后的故事虽然不及林氏府的故事宏大纵深，但其中的廖氏家族、林语堂家族、金门杨氏家族以及殷雪圃家族之间的姻亲关系盘根错节，在岛上恣意生长，让人感受到历史深处的强劲生命力。

作者认为，鼓浪屿的历史文化有三种表现形态，其中之一就是鼓浪屿岛上的音乐文化和风土民情，“它属于活态的文化，需要活着的人去传承和发扬”。[②]《重返殷承宗钢琴人生和殷宅的动人旋律》着意表现的就是鼓浪屿“音乐文化”。通过殷承宗的钢琴人生，突出展示了殷承宗用钢琴诠释中国心的动人情怀。他“全新的将中西方音乐文化中各自突出的特点相融合的方式，为钢琴音乐的民族化开辟了前所未有的道路”。[③]

用本土资本建设的老房子中，最有代表性的是雷厝和鸡山顶上卓全成的“同英布店”。雷厝的主人雷正中行医出身，卓全成则是地地道道的从本土做生意起家。他们有了财富后在岛上建房，看中的也是岛上的安全和法治。雷厝大门两侧的对联“雷风为恒继绳罔替，氏族乃萃瓜瓞长绵”最能体现普通百姓的生活期待，他们的故事也体现出最贴近普通人的人间情怀和烟火气息。

---

① 李启宇、詹朝霞：《鼓浪屿史话》，厦门大学出版社，2015，第 118~119 页。

② 殷承典等口述，林聪明整理《鼓浪屿老房子的“古早味”》，厦门大学出版社，2022，第 306 页。

③ 殷承典等口述，林聪明整理《鼓浪屿老房子的“古早味”》，厦门大学出版社，2022，第 141 页。

鼓浪屿不仅是富人的天堂，也是革命者的摇篮。当然，这些其实都源于工部局对个人自由和私有财产的保护。《泉州路54号深藏的那段红色历史》讲述了和以往鼓浪屿富人故事不同版本的故事，即关于革命者的红色故事。1932~1934年，台湾医生李应章在鼓浪屿泉州路54号创办了一家私人诊所——“神州医院”。他以这家医院为联络点，掩护中共地下党员进行革命活动、发展组织、营救进步学生，并组织、输送医护人员到苏区参加革命工作。用革命诗写革命史的何加恩的故事也发生在岛上。这些红色故事使得鼓浪屿具有更为丰富斑驳的色彩。

《春草堂盛开着许春草的传奇人生》让我们看到不一样的资本故事。许春草白手起家，创业成功后，他积极参与社会革命和对正义事业的追求，包括创建和领导厦门建筑总工会，敢与帝国主义和各种社会恶势力做斗争等。20世纪30年代，许春草先生发起创办以解放婢女为宗旨的“中国婢女救拔团”，并设立婢女收容院。该团前后11年解救了250多名受压迫的婢女，产生了极大的社会影响。

总之，以老房子为载体，通过老房子的兴衰叙事折射出老房子中的人事沉浮，正是《鼓浪屿老房子的“古早味”》这本书的价值所在。

从这十座房子的选择来看，作者很是注意展示鼓浪屿文化的丰富性，既有大富之家，也有殷实的升斗小民。正如《鼓浪屿史话》所说：“富裕的鼓浪屿并非没有穷人。屿内的贫富差距还是很大的。富翁享受花园别墅、穷汉仅靠片瓦立足可以说是司空见惯的。但值得注意的是，鼓浪屿特殊的文化造就了一种‘富者仁、贫者不贱’的社会氛围。屿内著名的富翁黄奕住、林尔嘉、黄廷元、卓全成等，同时都是著名的慈善家，屿内众多的学校、医院、怜儿堂，都是靠屿内富人捐资维持的。”① 也许，这从一个侧面揭示出鼓浪屿成为“宜居”之地的历史隐秘。

二 医学家与教育家：林巧稚与邵建寅的鼓浪化蝶

邵建寅作为教育家、林巧稚作为医学家都出生于岛上的基督教家庭。他们在鼓浪屿接受基础教育，然后从鼓浪屿走出去，走向世界舞台，成为20世纪中国的杰出人物。林巧稚身上有一半是西班牙血统，毕业于北京协和医学院，拥有国内第一个妇产科博士头衔；但她终身未婚，毕生献身优生优育工作。邵建寅祖籍同安，成长、受教于鼓浪屿，毕业于厦门大学，繁衍生息于菲律宾，最终成长为菲律宾一代著名华裔教育家。比较这两个成功典型，也许我们可以从中一窥鼓浪屿作为知名“历史国际社区”

① 李启宇、詹朝霞：《鼓浪屿史话》，厦门大学出版社，2015，第124页。

的自身魅力。

（一）邵建寅：西骨华风

王琰在《从鼓浪屿到马尼拉——邵建寅的教育之路》一书的后记中写道："我以为，鼓浪屿，是中国从传统的农耕文明向现代的工商文明转型过程中，社会发展的一个独特的成功范本。而邵先生一家的传奇事例，则是其中的生动一页，堪称典型。记录邵家在这段时间的经历，对我们研究鼓浪屿，能够提供具体感性从而也是最有说服力的一份资料。"① 这段话高屋建瓴、陈义甚高，也是我们解读这本口述作品最好的指南。

全书基本依照时间线索安排，从邵建寅的祖父如何走出同安山村开始，讲到他的父辈和他本人这一辈。他本人的经历相当丰富，包括经商和从事教育等，但他最在意的是作为菲律宾中正学院院长所做的事情。因而，中正十年也成为本书的华彩乐章。

祖父因为是当地山村第一个信奉基督教的人而被逐出故乡，这恰恰成为邵建寅及其后代勇敢走向外面广阔世界的原动力。最终邵建寅找到了适合自己生存的土地，在异国他乡落地生根，并建立了一套义理精湛的政治文化生存策略。

令人惊叹的是，到邵建寅这代，邵氏家族一共有 270 多人，其中，校长 10 人、教授 9 人、报人 3 人、农业专家 7 人、医生 5 人、牧师 6 人、传道士 6 人。这是一个堪称奇迹的故事，一个属于鼓浪屿的奇迹故事。

首先，这奇迹背后始终离不开教育。

邵建寅的祖父因信仰基督教而打开了眼界，工作便是在厦门竹树脚礼拜堂的附属小学当老师。祖母是林语堂的表姐，毕业于鼓浪屿毓德女中。邵建寅的父亲邵庆元小学读的是养元小学，中学读的是寻源书院，都是岛上的教会学校，受过良好的中英文训练。邵建寅本人也在岛上教会学校接受教育，他认为："鼓浪屿人的面貌气质，经过怀仁、养元、毓德、英华培养出来的人，就都那样子，斯斯文文的，讲究礼貌，为他人着想，讲究师道尊严，都有奉献牺牲精神，有团队精神，都有一门学有所成的专业，还有几样业余文艺体育爱好。所以，走到哪里去，都让人感觉不同。"②

以邵建寅本人就读的英华学校为例，在教学安排上重英轻汉，上午英文，下午中文。英文课本全部从英国购买。除了中文课之外，其他课程都用英语授课。教师大部

---

① 邵建寅口述，王琰采访整理《从鼓浪屿到马尼拉——邵建寅的教育之路》，厦门大学出版社，2020，第 296 页。

② 邵建寅口述，王琰采访整理《从鼓浪屿到马尼拉——邵建寅的教育之路》，厦门大学出版社，2020，第 21 页。

分是英国人。所以英华的学生英语程度很高，毕业生可以进入洋行、海关、电报局等等。

而中文课延请的老师，都是当时闽南的名儒、报人、私塾先生等。他曾这样描述中文课堂：

> 先生博古通今，见多识广，法眼洞察入微，笔触轻灵简练，文采粲然，挥洒自如，刻画人生百态，亦庄亦谐，妙趣横生，又取材命题，自成一格，所谓“好鸟枝头亦朋友，落花水面皆文章”，庶几近之。

这样的中英文教育，可以说在当时全国都是首屈一指的。无疑，这给了日后邵建寅走向世界以无穷勇气和自信。厦大建文楼楼志和林文庆亭中的对联由邵建寅执笔亲撰也就顺理成章。林文庆亭的对联是：十六载耿耿乎礼门义路，百千年熙熙矣时雨春风，横批：唯文有庆。对仗工整，古风盎然。

其次，邵建寅对华裔在菲落地生根以后如何融入当地社会且又能保持自己的文化特色的思考，见解深邃、影响深远。

有人这样评价他：“一个实事求是的机电工程师，一位英华内敛的教育工作者，一位埋首经籍的读书人，一位低姿态的平凡商人，一位知其不可而为的愚者。”[①] 他则欣然笑纳。

而最能为他一生盖棺论定的成就则是他执掌菲律宾中正学院的岁月。1973 年，菲律宾政府推行“全面菲化”，所有在菲华人都面临落地生根以后如何以少数族裔身份立足菲律宾社会的问题。为此，具有世界视野的邵建寅提出了影响深远、惠及整个东南亚地区华裔的生存策略。他认为，此后华文教育的终极目的便是：培养具有中华气质的菲律宾公民。

为此，他认为，菲律宾华人一定要搞清楚“两个认同”的关系，即对地主国的政治认同和对祖籍国的文化认同。他指出：

> 菲律宾华人，在政治上要认同地主国，要遵循政府的政策，要遵守政府的法令，要享同等权利，要尽同等义务，要以地主国的利益为利益。在经济上，你要尽心竭力，协助菲律宾兄弟重建家园，授予开源节流之道，让他们尽早脱离困境，

① 邵建寅口述，王琰采访整理《从鼓浪屿到马尼拉——邵建寅的教育之路》，厦门大学出版社，2020，第 281 页。

> 走上康庄大道。但在文化上，应该认同祖籍国的文化，保留自己的少数民族的文化，让它传承发展，这样，才能使国家文化更加多彩多姿。这两个方面可以并行不悖。①

政治认同和文化认同的分离，对于在菲华裔来说，确乎是关系生死存亡的问题。合则两伤，分则两利。政治上对地主国的认同，可以保证华裔在菲的落地生根和真正融入；而文化上对祖籍国的认同，则可以保证华裔作为少数族裔在文化身份上的鲜明印记和族群凝聚力。"华裔要保留和继承中华文化，并将中华文化中勤劳俭朴、勇敢进取的美德融入菲律宾文化，成为建国的动力"，这样的见识为华裔在东南亚的生存指明了路径。而这样的见识也源于邵建寅对中华文化的强烈自豪和自信。

他在谈到华文教育工作者应具备的素质时，提出四个"应有"理论，完全取自中华优秀传统文化：一是应有诲人不倦的传道精神；二是应有仁爱忠恕的行道精神；三是应有淡泊宁静的乐道精神；四是应有学而不厌的学道精神。

传道、行道、乐道和学道，正是儒家之道的精彩凝练和演绎。

再次，邵建寅展示了一个自由主义者的完整人格建构。虽然他在情感上依恋中华文化，但在理性人格上更倾向于西方的自由主义。所以，在人格特征上，他其实属于西骨华风。

由于对中西文化都浸润很深，所以他对两者各自的利弊有很深的认识。

他说："在菲律宾，我们在家里吃饭，早餐是面包，中午、晚上是米饭。菲律宾的面包好吃，香港都吃不到的。是西班牙风味的。我们在家吃饭是圆桌，用的餐具是刀叉。我们两个老的会用筷子。取菜用公勺。个人用的和公共用的一定分开。"②

面包和米饭、刀叉和筷子，一种典型的中西文化混搭。

小女儿投资经商，想着父亲商界朋友多，想请父亲帮忙介绍资源。但邵建寅没有像大多数中国父母那样为儿女不惜一切去铺路。相反，他说，你要让投资的人愿意把钱拿出来，人家要看你的条件，要投资，一定会去调查，看看你以前的历练在哪里、你做什么。最终，他让女儿自己去闯荡。这显然是西方商业文化浸润的结果，强调独立自主，追求一种独立自由的人格。

总体来看，中西文化教育养成的结果是，成就了邵建寅西骨华风的人格特征。他

---

① 邵建寅口述，王琰采访整理《从鼓浪屿到马尼拉——邵建寅的教育之路》，厦门大学出版社，2020，第213页。

② 邵建寅口述，王琰采访整理《从鼓浪屿到马尼拉——邵建寅的教育之路》，厦门大学出版社，2020，第177页。

的自由人格养成主要来自基督教育。从祖父成为第一代基督徒开始，他们家族的氛围便是非常尊重家庭成员的个性和自主发展，无论男女都受到了良好的教育。正如邵建寅自己说的，基督教的家庭一般都不会重男轻女的。他自己的一儿三女，也是按照自由主义理念来培养的。所以，他在政治上认同自由主义，但在文化上又深深地认同中华传统尤其是儒家文化。

强烈的身份认同既是适应所处环境的需要，更是复杂政治斗争的必然结果。邵建寅对政治认同和文化认同的区分与确认，可以说是他身处彼时彼地的必然选择，也是明智选择。弗朗西斯·福山认为，身份政治在任何地方都是一场为尊严得到承认而进行的斗争。自由民主的前提是公民作为个体的尊严得到平等承认。[①] 同时，他也指出，承认尊严的政治在 19 世纪兵分两路：一路走向普遍承认个体权利，也就是走向自由社会，另一路走向主张集体身份，二者的主要表现分别为民族主义和政治化宗教。[②] 20 世纪以降，个人主义身份认同和集体主义身份认同越来越在世界范围呈现出大分化的趋势。

而对于邵建寅来说，他没有采取非此即彼的选择，而是分而治之。在个体身份认同方面，他选择了西方自由主义的政治认同，这符合菲律宾的社会主流政治。而在集体身份认同方面，他选择了强调中华文化的集体记忆和文化之根的意识。

基于此，我们可以说，邵建寅为众多在东南亚甚至世界各地落地生根的华人找到了一条明晰的身份政治认同之路。从某种意义上来说，也为我们中华文化在世界各地的开枝散叶、润泽生灵提供了重要的启迪。

邵建寅是鼓浪屿的骄傲，更是世界华人的骄傲。

（二）林巧稚：家国情怀

邵建寅从鼓浪屿出发，最后走向菲律宾落地生根，中国成为他永远的故国；而林巧稚在菲律宾出生（生母为西班牙人），成长于鼓浪屿，最后在北京协和医院工作终老。两人的人生轨迹看似相反，但他们都是鼓浪屿的骄傲，用他们的一生诠释了各自的人生精彩。

林巧稚的家族也称得上传奇。父亲林良英九岁去新加坡一家药店打工，因为聪明伶俐被店主收为义子，并被幸运地送到英国接受教育，懂得七国语言。林良英前后三次结婚，留下八男三女。其中林巧稚的母亲是林良英的第二任妻子，后离婚，所以林

① 〔美〕弗朗西斯·福山：《身份政治：对尊严与认同的渴求》，刘芳译，中译出版社，2021，第 103 页。
② 〔美〕弗朗西斯·福山：《身份政治：对尊严与认同的渴求》，刘芳译，中译出版社，2021，第 59 页。

巧稚随父亲离开菲律宾，回到鼓浪屿生活。林氏家族由于有比较雄厚的资产和良好的教育背景，后代都发展得比较好，散居世界各地，尤其是医学和教育方面人才辈出，而林巧稚无疑是其中最杰出的。

林巧稚在鼓浪屿接受完高中教育后，按照家里的安排本来是要嫁人的，但她誓死抗争，赢得了去北京协和医学院读书的机会。综观林巧稚的一生，她的人生世界其实是相当单纯的：读书、做医生，哪怕为此一辈子不结婚。不结婚，事实上一方面是协和医院的规定，另一方面则是她自己的人生选择。按她自己的解释是："健康应从婴儿抓起，我一辈子没有结婚，为什么呢？因为结婚就要准备做母亲，就要拿出时间照顾好孩子。为了事业我决定不结婚。"①

福山认为，身份之所以出现，首先是由于人真正的内在自我有别于社会规则规范的外部世界，且外部世界对内在自我的价值或尊严不予以恰当承认。② 从身份政治的角度看，林巧稚一生主要的身份抗争无非两个：一个是有平等的受教育权（赴北京协和医学院读书），另一个则是主动放弃女性结婚生子的义务或权利，而这两个身份政治的确认，都是为了终生矢志医学事业。

身份政治在任何地方都是为尊严得到承认而进行的斗争。有意思的是，林巧稚的生母是西班牙血统，但本应成为她一生最大困扰的民族身份认同问题却几乎从未发生过。原因很简单，她刚出生不久便遇到父母婚姻变故，父亲带她回到鼓浪屿，从此她再也没见过自己的生母。

对她来说就远没有邵建寅那样的身份困扰。相反，解决了外出读书问题以后，她余生的选择就显得相当单纯：带着满腔的家国情怀投身于中国妇科医学的拓荒事业中。从此人间少了一段温馨的世俗婚姻，但中国历史却多了一位伟大医学科学家的精彩传奇。

家国认同是林巧稚一生中最大的身份政治认同，这确保了她任何时候对国家民族的信任和忠诚。1949 年临近解放，有人要林巧稚和她大侄子林嘉通一起去美国，但她跟侄子说："你是教书的，我是医生，我们没有得罪过共产党，为什么要跑？""现在正处于中国这么苦难的时候，我有好的技术，为什么跑到国外去服务外国人？我要服务中国人！"③

从个人私德来说，林巧稚也是坦荡无私的。侄子林嘉禾当年身陷囹圄，她出于单纯的政治信仰，从未动用私人关系来进行任何干预。也正是由于精湛的专业水准和无懈可击的私人操守，她获得了国家高层的认可。后来，林巧稚立下遗嘱，死后财产全

① 林嘉禾口述，林晓玲整理《林巧稚及其家族》，厦门大学出版社，2022，第 69 页。

② 〔美〕弗朗西斯·福山：《身份政治：对尊严与认同的渴求》，刘芳译，中译出版社，2021，第 14 页。

③ 林嘉禾口述，林晓玲整理《林巧稚及其家族》，厦门大学出版社，2022，第 44 页。

部上交给国家。

2001 年，林巧稚一百周年诞辰之际，来自北京和福建的各界人士 1300 多人聚集在厦门人民会堂纪念她。时任福建省省长习近平致信大会，其中有这么一段话：“厦门市隆重召开纪念大会并开展系列活动，缅怀这位我国现代妇产科学的奠基人和开拓者，学习她时刻把人民疾苦放在心上，全心全意为人民服务的精神，这对加强作风建设和道德建设，对推动扎扎实实地为人民办实事、办好事具有现实意义。”这是党和政府对她的盖棺论定，她的功绩足以勒石青史。

林巧稚从个人角度解决了事业认同问题，从集体角度解决了家国认同问题。同时，她很好地把自己的个人事业融入国家民族的宏大历史潮流中。这也许就是我们今天依然在纪念林巧稚的意义。正如《林巧稚及其家族》一书作者林晓玲在后记中所说，“仰之弥高，思之弥深。这是一位伟大者触及本性达于职业本真的伟大之处，唯其如此，其人格魅力才有跨越时空的力量，其伟大形象才有不问古今思之宛然的穿透力”。[①]

林巧稚虽然没有直系子孙，但是她以其柔弱的身躯撑起一个家族的浩瀚长空。林氏家族后人深受林巧稚影响，无论从医者还是从教者，都无愧于家族荣耀。也许，这正是林氏家族的优良家风。

三　君子与侠客：黄省堂与孙振寰的传统守望

黄省堂出生于鼓浪屿一个小商户家庭，就读于岛上的教会学校英华书院。他成绩优秀，毕业时本可以直接去英国读大学，但由于家贫，兼之他放弃了入教受洗、用教会的钱支付学费，便彻底留在了鼓浪屿。由此，他与西方文化渐行渐远，最终变成了一个儒家和佛家信徒，一个为中华传统文化守望的君子和绅士。

孙振寰出生于河北一户普通农民家庭，所受教育极其有限。因从小拜师学艺，得以行走江湖，最终在鼓浪屿定居，成为通背拳一代宗师。孙振寰可以说是墨家侠义文化在现代世界的回响。

君子与侠客，分别是传统文化的上下两端，那么作为“万国租界”的鼓浪屿与传统文化发生了怎样的碰撞呢？

（一）黄省堂：西风华骨

与邵建寅相比，黄省堂是典型的西风华骨。黄省堂本来最有可能成为基督徒和西

---

① 林嘉禾口述，林晓玲整理《林巧稚及其家族》，厦门大学出版社，2022，第 187 页。

方文化的皈依者。首先，他就读的是教会学校；其次，虽然与英国大学失之交臂，但由于成绩优秀，他得到了一份当时令无数人艳羡的职业——鼓浪屿工部局董事会华人董事（唯一）兼秘书；再次，工部局董事会主席、英国爵士也是他英华书院老师的洪显理与他终生亦师亦友；最后，他终身担任英华书院的董事。

然而，也有很多因素阻止他在西方文化的道路上深入。首先，传奇的家族经历可能是他一生无法挣脱的宗族伦理之网。他的高祖母从曾厝垵曾氏家族再嫁给鼓浪屿黄氏，他虽然没有曾氏血缘，却被指定为曾氏家族的守望者。在闽南宗法社会里，这有着无比沉重的分量，也可能最初塑造了他对传统的敬畏。其次，充满传奇的婚姻也成为他一生无法轻易摆脱的网罟。由于“聪明、正直和贫穷”①，他被“猪仔议员”、文圃茶庄大老板杨幼庭看中，成为杨的女婿。能成为这样一个传统大家庭的成员，其个人魅力之大可想而知。

在中西文化的交融与撕裂中，黄省堂最后形成了一种以儒家君子文化为主、西方绅士文化为辅的“西风华骨”（黄曾恒语）人格类型。黄曾恒是这样评价祖父黄省堂的尴尬处境的：一方面，他为着工部局在鼓浪屿市政建设方面的先进成就感到骄傲，另一方面他又不得不作为一个华人而承受屈辱。他的民族自尊心使他无法成为一个买办，但同时他又向往着欧洲先进的物质文明。这种双重性使他备受折磨，也促成了他思想的复杂性。② 这使他最终形成了一种“退缩和抱朴守拙”的人生态度，一种“耿直而坚硬的人格”。③

传统文化的“华骨”具体表现为黄省堂的儒家君子人格追求。

其一，重然诺、轻生死，为朋友两肋插刀。这主要表现在两件事上：为黄奕住主持遗产分割，为洪显理处理丧葬事宜。黄奕住和洪显理地位都高于黄省堂，但他们之间的交往完全是君子之交，不涉及任何利益关系。所谓“君子喻于义，小人喻于利”（《论语·里仁》）。黄奕住曾经主动借钱（不要利息，没有还款截止日期）给黄省堂建房子。抗日战争时期，黄奕住在上海去世，立下遗嘱，要黄省堂为他主持分割遗产：“即使因战争期间交通断绝，也要等他十年。”这是多么沉重的君子之托。正如曾子所言：“可以托六尺之孤，可以寄百里之命，临大节而不可夺也。君子人与？君子人也。”（《论语·泰伯》）黄省堂果然不负所望，“能寄百里之命”。1945 年抗日战争一结束，就立刻到上海去完成他的使命。然后，他又带着黄奕住的灵柩回到鼓浪屿安葬。

在日本人占领、肆虐鼓浪屿时，为洪显理处理丧葬事宜，则更彰显出黄省堂的临

---

① 黄曾恒口述、整理《鼓浪屿君子——黄省堂黄吟军父子》，厦门大学出版社，2022，第 47 页。

② 黄曾恒口述、整理《鼓浪屿君子——黄省堂黄吟军父子》，厦门大学出版社，2022，第 28 页。

③ 黄曾恒口述、整理《鼓浪屿君子——黄省堂黄吟军父子》，厦门大学出版社，2022，第 26 页。

危不惧甚至侠者风范。洪显理被日本人折磨致死，当时鼓浪屿上的洋人和教会人士都不敢出面处理，只有黄省堂拉上他的早年好友王世铨，二人一起到日本人的集中营里认尸、验伤，然后带着尸体离开了集中营。黄省堂还利用他黄氏宗族族长的身份，将洪显理埋葬在黄家坟地里。出殡的时候，送葬的也就两个人：黄省堂和王世铨。这在当时是要冒着极大的生命危险的。而当1957年黄省堂去世时，王世铨也瘫痪不能动了。王世铨要求黄家在出殡的时候无论如何要让黄省堂的灵柩从他家门前经过，让他最后再望一眼老朋友。

遥想历史，建安七年（202）曹操到睢阳（今河南商丘）治水，祭祀桥玄，并作《祀故太尉桥玄文》，文中说："又承从容约誓之言：'殂逝之后，路有经由，不以斗酒只鸡相沃酹，车过三步，腹痛勿怨。'虽临时戏笑之言，非至亲之笃好，胡肯为此辞乎？"

这是中国历史跨越时空的两段佳话，遥相呼应。读之，令人动容。

其二，民族主义始终是他思想的主流。英华书院的教育经历打开了他观看世界的眼界，工部局董事会的秘书工作也让他感受到鼓浪屿日新月异的建设新貌，这一切使他拥有了"现代知识分子的精神、自由的思想和严谨守约的人生态度"。[①] 但有一次，当他知道自己所打印资料的内容涉及教会在华收集的情报时，他对工部局外国人的信任一夜之间崩塌了。他痛心地对家人说："不要以为我们的生活是自由的、私密的，你家几双筷子几个碗，人家都了解得清清楚楚！"民族主义情感使他寝食难安，但他"为了信守诺言，果然一辈子都没有泄露所打字的文件的内容"。正因为如此，他赢得了所有与他打过交道的人的尊重，甚至包括日本人。由于黄省堂在鼓浪屿有巨大声望，日本人三番五次拉拢他，让他出任鼓浪屿商会会长一职，但他出于民族大义断然拒绝。日本人应该知道中华传统五千年不坠之斯文所在，只好作罢，并称黄省堂为"人格者"。

其三，信奉儒家文化的"以德报怨"和"独善其身"。黄省堂人生最大的转折来自菜园仔的几声枪响，他虽然幸免于难，但也让他与过往的人生做了彻底了断。于是他辞了职，没有任何铺垫，没留任何余地，一下子从一个高薪的职员跌落到失业的境况中了。他也从儒家的生活状态直接进入佛家和道家的生活状态。"这三年他忘却了过去的文牍案卷，却成就了书法、绘画的鉴赏与创作的本领，他的艺术天分显露出来了，内心的诗情画意被唤醒了。他家里的座上宾完全换了一拨人，个个仙风道骨，祖父如

① 黄曾恒口述、整理《鼓浪屿君子——黄省堂黄吟军父子》，厦门大学出版社，2022，第20页。

在梦境一般。”[①] 按照孔子的君子理想，“志于道，据于德，依于仁，游于艺”（《论语·述而》），此时，他进入了“依于仁，游于艺”阶段，虽然是被迫的。没想到20年后，那位买凶杀他的谋主临死前忽然良心不安，当面向黄省堂忏悔，并把不成才的儿子托付给黄，而黄居然接受了这个匪夷所思的临终嘱托。能够让对手毫无保留地信任和尊敬，是他作为一个儒者最为成功的地方，也可以说是传统文化在他身上最为闪光的地方。

黄省堂的交游中也有新文化人，关系较好的是林语堂和周辨明。作为一个饱读诗书、为传统所深度浸润之人，他的内心其实充满着优越感的。这是一种来自文化遗民的遗世独立感。知子莫如父，反之亦然。黄吟军是这样评价他父亲黄省堂的：他在学术上、艺术上始终是个业余爱好者；他虽有开化的思想，却实实在在受着封建家庭观念的约束；他的性格非常刚强，却有意回避和远离一切斗争。他一生具有很大的价值，这价值并不表现在世事的成功上，而在于他内心的优越。[②]

黄省堂毕竟是生活在中西文化交融之地的鼓浪屿，他在英华书院的确学到了现代知识分子的独立精神、自由思想和严谨守约的人生信条。这主要表现在他的工作和社交上，而在家庭和生活世界中他却是一个标准的传统文化守望者。

有意思的是，黄省堂一生循规蹈矩，菜园仔的枪声则加速了他投向传统文化的怀抱。而他的儿子黄吟军，年轻时曾经有过一段“激进”岁月，但20世纪50年代的一场政治运动，迅速让他像其父亲一样彻底回到传统文化的怀抱，在古典文化的氤氲中悠游度日。他学会了在桎梏中通过写诗、画画寻求精神的自由和通达。在执掌厦门职工业余大学的岁月里，他编织着“古代书院”的人文梦想，影响了包括陈仲义、陈元麟等在内的当年一干优秀毕业生。父子两代人可谓殊途同归，在传统文化里找到了他们的安身立命之所。

黄曾恒在《鼓浪屿君子——黄省堂黄吟军父子》一书中对祖父和父亲两代人有着清晰的定位：“在苦难中把握着幸福，体现出君子的人品。而这种人品，也成了家族的灵魂——为我所战战兢兢地继承着而时时担忧着它的坠落。我们的家舍此之外别无遗产。”[③]

（二）孙振寰：侠肝义胆

苏轼在《游士失职之祸》中指出：“夫智、勇、辨、力，此四者，皆天民之秀杰者

① 黄曾恒口述、整理《鼓浪屿君子——黄省堂黄吟军父子》，厦门大学出版社，2022，第78页。
② 黄曾恒口述、整理《鼓浪屿君子——黄省堂黄吟军父子》，厦门大学出版社，2022，第128页。
③ 黄曾恒口述、整理《鼓浪屿君子——黄省堂黄吟军父子》，厦门大学出版社，2022，第203页。

也。类不能恶衣食以养人，皆役人以自养者也，故先王分天下之贵富与此四者共之。此四者不失职，则民靖矣。”历代统治者要想统治安稳，都要处理好“智、勇、辨、力”这四种人，大抵来说有这几种产生方式：“三代以上出于学，战国至秦出于客，汉以后出于郡县吏，魏、晋以来出于九品中正，隋、唐至今出于科举。”秦始皇一统天下之后，则“以客为无用，于是任法而不任人，谓民可以恃法而治，谓吏不必才取，能守吾法而已。故堕名城，杀豪杰，民之秀异者散而归田亩”。在苏轼看来，秦之快速失去天下，就是没有安顿好这四种人，导致游士失职，其结果无异于“纵百万虎狼于山林而饥渴之”，[①] 实在危险之至！

大体来说，王纲解纽、时代更迭之时，游士是社会中最具破坏性同时也最具建设性的力量。司马迁在《史记》、班固在《汉书》中都为游士作有“游侠传”，不过，他们对游侠的看法刚好相反，司马迁更多地看到游侠的积极性，班固则看到的多是游侠的消极性。

> 韩子曰：“儒以文乱法，而侠以武犯禁。”二者皆讥，而学士多称于世云。……今游侠，其行虽不轨于正义，然其言必信，其行必果，已诺必诚，不爱其躯，赴士之厄困，既已存亡死生矣，而不矜其能，羞伐其德，盖亦有足多者焉。（《史记·游侠列传》）

司马迁看到的游侠虽然“不轨于正义”，但“其言必信，其行必果，已诺必诚，不爱其躯，赴士之厄困”，所以为之立传予以表彰。

> 周室既微，礼乐征伐自诸侯出。桓、文之后，大夫世权，陪臣执命。陵夷至于战国，合从连衡，力政争强。由是列国公子，魏有信陵、赵有平原、齐有孟尝、楚有春申，皆借王公之势，竞为游侠，鸡鸣狗盗，无不宾礼。而赵相虞卿弃国捐君，以周穷交魏齐之厄；信陵无忌窃符矫命，戮将专师，以赴平原之急：皆以取重诸侯，显名天下，扼腕而游谈者，以四豪为称首。于是背公死党之议成，守职奉上之义废矣。（《汉书·游侠传》）

班固看到的游侠是“背公死党之议成，守职奉上之义废矣”，这样的游侠当然是正统社会的严重不稳定因素，需要去之而后快。所以，班固之后中国史书再也不见为游侠立

---

① 苏轼：《东坡志林》卷五，中州古籍出版社，2018，第 245 页。

传了。

侠以武犯禁，源于墨家的“非攻”，这算是中国历史常识。而由于中国历史上乱世多于治世，侠客崇拜也因此成为中国文化中根深蒂固的情结。

20 世纪上半叶的中国，显然也是一个适合游侠的时代。孙振寰生长于乱世，凭借从小刻苦练习通背拳，更凭借历史悠久的游侠精神，终于在鼓浪屿成长为一代侠客，并成为鼓浪屿申遗的重要文化标志之一。

中国武术首先讲究武德，孙振寰甫一入师门，便接受了传统武术的武德教育：

> 习武先做人，尊师莫忘本。
> 父母养育情，师徒授艺恩。
> 兄弟似手足，互学要同心。
> 莫要逞强势，扶弱侠义人。
> 要做穷君子，不做富小人。[①]

武德教育贯穿在技战指导思想里，又引申出通背劈挂拳以防守反击、后发制人为主的战略方针。拳谱里非常强调“让一、让二、不让三”，意思是要门人、弟子尽量忍让，不主动挑事，但是如果对方逼迫太甚，也必须还击，并做到一击制敌。

纵观孙振寰的一生，可以说完美地继承了传统武德。他作为侠者行走江湖，该出手时就出手。他并不一味好勇斗狠，经常先礼后兵。但遇到明显恃强凌弱的事，哪怕事不关己，依然会仗义地挺身而出。还在学艺期间，有一次，他遇到王家洼三兄弟欺负一个贩牛的，他立刻出手相救，以致结下仇恨，若干年后还差点儿被报复活埋。

细数起来，他的几次见义勇为都带给他命运的转折。退出天津镖局，就是因为一次他出手打了天津本地地痞。此后，他加入西北军，并参加了著名的喜峰口抗日战斗，留下了荡气回肠的英雄传奇。

虽然没有受过什么文化教育，但由于行走江湖，他视野开阔，见识非凡。军阀马良和冯玉祥一直都有招揽他为贴身警卫的想法，都被他拒绝了。主要原因是他从小受师傅左东君的熏陶，一生致力于对武道的探索。他认为，给达官贵人看家护卫身不由己，在武术一途恐怕很难再有进步，所以便主动放弃了成为冯玉祥近卫的机会。

侠之大者，为国为民。民族气节往往是衡量一个侠者的最高标准。孙振寰在西北军做武术教练，并亲自上阵钢刀荡寇，经受淬炼并最终成为一代宗师。

---

① 孙庆口述，郑轰轰整理《厦门通背拳宗师——孙振寰》，厦门大学出版社，2020，第 14 页。

而最能体现他侠之大者风范的经历是，他在鼓浪屿给中南银行做保镖时，明知外国人不好惹，但面对外国兵欺负两个中国女子时，依旧怒吼一声："你们这些洋鬼子欺人太甚，今天就是去杀头坐牢也要跟你们拼了。"他赢得了同胞的赞誉甚至包括英国武官彼得的庇护，但在鼓浪屿工部局的压力下，他还是失去了中南银行保镖的工作。此后，他做过英华书院的体育老师，开过通背拳武馆。在日寇占领鼓浪屿时，他保持民族气节，宁愿摆摊卖香烟维持生计，也不与日本人合作。

他开武馆时因为没有经得日本人同意，所以被日本浪人挑衅。一天晚上，他从银行下班，快到家时，突然被几个人偷袭，他并没有跑进院子，而是勇敢面对，把对方逼退。他后来解释说，躲得了一时躲不了一世，如果那天他跑进院子里，固然保得一时的安全，可是却露了怯，以后这些人照样不会放过他，不仅武馆办不下去，他还会落个卷铺盖回老家的下场。事到临头胆要壮，武术练的就是这股子不屈的精气。[①] 这种尚武精神，才是一个侠者的底色。从大处来说，中华民族屹立于世，不正需要这种勇敢的尚武精神吗?

日本战败后，鼓浪屿重回中国人民手中。孙振寰开始了对通背拳融会贯通、自成一体的创造时代。新中国成立后，他更以崭新的面貌使民族武术发扬光大，在鼓浪屿、福建省乃至全国声名鹊起，终于成为一代武术宗师。

宗师者，非武功之大，乃武德之大也。

他以一个北方外乡人的身份，不但融入了孤悬东南一隅的鼓浪屿，而且以其精湛的武术和高尚的武德赢得了一代宗师的称号，并成为鼓浪屿文化的一部分。

如果说，黄省堂父子凭借君子人品代表了传统文化的精英部分，那么，孙振寰凭借侠者人格则代表了传统文化的底层部分。他们共同体现了鼓浪屿对传统文化的深情回望和坚守。

四　守正与创新：口述体例探索

值得一提的是，"鼓浪屿系列"6本书的5位作者都不是口述历史专业出身，但是，他们带着各自文化知识和工作实践的深厚积累初涉口述史领域便各有斩获。综观这几本获奖作品，我们会发现，它们虽是初作，但实际上作者在口述体例方面都有一番苦心孤诣的探索，最后的作品呈现也可谓各极其妍。

大体来说，他们在口述历史领域的探索呈现出四种面向。

① 孙庆口述，郑轰轰整理《厦门通背拳宗师——孙振寰》，厦门大学出版社，2020，第102页。

（一）历史的考据化呈现

林聪明在他的第一本口述著作《流光岁月——鼓浪屿的海域》的后记中专门谈到了口述史的“考证”问题。他认为，口述历史难免出现“与史实的脱节和不符”，所以，需要增加“可以佐证的东西”，从而增强其“学术性和历史的真实性”。所以，他有意识地加强了考证的力度，力求“将讲述历史与考证历史有机融合”。[①]

比如，在写作“百年沧桑话‘路头’”时，他主要依据的是历史照片和自己的经历，但是缺少涉及鼓浪屿码头的历史文字档案。而《近代厦门鼓浪屿公共租界档案汇编》刚好提供了厦鼓轮渡建造过程中厦门市政府与外国驻厦领袖领事和鼓浪屿工部局来往的 16 份公函资料。于是，他对每份资料都进行梳理和解读，从而再现了这段鲜为人知的历史。

再比如，鹿耳礁与“六个礁”，以前众说纷纭，有人说鹿耳礁 1959 年 8 月 23 日被强台风刮倒了，有的资料虽列出“六个礁”的名称，但是谁也说不清楚“六个礁”的具体方位。而林聪明通过对历史资料的查找和考证，最后清楚地讲述了“六个礁”的具体方位。

其他考证之处，不胜枚举。

他的第二本口述著作《鼓浪屿老房子的“古早味”》，依然延续了“考证化”思维。关于鼓浪屿的老房子，已有的著述可以说汗牛充栋，但是，这里面又良莠不齐，不少东西流传甚广，却很可能是以讹传讹。所以，在讲述这个话题时，作者面临着巨大的“影响的焦虑”（哈罗德·布鲁姆语）。

何以突围？唯有考证！

林聪明除了爬梳大量的历史文献资料外，还充分利用了他作为本地人的独特优势。他认为，需要找到熟悉“老房子”的本家土著，只有这些知情人才能讲出鲜为人知、别样多彩的细节，呈现出老房子的“古早味”。鼓浪屿人性格内敛，尤其是当年世家的后人，更不会随便向外人透露家族秘密。没有对你的知根知底，没有对你人格的信任，老鼓浪屿人不会轻易揭开压在箱底的往事。[②]

连横曾经感叹：“断简残编，搜罗匪易，郭公夏五，疑信相参，则征文难。老成凋谢，莫可谘询，巷议街谭，事多不实，则考献难。”[③] 考证之难，无非“征文”与“考献”。只有两者结合、双管齐下，方可披沙沥金，收获一二。林聪明自述，十所房子

① 林聪明口述、整理《流光岁月——鼓浪屿的海域》，厦门大学出版社，2021，第 262 页。

② 殷承典等口述，林聪明整理《鼓浪屿老房子的“古早味”》，厦门大学出版社，2022，第 306 页。

③ 连横：《台湾通史》，上海书店，1991，自序。

中，除了林尔嘉的林氏府没有找到直系后代之外，其他九所房子都各有戏剧化的桥段帮助找到家族后人。这样的双重考证，自然大大提高了口述历史的真实性和学术性。这也正是作者撰写这两本书的初衷。

有了对文献的充分占有和老房子后人充满历史温度的讲述，这些老房子背后的历史文化及人性纠葛才得以从"犹抱琵琶半遮面"中徐徐向我们展开。比如，林语堂的鼓浪屿情缘，在廖家和雷家历史的讲述中得到充分的展现。对廖家女婿林语堂与廖翠凤的婚姻，林语堂与陈锦端无果又难以忘却的初恋，都力求从多角度生动地呈现。还有，对于林语堂与廖翠凤的婚礼是否在协和礼拜堂举行，陈天恩是否住在漳州路 50 号等问题，作者通过对建筑和基督教在鼓浪屿建造教堂的历史考证，都给予了明确的解答。

林晓玲的《林巧稚及其家族》也很重视对林巧稚及其家族的历史考证。作为研究家族文化的古代文学博士，她对林氏家族源流的考证，对历史事件包括生活细节的求真，都是专业精神的体现。林巧稚的侄子、口述人林嘉禾对林巧稚家族如何从南安来到厦门的讲述，处处言之有据、思之有理，正是出于自己独特的历史责任。林巧稚的父亲林良英结婚三次，三位夫人各有哺育，而由于年代久远，各个子女系出自何母都变得有点儿模糊。林嘉禾的讲述也都围绕这些关键疑点展开，抽丝剥茧，水到渠成。显然，这也是作者林晓玲的着意引导和安排，从而保证了口述的"真实性和学术性"。

（二）历史的心灵化呈现

黄曾恒《鼓浪屿君子——黄省堂黄吟军父子》一书的口述特色，则表现为历史的心灵化呈现，它和历史的考据化呈现是历史追求的两个极端，足以分庭抗礼。

如果说历史的考据化呈现体现的是传统历史对外在历史真相的追求的话，那么历史的心灵化呈现体现的则是一种新历史观对内在历史真相的认识。强调历史的真实不在于外在的冰冷材料，而在于充满温度的心灵，这种历史观可以追溯到 20 世纪英国著名历史哲学家柯林武德（Robin George Collingwood，1889~1943）。他在《历史的观念》一书中说："不仅仅思想的历史是可能的，而且，倘若在更广泛的意义上理解思想，能够成为历史的也只能是思想。唯有思想，历史学家能够如此亲近地对待，而没有它，历史就不再是历史。因为只有思想才可能以这种方式在历史学家的心灵中重演。"[①] 因而，一切历史都是思想史。真正的历史必然是历史学家经过心灵重演和重构的历史。

当作者决心既作为口述者也作为整理者为祖父和父亲编写一本家族史的时候，他

① 〔英〕柯林武德：《历史的观念》（增补版），何兆武等译，北京大学出版社，2010，第 445 页。

面对的是前后长达130年的历史，浩如烟海，茫无头绪。甚至当他为最终成果写后记时，依然称“这远远谈不上是一件完成的作品”，因为只要可能，他“还想往里面塞进去更多的东西”。①

面对这样一个几乎是作者独自倾诉的文本（没有文献出处，也没有其他人讲述互证），他知道会面临巨大的质疑：这就是历史吗？“现代的许多人对此是不太信任的，对于他们而言，只有遗留的史料才是靠得住的东西。”②

但显然，作者决不会妥协，因为这就是他心目中的历史、家族的历史，是他从灵魂深处讲述的家族史，带着他对祖父和父亲心灵的深切理解。

我不知他是否读过科林武德的书，但他在后记中明确提到他这种历史观的来源：《史记》。不错，司马迁的《史记》由于雄浑凝练的文笔和生动精彩的细节，曾遭到很多关于其历史真实性的质疑。但是，王国维考证出安阳殷墟的甲骨文记载和《史记》里的《殷本纪》并无多大出入。黄曾恒说：“安阳的甲骨提供不了司马迁的文笔所展开的雄伟的历史画卷，而我则更看重太史公书的价值，哪怕仅仅限于他的著作的范围。”③

黄曾恒坚定地认为，历史著作不能没有灵魂，而《史记》之所以伟大，就在于里面跳动着司马迁的伟大灵魂。所以，《史记》只能是司马迁的《史记》。这其实和科林武德“一切历史都是思想史”有异曲同工之妙。

作者思之再三，借助历史资料（主要是关于祖父的）和日常生活点滴（主要是父亲的），以及父亲对祖父的讲述展开书写，他认为，自己理解了父亲和祖父，于是讲述了他认为真实的家族史。作品显然是打上了作者个人的深刻烙印。他说：“在我的笔下，与我相伴生活了六十年的父亲和从未谋面的祖父，他们的行藏识鉴都被我总结成一个自由且自律的灵魂，这也是我的心灵的声响。”④

所以，他的口述史并没有追求每句话、每个字言之有文、考之有据，相反，他追求的是每句话都要出自他的心灵。甚至，他的口述里面不乏对祖父和父亲的主观评价，以及父亲对祖父的主观评价。比如，在祖父辞去鼓浪屿电灯公司职务时，祖父说过这样一段话：“十五年来他一身一担的压力是人们难以了解的，朋友们只看到他潇洒念佛、无所事事，家里的妻子儿女也认为他本应该如此劳碌，从不体恤。他自己大病了几回，也没人在意，其实全是由于内心的压力所致。他现在突然感到心灰意冷，所以在还清贷款之

① 黄曾恒口述、整理《鼓浪屿君子——黄省堂黄吟军父子》，厦门大学出版社，2022，第205页。
② 黄曾恒口述、整理《鼓浪屿君子——黄省堂黄吟军父子》，厦门大学出版社，2022，第205页。
③ 黄曾恒口述、整理《鼓浪屿君子——黄省堂黄吟军父子》，厦门大学出版社，2022，第205页。
④ 黄曾恒口述、整理《鼓浪屿君子——黄省堂黄吟军父子》，厦门大学出版社，2022，第206页。

日，他就提出辞呈了。”[①] 这种转述，没有原汁原味，而是饱含着作者同情之理解以及作者的主观评价，我们似乎看到作者在转述祖父这段话时眼角泛着泪花。

有意思的是，作者甚至打破常规，从一个讲述者的角色直接进入其中与他们对话：“祖父所留下的，只有这些没有人要的文房用具，而我恰好就继承了。这是否是我们家还没有彻底破败的征兆呢？我如今就是紧握着这些文房的东西来守望着我的祖父和父亲留下的家园了。”[②]

不错，黄曾恒不在乎别人看这是否像历史：“我为他们写传记，主要是为了我自己的内心生活。”[③]

只有当我们理解了父辈，我们才会真正理解历史。历史的影响无处不在，历史的羁绊也无处不在。只有理解历史，我们才会跳脱历史的咒语，创造属于我们自己的崭新历史。

（三）历史的逻辑化呈现

郑轰轰自述在撰写《厦门通背拳宗师——孙振寰》时遇到三个棘手的问题。其一，孙振寰先生去世将近 50 年了，往事随烟，无从考证，尤其是关于他解放前的经历错讹较多。其二，诸位弟子们的回忆互相影响，只保留了一个概念，孙振寰的形象在他们的讲述中脸谱化了。其三，作为一个武林传奇，孙振寰先生的人生经历体现在一个又一个武打故事中，一不小心容易写成民间故事会，削弱口述史的内涵。[④]

作者的解决之道，是采用历史的逻辑化方式予以呈现。简单说来就是，当多个口述人的讲述出现矛盾时，无关宏旨的部分各自保留，而关键的部分则需要整理人再进一步地挖掘，通过与有据可查的历史事件相关联，在符合逻辑的前提下，从中采用一个较为可靠的说法。[⑤]

比如，关于孙振寰入镖局的时间，《沧州文史资料》说，当时沧州大旱，庄稼歉收，孙振寰只能外出谋生。查阅历史资料，沧州大旱是在 1920 年。同时，《通背劈挂拳谱》里面记载左东君逝世于 1920 年。而盐山县通背劈挂门的说法则是，孙振寰赴天津时左东君还给他出了路费。由此可以确认，孙振寰 1920 年赴天津护镖。他拜师学艺时间有 10 年和 12 年两种版本，往前倒推，就是 1910 年或 1908 年开始。1908 年孙振

---

① 黄曾恒口述、整理《鼓浪屿君子——黄省堂黄吟军父子》，厦门大学出版社，2022，第 207 页。
② 黄曾恒口述、整理《鼓浪屿君子——黄省堂黄吟军父子》，厦门大学出版社，2022，第 92 页。
③ 黄曾恒口述、整理《鼓浪屿君子——黄省堂黄吟军父子》，厦门大学出版社，2022，第 207 页。
④ 孙庆口述，郑轰轰整理《厦门通背拳宗师——孙振寰》，厦门大学出版社，2020，第 243 页。
⑤ 孙庆口述，郑轰轰整理《厦门通背拳宗师——孙振寰》，厦门大学出版社，2020，第 244 页。

寰年方 10 岁，每天跑 20 里山路去小左村学艺，可能性较小。因此，作者采用了 1910 年孙振寰拜师左东君的说法。

由于武林中“尊师重道”的传统，众多弟子在回忆讲述时难免把师傅脸谱化。还有那些武打故事，如何避免民间故事会化，作者显然是费了一番心思的。他的方法是抓住孙振寰从青年、中年到老年三个不同时期的特征来予以逻辑化呈现：青年时期，侧重反映孙振寰从稚嫩到成熟的过程，表现他善良的天性；中年时期，重点描写他的行侠仗义和为国为民，展现他的气节；老年时期，则从他武术教学的过程体现他待人接物宽厚朴实的品格。这中间也有意安排了几条副线，比如孙振寰如何一步步融入厦门社会成为厦门人，如何逐渐将各种武学融会贯通等等。

正是有了这样的逻辑构思，作者才有可能从庞杂的传奇资料中解放出来，根据自己的逻辑推理书写孙振寰的人生经历，对材料取舍自如。这样，在作者心中，无论是对历史资料，还是对众多孙门弟子的采访，都有了定海神针。

（四）历史的原生化呈现

和《厦门通背拳宗师——孙振寰》的逻辑化呈现恰好形成有趣对比的是，《从鼓浪屿到马尼拉——邵建寅的教育之路》则注重历史事实的原生化呈现，而不进行“逻辑干预”。当然，这和两本书的事主有关。孙振寰近 50 年前已赴道山，而邵建寅虽年界九秩，依然健康睿智。

郑轰轰可以用逻辑来“剪裁”历史事实，孙振寰无从“抗议”；而王琰设计好提纲，邵建寅却未必会“入瓮”。王琰说，在回忆往事的时候，邵建寅讲老师多、讲别人多，讲自家少；讲工作多，讲生活少；讲为什么要这样做的多，讲怎么做的少。尽管作者多次强调要讲父母、讲自己、讲细节，但邵先生不为所动。这就使得很多原本想了解的事、想知道的细节没有挖到，特别是邵先生在鼓浪屿时期的家庭生活和校园生活、在长汀和海外的工作与生活细节。[①]

所以，除了按照时间设计好章节来讲述，其他事情则只要原生态展示就可以了。毕竟，邵建寅极为博学睿智，当过菲律宾中正学院院长，一生做过 500 多场讲座，所以，有着极佳的话语表达和控场能力。以至于做完采访后，虽早已过了追星年纪，但作者仍然觉得发现了后半生做人做事新的参照坐标。

另外，王琰的口述史观在五个作者中更为守正。他可能更认同早期芝加哥学派的

① 邵建寅口述，王琰采访整理《从鼓浪屿到马尼拉——邵建寅的教育之路》，厦门大学出版社，2020，第 301 页。

口述历史做法，强调口述历史的原生态呈现。所以，他的书呈现出来的是明显的口语化，轻松自然，有强烈的现场感。如果说黄曾恒的文本是激情和文采齐飞、历史和思想一色，那么王琰的文本则是如江河汤汤，常行于所当行、止于不可不止。

王琰在整理文本时，对语言表达的原生态呈现，当然是为了反映他心目中的历史真实。而一旦进入后记写作时，他那受到抑制的文学才华和思辨能力才终于喷薄而出，蔚为大观。后记结束时，他希望邵先生能够“继续带着我们，一道去聆听那穿越时空返回耳边的旧时歌声，一起去发现那支很久很久以前射出的箭”。读之，如庖丁解牛，技进乎道。当我们刚发现他文字的光芒，就立即被一种居于文字之上的东西吸引。

这也足以见得王琰为了他的原生态口述史观，是如何牺牲了华丽文字和精巧建构的。

结　语

综上所述，这套“鼓浪屿系列”口述文本，虽然风格各异，甚至大相径庭，但都是口述整理者经过深思熟虑而找到的最适合自己的表现形态。他们或者基于各自历史观的不同，或者基于口述对象的不同（缺席或在场），从而采取了不同的呈现方式。他们的这些口述探索，相信会在中国当代口述历史发展中留下痕迹，甚至取得一席之地。当然，从口述专业的视角看，这些初试作品显然也存在不少瑕疵。他们仓促上阵，凭着常识和经验运作，有些地方难免考虑不周。对此，主编陈仲义显然早有预见。他说：“表面上看，口述历史难度系数不大，大抵是一头讲述，一头记录。殊不知平静的湖面下藏有深渊。它其实是记忆与遗忘、精准与模糊、本然与‘矫饰’、真相与‘虚构’、本能与防御、认同与质疑，在‘史实’与‘变形’间的悄然较量，其间夹杂多少明察与暗访、反思与矫正。不入其里，焉知冷暖？”[①] 在这场记忆与遗忘、认同与质疑的肉搏中，总是会留有许多的遗憾和顾此失彼。

而从口述文本的文化价值来说，这套系列丛书对于探询鼓浪屿作为“历史国际社区”的内蕴显然有着自己独特的视角和价值。

厦门城市职业学院院长、口述丛书编辑委员会主任唐宁在这套丛书的总序中指出：“厦门城市职业学院跨界组建口述历史研究团队，在对厦门城市历史的修撰补充中，通过跨界与融合，使厦门经济建设与文化传承的脉络更加清晰，使人们对过去时代的领

---

① 邵建寅口述，王琰采访整理《从鼓浪屿到马尼拉——邵建寅的教育之路》，厦门大学出版社，2020，第5页。

悟更加深刻，从而使未来的发展更加稳健。”① 正是基于对厦门本土“历史的修撰补充”和“文化传承”的宗旨，主编陈仲义独具慧眼，从鼓浪屿百年芳华中选择了这些口述对象。它们从不同的方面——或者人的视角，或者物的视角——来挖掘鼓浪屿独特的历史文化价值，变成射向“历史国际社区”鼓浪屿百年隐秘的一束强光，为百年鼓浪屿研究留下了一份独特的资料。

---

① 邵建寅口述，王琰采访整理《从鼓浪屿到马尼拉——邵建寅的教育之路》，厦门大学出版社，2020，第2页。

厦门话白话字的实用教学路径探索

——《厦门话白话字简明教程》评介

张　旸*

摘　要：林世岩先生为鼓浪屿申报世界文化遗产编著的《厦门话白话字简明教程》一书，以简明易懂、贴近生活的教学形式，通过厦门话白话字这一实用高效的教学语码，大大减轻了厦门方言学习者的负担。该书的编写特色是：循序渐进，讲练结合；语际对比，视听辅助；突破难点，注重应用。以往学界对厦门话白话字的关注主要聚焦于语言学价值和历史文化意义，而该书的问世在厦门话白话字在当代的传承、推广、应用等方面具有鲜明的现实意义。

关键词：厦门话白话字　林世岩　方言教学

一　引言

"厦门话白话字"又称"闽南白话字"、"厦门话教会罗马字"和"话音字"，是以厦门音为基础音、以闽南语语法规范为语法基准，对应汉字创制的一种拼音文字。[①] 这种拼音文字滥觞于美国归正教会打马字牧师（John Van Nest Talmage，1819~1892）、罗啻牧师（Elihu Doty，1809~1864）等人的整合与研究，最初目的是以白话字协助西洋传教士克服语言障碍、帮助普通民众理解《圣经》内容，进而推动基督教在闽南地区的传播。

鼓浪屿作为"历史国际社区"见证了现代文明和文化发展，厦门话白话字诞生于特定的历史时期，对于扫除文盲和促进中西文化沟通交流起到了重要作用，成为鼓浪

* 张旸，福建省厦门第一中学教师，研究方向为应用语言学、世界汉语教育史。

① 罗攀：《中西文化碰撞的意外收获——厦门话教会罗马字的创制、传播及其对闽南社会的影响》，《海交史研究》2008 年第 2 期。

屿世界文化遗产的核心要素之一。它不仅是实用速效的厦门话学习工具，还是中国现代汉语拼音的源头，曾经从鼓浪屿传播至闽南、台湾各地乃至东南亚各国。

学界对厦门话白话字的关注主要聚焦于其语言学价值和历史文化意义①，其中厦门大学中文系教授黄典诚、许长安在这方面进行了大量开拓性的研究。较少数学者从当代的传承、推广、应用等角度对厦门话白话字展开专门讨论。遗憾的是，随着时间推移，目前鼓浪屿上能够熟练运用厦门话白话字的人已经越来越少了。对于这样一套好学好用的语言工具，甚至缺乏一部可供参考的实用教材。

有鉴于此，鼓浪屿老教育家，历任养元小学、笔山小学、康泰小学、人民小学校长的林世岩（1928~2020）结合自己的亲身经验，搜集难觅的文献资料，编撰完成了中英对照版《厦门话白话字简明教程》（*A Concise Book of Xiamen Pėh-oē-jī*）一书（见图 1）并进行现场教学录像，以期将这份宝贵的历史遗产传递到后辈手中。林世岩回忆自己三岁那年，由母亲从同安刘五店带来鼓浪屿谋生，母亲先后给鼓浪屿救世医院夏礼文院长（DrHolleman）、闵加力牧师（Mr. Veenschoten）、毓德女中校长福懿慕（Miss Holkeboer）、毓德女子小学校长麦淑禧（Miss Beekman）、养元小学校长清洁理（Miss Green）等当厨师、做女工。② 想必这段不寻常的经历使他从小就能锲而不舍地跟随母亲一起学会厦门话白话字，拥有更深刻的理解和体会。③

从厦门方言教材史的视角看，《厦门话白话字简明教程》是优秀前辈语言教学和学习经验的理论升华，对于我们今后的闽南方言传承与推广事业具有重要的指导意义。

二　内容概述

除去前言、附录和编后语外，《厦门话白话字简明教程》共分为五个单元，同时兼

---

① 新中国成立以来，以厦门话白话字为研究对象的相关成果有：黄典诚：《从闽南的“白话字”看出拼音文字的优点》，《中国语文》1953 年第 13 期；D. ch.：《新发现的另一种闽南白话字（拼音史料）》，《文字改革》1959 年第 4 期；许长安：《闽南白话字使用随记》，《中国语文天地》1988 年第 3 期；许长安、李乐毅主编《闽南白话字》，语文出版社，1992；许长安：《介绍闽南白话字》，《语文建设通讯》（香港）1994 年第 45 期；许长安、李熙泰：《厦门的教会罗马字》，载《厦门话文》（第 2 版），鹭江出版社，1999；罗攀：《中西文化碰撞的意外收获——厦门话教会罗马字的创制、传播及其对闽南社会的影响》，《海交史研究》2008 年第 2 期；李启宇、詹朝霞：《闽南白话字》，载《鼓浪屿史话》，厦门大学出版社，2013；李少明：《从闽南白话字看闽台近代基督教关系》，《海峡教育研究》2015 年第 4 期；许长安：《闽南白话字史略》，厦门大学出版社，2016；何丙仲：《闽南白话字溯源初探》，《鼓浪屿研究》第 6 辑，厦门大学出版社，2017。

② 林世岩：《厦门话白话字简明教程》，厦门大学出版社，2014，第 60 页。

③ 林世岩先生的生平经历可参见梅李《历尽沧桑，桃李芬芳：记鼓浪屿老园丁林世岩老师》，载《炎黄纵横》2010 年第 11 期；梅李《鼓浪屿的“活化石”：林世岩和他的〈厦门话白话字简明教程〉》，载《炎黄纵横》2013 年第 8 期；詹朝霞《鼓浪屿故人与往事》，厦门大学出版社，2018。

图 1 《厦门话白话字简明教程》封面

顾语音基础教学和日常实际应用。其中，第一到第三单元侧重于基础教学，依次展开字母教学、拼切教学和八声调辨音教学；第四单元列举了大量厦门话白话字的应用实例，促进学习者能够学以致用；第五单元简要介绍了打马字牧师所编《厦门音的字典》，该书所选用的语码即打马字整合并完善的白话字，这是体系最简单、学习最便捷和使用效果最好的一套，达到了标准化的程度。下面我们对各部分内容分别加以介绍。

前言为学习者简要地回顾了厦门话白话字编创和流传的历史，指出消除语言障碍和便于传教是这套拼音文字的设计初衷。简明易懂的厦门话白话字不但让中国人受益，也让外国传教士塔上“捷通车”。①

第一单元“字母教学”，总述厦门话白话字共有 23 个字母——由 6 个母音（韵母）

① 林世岩：《厦门话白话字简明教程》，厦门大学出版社，2014，第 2 页。

和 17 个子音（声母）组成，系统地阐述了每个字母的发音、拼写和功能，并具体介绍了音节、音素、声调、调号、连写符号等几个学习时会涉及的语音基本概念。厦门话白话字易学、易记、易拼的原因在于，每一个字母固定一个音而没有变音。在这一单元中，作者专门讲解了厦门话特有鼻化母音的发音特点和两种标示符号：［$^{-n}$］和［-nn］，并指出少数子音如［ng］也是鼻化的。

第二单元“拼切教学”，以“中国”和“鼓浪屿”两个词为例，扼要地总结了厦门话白话字的拼切原则——由后往前，由部分到整体。此外，按照拼切规律共提供三页的拼切练习，白话字与厦门话相互对照，方便学习者自主操练和巩固强化。

第三单元“厦门话白话字八声调辨音教学”，指出厦门话白话字共有阴平、阴上、阴去、阴入、阳平、阳上、阳去、阳入八个声调，而辨准“八声调”是学好厦门话白话字的重点和难点。作者以厦门话“猪［ti］”这一音节为例列出图表，逐一呈现“八声调”的调序、白话字字例、调号、厦门话字例、对应图例。在对“八声调”规律进行归纳小结之后，按照厦门话主要音节的顺序共提供了五页的辨音练习。

第四单元“厦门话白话字应用实例”，以普通话和白话字对照的形式展示了厦门话白话字的若干应用实例，包括鼓浪屿主要景点及部分旅游服务机构的名称，修身立德警言和古文诗词的“文读”，厦门话基督教圣诗、闽台民间歌谣、健康铭的读法等。

第五单元“打马字牧师所编《厦门音的字典》简介”，简要介绍了打马字牧师生平经历和《厦门音的字典》的体例、版本和价值。该字典撰写于鼓浪屿，印刷于厦门，是打马字牧师对促进中西文化交流的又一历史性贡献，对于学习厦门话白话字、研究厦门鼓浪屿的文化史以及鼓浪屿的申遗工作均大有帮助。① 此外，展示了《厦门音的字典》的封面、查阅方法和字汇编排，并附有 1873 年初版、1894 年再版和 1913 年第三版的序言。

附录《教师春亨先生娘和她的学生们》一文是该书封面照片对应的文字说明。封面照片摄于 1932 年，地点是鼓浪屿美国归正教会牧师宅（俗称“三落”）门前。美国派遣来华的传教士需先到此处学习厦门话白话字。作者特别指出，照片前排正中的女士是教授厦门话白话字的华人教师林力，被尊称为“李春亨先生娘”。

三　编写特色

迄今为止，该书对厦门话白话字的教学方式最贴近语言学习的规律，并不追求面

---

① 林世岩：《厦门话白话字简明教程》，厦门大学出版社，2014，第 41 页。

面俱到地详细阐述语言学理论，而是始终从学习者的需求出发，融入了作者自身的学习经验，既重视语音基础教学，又强调日常实际应用。我们将该书的编写特色总结为以下三个方面。

（一）循序渐进，讲练结合

要达成运用厦门话开展流利对话的终极目标，必须落实到具体的句子上。而词汇是句子的基本结构单位，亦是语言的建筑材料。对于母语非厦门话的学习者而言，词语与其对应发音之间的联系很难把握，因此最适宜的策略是将每一个音节（一个汉字即一个音节）拆分至构成音节的最小语音单位——音素，从熟悉每个音素（包括母音和子音）开始，搭配对应的声调进行准确拼切，整体识读，最终才能自然流畅地融入日常交际的语流中（见图 2）。

例一："中国"的拼切（Tiong-kok）

1、"中"字"Tiong"：是由 T-i-o-ng"四个音素组成一个字音（一个音节）。

先由后边的 o-ng 两个音素拼切成"ong"，厦门话"翁"；再由 i-ong 拼切成"iong"，厦门话"央"；最后由 T-iong 拼切成 Tiong，厦门话"中"。

2、"国"字是由 k-o-k 三个音素组成一个字音（一个音节）。先由后边的 o-k 两个音素拼切成"ok"，厦门话"屋"；再由 k-ok 拼切成"kok"，厦门话"国"。

图 2　多音素字拼切教学示例

这套教学流程即"音素—声调—音节（汉字）—词—句子"，由小的语言单位依次组成大的语言单位，帮助学习者由易到难、循序渐进地打好语音基础。正如林世岩在编后语中谈到的，他尝试将自己当年学习白话字的经验与体会——从字、词、句到八声调的辨音，再到怎样拼切及实际应用——用通俗的语言编写成此书。[①]

除了语言事实的讲解，该书也突出语言行为的训练。就第二语言教学而言，练习是教材中最为重要的组成部分之一，练习的编排如能实现覆盖全部教学内容，拉开层次，兼顾各项语言技能的训练，富有启发性且量足够大，那么一部教材也会颇有新意。[②] 林世岩清晰地意识到练习是学习者实现由"懂"到"会"转化的重要桥梁，因此除了讲解，他还设计了足量的针对性练习，目的是精讲多练、讲练结合、反复强化，

① 林世岩：《厦门话白话字简明教程》，厦门大学出版社，2014，第 61 页。

② 赵金铭：《对外汉语教材创新略论》，《世界汉语教学》1997 年第 2 期。

练习的编排同样按照学习顺序循序渐进地铺垫展开。拼切练习和辨音练习的形式如图 3 和图 4 所示，仅这两种练习就一共占了八页的篇幅。

二、拼切练习

（白话字与厦门话对照）

Spelling Practice (Xiamen Pėh-oē-jī - Xiamen Dialect)

白话	厦门话	白话	厦门话	白话	厦门话	白话	厦门话	白话	厦门话	白话	厦门话
a	阿	e	锅	i	伊	o	窝	O·	黑	u	有
ta	乾	pe	飞	si	诗	to	刀	chho·	粗	khu	区
pha	扒	he	灰	phi	披	ko	哥	ho·	呼	bu	雾
ha	哈	chhe	妻	ti	猪	pho	波	mo·	摸	chu	珠
a^{n}	馅	i^{n}	院	ng	秧	ah	鸭	ai	哀	am	庵
sa^{n}	衫	si^{n}	生	kng	扛	pah	爸	chai	灾	kam	柑
ta^{n}	挑	thi^{n}	天	mng	门	mah	妈	kai	该	chham	参
ap	压	an	安	au	欧	at	折	ang	红	ak	握
tap	答	than	瘫	kao	钩	chat	扎	phang	香	lak	六
ek	益	eng	英	io	腰	ih	意	ia	耶	ia^{n}	营
tek	德	seng	升	chio	招	bih	躲	hia	靴	kia^{n}	怕
sek	色	teng	灯	sio	烧	thih	剃	chia	遮	$chia^{n}$	正
im	阴	ip	邑	iu	忧	iu^{n}	样	it	乙	in	因
kap	鸽	khan	牵	tao	豆	bat	密	thang	窗	phak	覆

图 3　拼切练习

（二）语际对比，视听辅助

林世岩谈到，很多外国朋友和外省人都想学习厦门话，而白话字正是快速学会厦门话的工具之一，值得发掘推广。[①] 为此，该书在编写过程中充分考虑到学习者的不同背景，全书是以中英对照的体例编写的，每个单元都配有对应的英文翻译，包括白话字的介绍、学习的方法、列举的例句、练习的指示、应用的案例均用英语进行注释。

在处理具体的音素时，该书融入了语际对比的意识，将白话字与普通话、英语、

① 林世岩：《厦门话白话字简明教程》，厦门大学出版社，2014，第 60~61 页。

二、厦门话八声调辨音练习

Differentiating the Eight Tones

声调 Tone / 音节 Syllable	第一调 First	第二调 Second	第三调 Third	第四调 Fourth	第五调 Fifth	第六调 Sixth	第七调 Seventh	第八调 Eighth
an	安	按	案		紧			
au	欧	拗			喉		后	
be		马		要	迷		妹	麦
bi		米		躲	微		味	篾
bin		敏			眠		面	
bong	揬	罔			亡		墓	
bu		母			无	武	务	
gan		眼			颜		彦	
gi		拟			疑		议	
gian		研	癮		言			
gu		语			牛		遇	
guan		阮			原		愿	
ha	哈		孝		霞		夏	合
hai		海			谐		害	
ham	蚶	撼			函		陷	
han		罕	汉		寒		限	
he	灰	火	货		虾		系	
hi	希	喜	戏		鱼		牺	
hian	掀	显	宪		贤		现	
hing	胸		兴		形		幸	

图 4 辨音练习

国际音标对照比较，从而清楚地讲明厦门话的发音。通过对比，一方面能够加深人们对语言共性与语言本质的认识，另一方面能够发现不同语言结构的差异所在，这些差异往往成为外语教学中的重难点和易错点。① 厦门话白话字的部分母音、子音与英语的发音对比如图 5 所示，某种程度上这也发挥了学习者母语（英语）对厦门方言学习的正迁移作用。

该书还充分运用图像、音频和视频作为教学的辅助资料。例如，在标明厦门话八个声调及其差别的同时，林世岩参考并改良了闽南基督教会 1986 年出版的《字母课本》（*Ji-bú Khò-pún*）中的设计（如图 6），别具匠心地选取了“猪［ti］”、“池［tî］”和“箸［tī］”等八幅图画来标音，力求生动有趣、形象直观地帮助学习者辨准并记牢八声调的发音（见图 7）。

① 张旸：《赵元任〈国语入门〉研究》，硕士学位论文，上海外国语大学，2022，第 89 页。

Xiamen Pe̍h-oē-jī	Xiamen Dialect	English
Vowels		
A	阿	are
E	锅	egg
I	依	it
O	窝	open
U	有	use
Consonants		
B	味	boy
G	义	good
H	希	his
J	字	jack
K	基	sky
L	离	leave
P	卑	speak
S	丝	silk

图 5　厦门话白话字与英语的发音对比

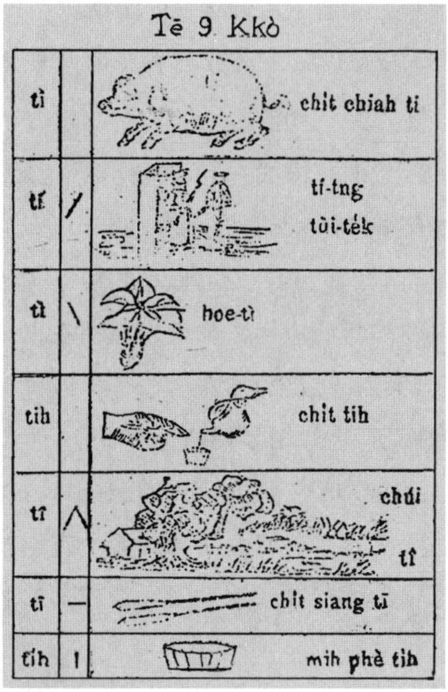

Tē 9 Khò

tì		chit chiah ti
tí	/	tí-tng tùi-ték
tì	\	hoe-tì
tih		chit tih
tî	∧	chúi tî
tī	—	chit siang tī
ti̍h	ǀ	mi̍h phè ti̍h

图 6　《字母课本》图画标音

调序	标调		厦语音	词例	图例
	字例	调号			
一	ti	无	猪	一只猪 Chit chiah ti	
二	tí	/	抵	抵抗侵略 tí-khòng chhim liok	
三	tì	\	蒂	花蒂 hoe ti	
四	tih	无	滴	一滴水 chit tih chúi	
五	tî	∧	池	水池 chúi tî	
六	tí	/	抵	抵抗侵略 tí-khòng chhim liok	
七	tī	_	箸	一双箸 chit siang tīh	
八	ti̍h	ǀ	碟	豆油碟 tāu iû ti̍h	

图 7　《厦门话白话字简明教程》图画标音

更珍贵的是，鼓浪屿申遗办还完成了该书配套教学视频的录制，耄耋之年的林世岩亲自担任主讲人，用口型和声音逐一示范厦门话的发音、拼切和声调等，以便读者迅速掌握白话字的要领。精神矍铄的他讲起课来抑扬顿挫、声情并茂、神采飞扬，令人感佩不已。

（三）突破难点，注重应用

林世岩在教学上特别重视从学习者的需求出发，敏锐地抓住鼻化母音、声调、入声等学习难点，逐一突破。在第一单元“字母教学”中，专门讲解了厦门话特有鼻化母音的发音特点和标示符号（［$^{-n}$］和［-nn］），例如鼻化单母音“馅［a^{n}］”“婴［e^{n}］”，鼻化双母音“张［tiu^{n}］”“貌［mao^{n}］”，并指出少数子音如［ng］也是鼻化的，这对于母语非厦门话的学习者而言无疑是一大难关。

厦门话的声调辨音也是学习难点之一。汉语普通话共有四个声调，厦门话有八个声调，抽象的调名让人难以辨准并记牢。除了图画标音外，林世岩还细心地为学习者归纳总结了“八声调”的三大规律：①第一声和第四声无调号，以音节的原音标示声调；②第二声和第六声相同，第六声罕用，所以白话字也有“七声调”之称；③第四声和第八声都是入声，其发音是骤停，没有送气拉长，第四声无调号，以音节标音，第八声则有调号“ˈ”。[①] 这些规律帮助学习者简化了声调学习的流程，化解了声调学习的困难。[②]

“入声短促急收藏”，如果学习者是北方人或外国人，那么南方方言中常见的入声字则更需要多加练习。林世岩以“失［sit］”与“实［si̍t］”、“约［iok］”与“育［io̍k］”以及“湿［sip］”与“习［si̍p］”为例，构成三组“最小对比对”(minimal pair)，充分解释了同为入声，有无调号能直接起到区别字义的作用。

历史上，厦门话白话字最初是为外国人学习厦门话而设计，后来用来翻译《圣经》，让信徒自己阅读。[③] 面对厦门话白话字在海内外广泛的应用，林世岩选择在书中专列一个单元，以普通话和白话字对照的形式来呈现其若干应用实例。

在第四单元中，首先罗列的是“日光岩”“菽庄花园”“钢琴博物馆”等18个鼓浪屿主要景点以及“游客中心”“行李寄存处”“轮渡码头”等10个旅游服务机构的名称，学习者在其中能体会到学以致用的成就感。其次，通过修身立德的警示古训和古文诗词，让学习者直观地感受厦门话“文读”与“白读”在咬字吐音、韵律上的区

① 林世岩：《厦门话白话字简明教程》，厦门大学出版社，2014，第20页。

② 比较遗憾的是，或囿于篇幅所限，或考虑入门阶段学习者的掌握能力，该书对厦门话中“连读变调”现象的重要特点没有专门展开讲解和操练。

③ 许长安：《闽南白话字史略》，厦门大学出版社，2016，第1~3页。

别，进一步领略文读音的高雅韵味。最后，还搜集了一些厦门话基督教圣诗、闽台民间歌谣、健康铭的读法等，简明易懂，贴近生活（见图 8）。

第四单元厦门话白话字应用实例

（普通话、白话字对照）

Xiamen Pe̍h-oē-jī Practice (Mandarin - Pe̍h-oē-jī)

一、鼓浪屿主要景点名称 Key Scenic Spots on Kulangsu

鼓浪屿	Kó-lōng-sū
日光岩	Jit-kong-giâm
百鸟园	Pek-niáu-hng
菽庄花园	Siok-chong-hoe-hng
钢琴博物馆	Kǹg-khîm phok-but-kúan
港仔后浴场	Káng-á-aū iek-tîu^{n}
皓月园	Hō-goat-hng
林巧稚纪念园	Lîm-khá-tī kí-liām-hng
毓园	lok-hng
八卦楼	Pat-koà-lâu
风琴博物馆	Hong-khîm phok-but-kúan
音乐厅	Im-gak-thia^{n}

悲秋

Pi chhiu

李叔同
Lí siók tông

西风乍起黄叶飘，
Se hong chà khí hông ia̍p phiau
日夕疏林杪。
Jit se̍k so lîm biáu.
花事匆匆，梦影迢迢，
Hoa sū chhong chhong, bōng éng tiâu tiâu
零落凭谁吊。
Lêng lo̍k pîn suî tiàu.
镜里朱颜，愁边白发，
Kèng lí chu gân, chhiû pian pe̍k hoat,
光阴催人老，
Kong im chhui jîn ló,
纵有千金，纵有千金，
Chhiòng iú chhian kim, Chhiòng iú chhian kim,
千金难买年少。
Chhian kim lân mái liân siàu.

图 8　厦门话白话字应用实例

四　结语

美国归正教会传教士毕腓力（Philip Wilson Pitcher）在 1912 年出版的《厦门纵横》（*In and about Amoy*）一书中，对彼时运用已臻于成熟的厦门话白话字做出如下评价："可以说，传教士们在中国厦门传教工作 60 年中最光彩的成绩，就是在大约 60 年前创造的闽南白话字。更确切地说，把会意文字转为罗马字母所构成的文字，并不亚于形成一种新的文字。它标志着中国用汉语方言传播思想的模式的一场变革，它给成千上万，将来还可能给上百万的人提供寻求信息的途径。"① 早期来厦传教士凭借不懈努力学会了厦门方言，其中打马字的《唐话番字初学》（*Introduction to Amoy Alphabets*）、罗啻（Elihu Doty）的《翻译英华厦腔语汇》（*Anglo-Chinese Manual with Romanized Colloquial in the Amoy Dialect*）、麦嘉湖（John Macgowan）的《英华口才集》（*A Manual of the Amoy Colloquial*）等书都是厦门方言教材史上以厦门话白话字为语码编撰的经典

① 〔美〕毕腓力：《厦门纵横：一个中国首批开埠城市的史事》，何丙仲译，厦门大学出版社，2009，第 128 页。

教材。

过了一个世纪左右，林世岩先生指出："随着历史的发展和祖国的强大，白话字渐渐淡出历史，但是其历史功绩仍熠熠生辉，对今天来说仍然有很大的实用意义。"[①] 本文以应用语言学理论为指导，对《厦门话白话字简明教程》编写特色作具体分析，最终总结三点发现：①循序渐进，讲练结合；②语际对比，视听辅助；③突破难点，注重应用。我们认为，这些编写特色对于厦门话白话字在当代的传承、推广、应用等具有鲜明的现实意义，而本书的最大价值就在于探索了一条操作性强的厦门话白话字的实用教学路径，也为今后的闽南方言教学及教材编写提供参考。相信越来越多的人学会厦门方言以后，必将更真切地感受到鼓浪屿世界文化遗产深层的内涵和魅力。

① 林世岩：《厦门话白话字简明教程》，厦门大学出版社，2014，第 60 页。

近代海洋史研究的新视角、新开拓

——读《西风已至：近代东亚灯塔体系及其与航运格局关系研究》

吴家洲*

摘　要：伍伶飞博士的专著《西风已至：近代东亚灯塔体系及其与航运格局关系研究》为我们提供了一个研究近代海洋史的新视角，它推进了海洋及海向腹地关系的研究。《西风已至》所运用的史料丰富、层次分明，注重考证和辨析，且具有十分突出的后续研究价值。它以严密的逻辑考察了明清船钞与近代海关船钞的关系、近代海关船钞与各国相关税种的关系、近代东亚航道测量以及灯塔选址、建设与运行等重要问题，并提出了富有创见性的"灯塔区"和"近代东亚灯塔空间体系的评价指标"等新概念、新观点。它着重分析了东亚灯塔体系对航运格局的影响，探讨了以往研究所忽视的灯塔与航运、航路事业发展的互动关系。它还十分注意研究的人文关怀，但这也是研究的不足之处，为后续研究提供了广阔的空间。

关键词：灯塔　航运格局　航路　海洋史

伍伶飞的博士论文，经过几年的修改、补充、完善，由厦门大学出版社列入"中国社会经济史新探索丛书"出版，名为《西风已至：近代东亚灯塔体系及其与航运格局关系研究》（以下简称《西风已至》）。作者给自己出了一系列难题。其一，从以往的"港口-腹地"研究来看，大陆港口与陆向腹地的关系的研究已经较为充分，海洋及海向腹地关系的研究则较为薄弱，薄弱的主要原因就在于研究资料的零碎、分散、不完整，很难做系统全面的研究。其二，海洋史的相关研究已经形成一套较为系统完善的研究、分析方法，要想在此基础上有所突破，需要有新方法的使用、跨学科的尝试。其三，研究内容涉及整个东亚，必然需要利用大量的日文、英文文献，阅读、翻译本身就是一个巨大的挑战。其四，以往关于灯塔的研究视角较为狭窄，研究地域较为局

* 吴家洲，厦门大学历史学博士，厦门理工学院马克思主义学院讲师，研究方向为中国环境史、中共党史。

限，没有真正的较大区域范围的研究，更没有较长时间段的动态研究。在没有范例可供借鉴的情况下，探索一条新的研究路径，任务当然十分艰巨。但也正是因为解决了这些“难题”，作者的这本著作更显得开拓性、创新性十足。

一　海关海务史料的开发及多语种档案的利用

已经开放的、出版的海关史料中关于灯塔的资料十分稀少，要想在灯塔的研究上有所突破，首先需要解决资料的问题。资料的完整性、准确性直接关系到研究分析的深入性、系统性、全面性、合理性。对大多数研究者而言，资料的相对完整性是可遇而不可求的，想要做长时段的、连续的研究往往存在很大的难度。诚如作者所言，寻找资料需要长期的坚持、不断的发掘，还需要些许运气才能成功。看似有所疑问，但是经过更深入地思考之后我们会恍然大悟，正是有了作者前期的资料积累、前期的寻找线索和作者本人敏锐的观察力、对资料的敏感性等种种因素，才促成了对所缺失部分资料的“顺利”寻找。这在《中国沿海及内河航路标识总册》（以下简称《航标总册》）资料的寻找过程中得到了最佳的体现。作者首先捋清了《航标总册》的出版和收藏情况，通过仔细对比分析发现，《哈佛藏海关史料》和徐家汇藏书楼中所藏的史料正好可以互为补充，两相结合基本可以获得《航标总册》全貌。虽然知道了寻找路径、方向，但寻找过程仍然十分艰辛，徐家汇藏书楼部分史料的获得是在作者几乎查阅了上海市所有图书馆的资料无果之后，有一次在与朋友的聊天过程中才偶然获得的线索。这个“成功”“顺利”寻找资料的结果也直接造成著作中所使用的资料异常的丰富，且层次、逻辑分明。以统计汇编类资料而论：从语言上看，涉及中文、日文、英文三种资料；从类别上看，有口译、贸易、航运、海关、统计、法规、财政资料等；从海关资料上看，涉及灯塔、海关行政制度、海事法规、对外贸易、关税、航标、海关年报、海关日志、航路标识管理年报等。

而且不得不说的是，作者十分注意研究的延续性、启发性。这些资料成为作者后续研究、与学生讨论的重点，也成为其在灯塔研究基础上向其他相关领域开拓的基础。并且作者利用这些资料申请了多项具有重要社会价值的项目，出版了多本有助于推进相关领域研究的资料集。

作者不是简单地将所获取的资料直接拿来使用，而是从最基础的史料整理和考证出发，辩证地拿来使用。作者对最核心的资料进行了分析，在我看来，他对《航标总册》和《航路标识报告》的分析十分具体、细致，可作为青年学者们进行类似资料分析的典范。作者发现《航标总册》中文本灯塔统计均更新至出版当年的公历 1 月，而历年英文本则更新至出版前一年的12月1日，为何时间相差两个月？由此引发了对灯塔实际亮灯时间的思考。作者通过举例以及分析，得出“英文版《航标总册》对灯塔信息更新截止时间的表述是不准确的”这个令人信服的结论。而且，更重要的是，对资料的考证和分析始终贯穿整本书的写作过程，在辨析中提出问题、分析问题、解决问题，做到了思辨结合。比如附录一对“近代早期中国海关税收单位问题”进行了辨析，附录二对“近代中国海关吨位测量”进行了说明，这就避免了查看、使用相关数据时的疑问。又如第三章第一节对*China Pilot*（第三版）、*China Sea Directory*（第二至四版）的内容作了说明和解析。

二　作为“港口-腹地”海向延伸的行文逻辑及基本观点

作者十分擅长在分析、总结前人研究的基础上提炼出前辈学者研究的核心内容，结合研究资料再转化为自身合理的概念设定和分析框架，这几乎贯穿于各章，在以往的著作、博士论文中是比较少见的，可谓研究结构、方法上的创新。这样的结构思路清晰、连贯，研究层层推进，便于引导读者的阅读和理解。而且在论述过程中，作者给了大家很多惊喜，提出了许多富有创见性的、可行性极高的、论证严谨周翔的新概念、新观点、新思路。

该书总体分为两个部分。第一部分探究了近代东亚灯塔从资金、测量、选址到建设、运行的各个环节，第二部分重点讨论了从欧洲传入东亚的灯塔在中日航运业走上不同道路中所扮演的角色。

在第一部分，作者首先提出了“灯塔区”的概念。为了更好地进行研究，作者结合《航标总册》和《东洋灯台表》对东亚灯塔区域分布进行重新划分，将其分为35个区域，并制作了分布图，对“灯塔区”的内涵和外延进行了合理的规定，去繁就简，解决了研究的基础性问题，方便研究的展开和深入。在第三、四节中，在提出“近代东亚灯塔空间体系的评价指标”前，作者分析了前辈学者“基于灯塔数量的分析”和“基于镜机等级的分析”的优缺点，解释了为何无法通过灯塔等级分析灯塔分布格局的原因，进而厘清决定灯塔地位的几个关键因素——灯塔高度、灯塔发光强度与灯光射程（光力射程和地理视距）的关系，并借助严谨的理科公式，得出灯光射程是分析灯塔空间体系更为合适的指标，同时对其必要性、可行性进行了分析。在理清灯塔空间布局体系的基础上，作者分析了学者们对中国船钞的相关研究，接着借助明清文献和近代海关、税收相关资料及著作考察了明清船钞与近代海关船钞的关系、近代海关船钞与各国相关税种的关系，得出近代海关船钞与传统船钞是性质不同的两种关税的结论：传统船钞实质是以国家名义强制征取的税收，而近代海关船钞实质是一种因使用航标而支付的费用，在形式上由海关代征，实际上由海务部门支配。以此为基础，作者分析东亚各国各地区灯塔建设的资金种类、资金额度和重要性。与此同时，作者在论述东亚航道测量、灯塔选址、灯塔建设与运行基本情况的基础上，重点讨论了以往研究所缺乏的对东西方各个国家不同主体在航道测量和灯塔选址中担负的不同角色以及不同角色背后的深层原因、各个国家不同主体在灯塔建设和运行中的不同角色的探讨，这些因素对于灯塔体系发展和航运格局形成的意义及产生的实际效果，也是以往的研究所忽视的。

在第二部分，作者指出，由于对灯塔在航运中功能的认知差异，中日航运发展采取了不同策略，灯塔事业与航运策略共同构成了中日航运业走上不同道路的政策性因素。实际上，中日情况的对比分析不只体现在第二部分，而是贯穿全书始终。比如对中日灯塔布局特征的比较；对中日在灯塔税费征收和支出上的差异及因素分析，中日对英美灯塔税费制度的不同模仿和借鉴；中日航道测量、灯塔选址的不同发展历程、不同发展模式、不同发展结果；中日在灯塔灯器制造、灯塔建设上技术发展的异同，中日在灯塔管理构架、日常运转、设备更新和能源方式变革上的异同等。作者认为，中日灯塔体系的不同除经济结构、社会传统和文化差异等深层次原因外，国家灯塔事业的发展政策也发挥了重要的作用。

三　全球海洋史视野下的学术关怀与研究局限

必须指出的是，《西风已至》的第五章是该书的深化、升华部分，也是思辨深邃、观点鲜明的部分，着重分析的是东亚灯塔体系对航运格局的影响。以往对航路发展和航运格局的研究，学者们大多从国家政策导向、制度创新、资金支持、技术优势、价格同盟等方面来分析，也有一些学者注意到了基础设施建设在航路、航运发展中的作用，但这些研究几乎没有提及灯塔在其中扮演的角色，更没有提及灯塔与航运、航路事业发展的互动关系，从这一点来说作者的研究是极富创见的。作者在前四章作了充分的铺垫，使读者们对东亚灯塔建设运行的整个系统和灯塔的空间体系有了一定程度的认识，这样再来论述灯塔体系的完善在东亚航路发展和航运格局形成中所发挥的作用就水到渠成。作者首先通过对比分析，明确东亚灯塔建设和航道条件改善与船只触礁发生率的关联性，并以我国长江口以及日本九州岛西岸的实际案例作为支撑。随后通过大量的数据分析证明，灯塔和其他助航设施构成的航道系统是海上交往活动得以顺利进行的交通基础。最后，作者发现东亚内部各区域的航运发展存在明显的差异，只有灯塔建设与航运业发展现状和航海鼓励政策的推行相协调，灯塔才能在本国航运业发展中发挥更大的作用。从产业政策来看，日本顺应了这一原则，使得日本航运公司在日本航运格局中赢得优势；而中国背离这一原则，使得中国航运企业在中国航运格局中始终处于劣势。

灯塔可视为一种公共资源，按照公共资源的属性，与之相关的每一个主体都有平等地享受灯塔的机会，但实际情况并非如此。或者我们可以换一个角度考虑，灯塔建设的参与者、建设过程注定了灯塔使用的不平等。它本质上并不是为各个国家、各个企业、各个商民提供优质的公共服务，而是拥有雄厚资金实力和技术优势、受政府航海鼓励政策支持并处于价格同盟内部的主体，为维护自身利益、扩大商业规模而采取的常规手段，但它在客观上确实促进了航运事业的发展。而普通的商民虽然享有使用灯塔的权利，但是他们在整个围绕灯塔形成的利益共同体中处于最低阶层，属于弱势群体，他们的利益是无法得到保障的。一旦发生较大的变动，他们根本无法维护自身的利益，最后只能沦为航运格局变迁的牺牲品。

作者还十分注意研究的人文关怀。灯塔研究的重点在海向腹地，这是以往海洋史研究所忽视的一个重要区域。在岛屿、岸边的灯塔并不是孤立的，它是与当时当地的人相联系的，对他们的生产、生活都产生了重要的影响。与海向腹地相联系的人往往更关心与海洋相关的活动，以灯塔为切入点无疑使我们可以更好地了解海向腹地上的人们生活的侧面。我们还可以沿着航运网络将各个灯塔串联，进而构筑东亚乃至全球海向腹地居民的生活画面。例如，第四章第三节有关东亚灯塔事业中社会关系的论述，包括在中国灯塔建设过程中船钞部引导渔民、海员等民众参与，在涉及财产、土地问题时发生的矛盾、对峙和流血冲突，围绕灯塔发生的盗窃事件及其他犯罪活动等。

作者的著作中还有很多可圈可点之处。①结构十分合理，各章节几乎是一一对应、逐层展开，如第二章东亚灯塔资金的征集与分配，按照制度背景、资金的征集和分配逐一论述。②定量研究与定性研究相结合，定量研究过程中也十分注重数据的准确性，如对灯塔数量、管理机构的统计等。③具有全球性的研究视野，如在第三章中将中日航道测量、灯塔建造置于资本主义的全球扩张、全球贸易发展的框架下来整体考察。④利用 GIS 地理信息系统绘制了多幅精确、具体、明晰的分布图、区域图，这得益于作者本身扎实的专业技术基础，同时运用其他技术手段绘制了变化图、趋势图、情况图等，通过图文结合，更好地呈现了著作的核心内容。其他特点就不一一赘述。当然，如作者所言，著作中还存在一些不足之处，其实有些问题已经在作者博士毕业后写就的相关文章中得到了解决或研究深化，感兴趣的学友们可以关注作者的相关文章，相信会有所启发。

青屿之光，百年灯塔的历史承载

许毅明*

摘　要：青屿灯塔是厦门口岸仅存的历史灯塔，因其唯一、不可再生，至今仍在运行的“活”文物价值，2005 年被列为厦门市级文物保护单位，2013 年升级为福建省文物保护单位。2025 年，青屿灯塔迎来建塔 150 周年，地方政府提前着手，积极协调各方筹备申报国际航标协会“IALA 遗产灯塔”名录，使历史灯塔超越航海和建筑价值，在新的历史时期发挥新的作用。

关键词：青屿　灯塔　遗产保护

厦门港口面朝东南，由青屿水道与台湾海峡相连。港外有金门、大担及浯屿等岛屿为屏障，周围多山丘，避风条件好，各种船舶进出港不受潮水限制。青屿岛面积不大，仅 0.06 平方公里，弹丸之地却扼守进出厦门港外航道的要冲，建造灯塔十分理想，利于发挥引导船舶航行和指示危险区（常用来标识危险的海岸、险要的沙洲或暗礁）等功能。不仅如此，灯塔所在处往往也是战略要地。清初，郑成功在该岛上建筑要塞，设置警标，以备敌人攻击时发出信号，通知厦门做好准备。鸦片战争期间，清政府在此建造两座炮垒，作为抗击英军侵犯的防御工事。民国时期，有中国海军水雷营屯住。[①] 厦门解放后，青屿岛长期作为军事前哨，驻军守护。灯塔兼具烽火台的功能，特殊时期时并不鲜见。分布于海峡西岸的东碇、北碇、乌邱、东引、东莒等灯塔均带有军事化的色彩。

一　灯塔建造

清光绪元年（1875）三月初五，海关发布第 42 号《航海布告》，对外公告在厦门

---

* 许毅明，厦门海关退休干部，研究方向为厦门海关史。

① 〔英〕班思德：《中国沿海灯塔志》，李廷元译，海关总税务司公署统计科，1933，第 120 页。

港外青屿北坡建造灯塔的消息，详细说明灯塔所处的经纬度、构造、样式、发光装置及附属看守人房舍的颜色等。同年 12 月 13 日，青屿灯塔建成并点燃，海关及时发布第 52 号《航海布告》：

> 厦门关
>
> 漳州府海澄县厦门口外青屿北坡上现设有红白两色竖线八角形砖石灯塔一座，高一丈七尺，自基至灯顶共高二丈八尺。上置四等透镜，红白两光长明灯，灯火距水面十一丈。晴时白光应照四十五里，红光应照二十四里。自北一度东起经正北至北五十七度西止俱见红光，自北五十七度西起经正西、正南至南五十度东止俱见白光，自南五十度东起至南八十九度东止又见红光。塔在纬度北二十四度二十二分十五秒，经度中国中线东一度三十八分十二秒，英国中线东一百十八度七分。守灯房垣俱白色。
>
> 此灯于十一月十六日晚初次开点。
>
> 其总册内所载第十号之灯（大担岛灯）仍旧点照不撤。
>
> 光绪元年十一月十七日第五十二号示①

上述《航海布告》说明，青屿灯塔按建筑形制和灯器配置只是一座中小型灯塔。塔高 9.3 米，灯火高出水面 36 米。灯机由法国巴比尔公司承造，装置四等透镜、红白弧形定光灯，白光烛力 8000 支，红光烛力 3000 支②。晴时能见度达 15 里（达不到白光应照 45 里、红光应照 24 里的程度）。而 14 里外的东椗灯塔，是厦门口岸建造的第二座灯塔。其塔高 19 米，灯光高出水面 69 米。装置头等透镜定光灯，烛力 1975 支；每半分钟释放强烈闪光 1 次，闪光烛力 28800 支，晴时能见度达 22 里。相比而言，青屿灯塔逊色不少。光程图显示，东椗灯塔的光圈比青屿大很多，照耀区域更广。

青屿灯塔建造精美，功能齐全，抗风抗灾，百年来坚如磐石。塔体的可靠性对于灯塔在夜间持续发光至关重要。该灯塔建在花岗岩基座上，砖石结构，内部用砖砌成，通过狭窄的螺旋形石阶到达塔顶。外观为八角形，红白相间的条纹，整体外观立体挺拔，透露出设计灵性。这座灯塔由海关总建筑师设计并监造，是他生前设计建造的 34 座灯塔之一，塔门上方刻有“1875 D. M. HENDERSON ENGINEER”字样。韩得善（见图 1）是总税务司赫德引进的高层次人才之一，他在灯塔设计及建造安装上才华横溢，

---

① 海关总税务司署造册处：*Notices to Mariners*（第一簿），1882，上海，第 36 页。

② 发光强度的单位“烛光”是基于蜡烛的发光强度定义的。支光是烛光的俗称，两者在历史上都是发光强度的单位，现统一用“坎德拉”（candela）为计量单位。

无人能及。

图 1 灯塔设计师韩得善（1840~1923）

海关船钞部按照他的方案实施顶层设计，使中国近代灯塔建设从一开始就引进了西方先进的设计理念、技术、设备和管理方法。样机设计后在外国订购，衔接了当时的工艺水平和建筑技术，包括对实用、坚固、美观、耐用等建筑元素的合理运用，是19世纪末20世纪初航标建筑的典型代表。1869年，中国第一座西式灯塔——大戢山灯塔率先建成发光。"该塔之建设，乃海务科成立后筹备灯塔计划中之最先建筑者也。"① 翌年，花鸟山灯塔竣工燃灯，1871年佘山、东椗两座灯塔建成启用，1872~1874年东犬、牛山、南澎岛3座灯塔先后完成，1875年再接再厉完成青屿、乌坵、渔翁岛3座灯塔。此外，杭州湾外鱼腥脑灯塔于1872年建成，密布危礁的山东成山头灯塔也于1874年建成。海关船钞部成立七年之际，沿海灯塔已连成一片，数年间灯务建设蔚然可观。

上述《航海布告》也说明"其总册内所载第十号之灯（大担岛灯）仍旧点照不撤"，遂改变以青屿灯塔取代大担灯塔的初衷。当时，大担灯塔地点设置不合理，加上灯光烛力弱，未能发挥最大作用。厦门关接管时因陋就简，只在原址添加设备维持发光。青屿灯塔建成后，海务科总工程师以大担灯塔的作用已被南面的青屿灯塔取代为由提议裁撤。时任厦门关税务司康发达（F. Keinwachter）不同意，认为该灯塔是寺僧为便利当地船只出入而设，管理经费不单取自海关，也向出入该地的船只收取一定费用。海关若放弃，寺僧仍会继续燃灯，海关反而无权管理。正是税务司的坚持，才保全了大担灯塔。

1905年厦门关绘制的"五十里内常关"示意图，清晰地标识了厦门港4座灯塔的方位，其中青屿灯塔与大担灯塔互为犄角，指引船只安全进出厦门外港。

上述《航海布告》还说明"守灯房垣俱白色"，灯站配套设施建在一片突出的开阔地上，房垣外观颜色要求与灯塔颜色匹配，通常灯塔守灯人住房及附属建筑物的外观都用白色。满足守塔人日常生活必需的设施，尽可能地照应周全。这些配套设施分别是塔身、办公室、主任室、助理主任室、华员工作室、杂役工作间、厨房、储藏室、

① 〔英〕班思德：《中国沿海灯塔志》，李廷元译，海关总税务司公署统计科，1933，第206页。

油库、厕所、火药房、家禽舍、雾炮台、旗杆、水箱（1800 加仑）、煤仓。时任副总营造师哈尔定（John Reginald Harding，1858—1921）1889 年绘制的图样中，展示了灯站初建时的样貌和空间布局。①

需要指出的是，灯塔编号并非一成不变。根据首刊于 1877 年的 *List of The Chinese Lighthouses Light-Vessels*，*Buoys and Beacons* 自南而北编号的顺序，随着沿海灯塔越建越多，编号自然顺延。如 1878 年青屿灯塔编号为第 10 灯，1901 年变为第 33 灯，1910 年为第 37 灯。

二　灯塔特点及其历史维度

自东椗岛驶往厦门约 14 海里（26 公里）便可看见青屿灯塔的光芒。岛上的灯塔是厦门口岸建造的第三座灯塔，高度居中。大担灯塔是就地取材、因陋就简改建的，充其量是有人看守的灯桩；而东椗灯塔按照大型灯塔的形制设计建造，有着高大伟岸的塔身，配置头等灯镜（φ1840 公厘约 6 尺），4 束灯芯，燃用植物油，闪光功率和照射面积都是青屿灯塔不能企及的。② 灯高和塔高、灯源和灯器，共同影响灯塔的亮度和光程。不同的灯光颜色、闪光和旋转频率，是区别不同灯塔、判断船舶航行方位的依据。东椗灯塔每半分钟发射强烈白光，白光较其他颜色的光线更加明亮；青屿灯塔发放红白相间两色光，夜色中视觉效果尤佳（见图 2）。船只借助灯光颜色及闪光频率的不同识别不同地域内的灯塔，避开危险水域，规划航行路线。

图 2　东椗灯塔（左）和青屿灯塔（右）

资料来源：〔英〕班思德：《中国沿海灯塔志》，李廷元译，海关总税务司公署统计科，1933。

① 海关总税务司署造册处：*Reports of Lights*,*Buoys*, *and Beacons*，1889，上海，第 77 页。

② 晚清灯塔概用灯芯头，大灯机用 6 个灯芯集束，燃用植物油，后改石蜡。民国初改煤油，灯芯灯头逐渐被纱罩灯头取代。纱罩也由初期的坚硬棉胶质改为由柔韧金属编织（也称自然式）。

表 1 青屿与韩国虎尾岬灯塔基本情况

名称	青屿灯塔（Tsingseu）	韩国虎尾岬灯塔（Homigot）
建成年代	1875 年 12 月 13 日	1908 年
高度	塔高 9.3 米，灯高 36 米	塔高 26.4 米
光线射程	15 海里（27.78 公里）	16 海里（29.63 公里）
发光装置	四等透镜红白弧形定光灯，1909 年改装白炽纱罩煤油蒸汽灯，1929 年改用“自燃式”纱罩	四等透镜白色定光灯，白炽纱罩蒸汽灯。2002 年依然是白色定光灯，光线射程 26 英里（41.86 公里）
外观	中国传统的八角形砖结构，饰红白相间直纹	上窄下宽的曲线八角形砖结构，白色塔身
保护	2005 年 5 月被列为市级文物保护单位；2013 年被列为省级文物保护单位	2022 年入选世界航标遗产
设计监造	韩得善	哈尔定

资料来源：https://pharcapspartel.com 官网 HOMIGOT LIGHTHOUSE（CAPE CLONARD LIGHTHOUSE）和 QINGYU LIGHTHOUSE 申报资料综合。

每座灯塔都独具特色，往往与该地区的特点或建筑年代有关。东椗灯塔是就地取材，开采岛上花岗岩建造而成，具有抗风和耐腐蚀的优点。但岩石笨重，不易切割，而且工期长，建筑工人在荒岛上风餐露宿，长年累月劳作极为艰辛。而青屿岛与厦门岛近在咫尺，运输方便，采用砖石材料建造，工期短，年初动工，年后建成。此后，建筑材料不断改进，钢筋混凝土可塑性强、容易成型，因此工程进度加快，成为灯塔建造最常用的材料。

除了建造材料和外观上的差异，工人还在塔体上饰以红、蓝、黑、黄等条纹，或将塔顶、塔底涂成鲜明可辨的色彩加以区分。不仅如此，供灯塔员工作与居住的房舍也求统一，与灯塔颜色协调。东椗灯塔的外观是黑色圆塔，白色房舍；青屿灯塔的外观为红白相间的直纹，白色房舍。

20 世纪初，经过二三十年的运行，定光、明灭交替光、旋转明灭等老式镜机越来越不能满足时代的需要。船的速度加快，为便于驾驶员观察识别、避开危险，需要加大灯光烛力、配备醒目的装置。如船速每小时 18 海里，平均每 3 分 20 秒航行 1 海里，没有强烈的闪光不足以提醒驾驶员注意。改良灯机势在必行。东椗灯塔先行于 1899 年改用煤油蒸汽灯，青屿灯塔于 1909 年改装白炽纱罩煤油蒸汽灯，取代灯芯灯头。此后，多达 22 座沿海灯塔被改装成白炽面纱灯，并使用煤油蒸气作为燃料，烛光增强数倍。1929 年，青屿灯塔进一步改进，启用“自燃式”纱罩，白光烛力 8000 支，红色烛力 3000 支，亮度再次提升。

比较是鉴别的关键，有助于扬长避短。这里，我们做个横向比较。1908 年，当青屿灯塔已运行30多年进入更新期时，韩国诞生了第一座灯塔。设计和建造主管哈尔定，是总税务司署船钞部副总工程师，曾长期驻扎厦门，管理南段地区灯塔。①

表1显示，青屿与虎尾岬两座灯塔建筑年代相距较远，但除塔高外，建筑形制、灯器、运维状态则相近：百多年来灯塔样貌基本保持初始状态，经受住天灾人祸的考验，屹立不倒；建筑形制相近，主体都是砖结构，区别在于青屿灯塔是中国传统直立八角形制，饰红白相间直纹，虎尾岬灯塔为上窄下宽的曲线八角形制，白色塔身；灯器配置相似，都采用白炽纱罩煤油蒸汽灯，塔高不同而光程接近。虎尾岬灯塔直到1959年出于成本和耐用性考虑才安装了一个航空灯，2002年12月配备了一个旋转透镜的直径为750毫米的大型旋转灯，每12秒发出一个白色光束，光程26英里（约42公里）。青屿灯塔则在1958年的厦金“8.23”炮火中停止发光。

位于韩国庆尚北道浦项市的虎尾岬灯塔名不见经传，却在政府力推下被国际航标协会列入“IALA 2022年度遗产灯塔”名录，中国仅有大连老铁山灯塔、海南临高灯塔进入提名。“IALA遗产灯塔”官网评价虎尾岬灯塔“在理解和记录其遗产价值方面所做的努力尤其引人注目”。秘诀在于八角形弯曲设计的理念，它有助于抵御波浪荷载，加强了对地震荷载的抵抗力，这是它结构上的与众不同之处。同时，“韩国对国家灯塔遗产和文化的联合方式包括灯塔邮票之旅计划，以及在虎尾岬灯塔旁建造一流的国家灯塔博物馆，该博物馆今年（2022）已扩建，成为世界上最大的灯塔博物馆。这些举措共同帮助虎尾岬灯塔成为韩国最受欢迎和游客最多的旅游景点之一。这种清晰而成功的理解和促进灯塔遗产和文化的愿景，使虎尾岬成为IALA遗产灯塔的一个非凡例子。”②

显然，韩国申遗成功的关键在于其对遗产价值的深刻认识，在遗产保护方面不遗余力，做了许多工作，虎尾岬灯塔进入“IALA遗产灯塔”名录也是实至名归。

这些年，厦门航标处对青屿历史灯塔的保护也可圈可点：

1974年，青屿灯塔经简易维修，临时恢复发光；

1982年，灯塔由海军航海保证处移交交通部上海海上安全监督局厦门航标区管理，开始进行系统性维修保护；

1987年，修缮塔身，保养塔帽、栏杆，更换灯笼玻璃为有机玻璃；

1988年，将原有的AGA375毫米灯替换为FA-251灯，并装置太阳能设备：8块

① 哈尔定1880年12月进入中国海关，任船钞部副营造师。1898年韩得善退休，哈尔定继任总营造司，并于1903年受聘成为韩国灯塔部顾问工程师。他勘查后选定29处灯塔基址，提供设计与施工图，是韩国灯塔事业的开拓者。1908年辞职。

② https：//heritage. iala-aism. org/lighthouses。

TDB100×100×36-P（太阳能电池板）和 36 块 B240 型酸性蓄电池，以及 36 块 B240 型蓄电池；

1991 年，维修塔身基座，改建电池屋；

1992 年，将蓄电池更换为 GAM-300AH-24 型蓄电池；

1992 年，安装 PRB-46Ⅰ型灯头及灯器，加一组蓄电池（12 只），配置一组 15 千瓦的柴油机供电（委托驻军代管）；

1993 年 5 月，更换 PRB-46Ⅰ灯器为 FA-251 灯器，8 月又更换为 ML-300 灯器；

1996 年，更换 FA-251 灯器，停止使用柴油机供电；

1997 年，更换 APRB-252 型灯器；

1998 年，改造灯塔环境，更换灯笼，修造道路，为塔身外墙贴红白竖条瓷砖。

不同于其他历史灯塔改建、重建或“修旧如旧”的再现，青屿灯塔始终卓尔不凡，突出了灯塔原貌的历史真实性。青屿灯塔塔龄悠久，历史积淀厚重，百年来在重要的航道上为航运安全保驾护航，见证了厦门开埠通商的历史蝶变。

三 灯塔守护与传承

灯塔是有生命力的，百年来中外守塔人演绎了许多灯塔人生传奇，并将“发光发亮”的励志精神薪火相传。

灯塔守即灯塔管理员。在晚清，灯塔守有中外之分，外籍人员设置分主事人与值事人，值事人分四等，各等级还设置前后班，直到抗战前管理员和看守员的名称才趋于稳定。灯塔主任（keeper-in charge）一般是等级最高的管理员，头衔不同，级别严格，而且中外职员待遇悬殊。华员灯塔看守属编外“杂役”，被官方排除在正式职员的《提名录》外。但总署海务部门除外，如 1944 年派广东籍梁炽容和江苏籍王诗章到厦门管理所辖灯塔，两人均在《提名录》中。抗日战争胜利后，这一情况得到了改变，受海务科指派，荷兰人葛哈兹在上海开班培训灯塔管理员。学员受训结业，被授予“候补灯塔管理员”职衔，列入《提名录》。1946 年至 1949 年间，周家生、蔡健秋、诸从光、邢永康、傅胜良、周文育等人相继被派往台湾，邢敏等 5 人被派往厦门。

灯塔孤悬海外，人迹罕至，交通不便，尽管为人熟知，却遥远得难以接近，以致人们对灯塔守的认知不多，鲜有人真正了解这群与世隔绝的“塔里人”。

管理灯站、操作灯器不仅是专业的技术活，也是繁重的体力活。昼夜颠倒，日复一日地持之以恒，是灯塔守的职业特点和生动写照。早期对灯塔看守人的日常工作要求是：夜间值班三班倒（轮换），不得离开岗位，不许打瞌睡、饮酒、吃东西，灯室内只允许放置一张小方凳；随时检查机器运转情况，调整灯芯火焰；清晨熄灯时挂上遮障、卸下重坠、清理灯头、擦拭透镜；遇故障熄灯，要及时填写时间和原因上报。平时灯塔的维护工作繁杂，每年塔身及机器要刮漆、上漆，住房、围墙、道路、塘堰沟渠、码头等需自行维护修理，塔身及房屋等建筑围墙的颜色保持不变，不能更改。灯塔主事人要按期撰写英文报告（官方文书），填报不少于 30 项的各类表格，包括气象记录、雾炮使用、各类物资消费、财务收支等。1884 年，海关印发《新关灯塔灯船诫程》，要求管理员的居所树木不宜过高、草宜畅茂，严禁外人寄居，勿别构庐室，勿受私贿、勿发兑票，勿出结具保，勿自求升赏，严禁聚赌、私自贸易等。在这狭小封闭的灯站内，一般配置有木匠、泥水匠、油漆匠等，看守人员也是全能型的，这些活都要干，甚至包括接生。

青屿灯塔最令人称道的是高效的管理水平，历任营造师、巡灯司年度灯塔报告中反复出现“通常是一流的”（is in its usual first-rate order）的评语。百年来，履职敬业的灯塔精神默默传承。如华员值事员李吉，自 1875 年青屿灯塔点燃之日起从别的灯站转来该站服务，直至 1905 年退休，在职长达 30 年之久。第二任青屿灯塔主任（管理员）穆德禄（D. Botelho）来自丹麦，自 1881 年至 1911 年 30 年间，除数月假期外，一直在灯站坚守，他以行动诠释了“以灯塔为家”的真谛。外籍灯塔员是个特殊的群体，他们身处异乡，在荒无人烟的灯塔上守望，日复一日重复简单而枯燥的工作，而这一职业往往伴随终身。“灯塔世家”郑永光（见图 3）一家的事例也是典型。20 世纪 30 年代，收回海关主权的呼声高涨，借海关“改善关制”的时机，华员争取到一些权益，突破了等级设限、获得晋升灯塔主任的机遇，具有语言天赋和动手能力强的郑永光很快脱颖而出。灯塔巡视员（巡灯司）在考绩中屡次用“杰出”（excellent）作评语，肯定郑永光的能力。他长期担任青屿灯塔主任一职，是华员等级最高的灯塔管理员之一。1957 年，年近六十的郑永光从青屿被调回鼓浪屿航标站，为泵船敲铁锈，直至退休。曾经是华员灯塔守的他，晚年敛起锋芒，以普通工人的身份默默干着体力活，不事张扬，保持劳动者的本色。他的两个儿子以及孙子也继承他的事业，一家三代都加入了灯塔看守行业（见图 4）。

图 3 郑永光（郑士其供图）

图 4 郑永光与家人在青屿灯塔（郑士其供图）

从鼓浪屿走出的“期颐老人”黄清荣①，是至今仍健在的资深灯塔看守者。黄清荣的故事向我们生动展示了童年的愿望对一个人一生的重大影响。

家住鼓浪屿的黄清荣，儿时总怀有疑惑：为何天一黑就看到天边海上辐射着几道光芒？他傻傻地以为那是星星。后来上学了，听老师说那道亮光是青屿灯塔的光芒。1946 年，他顺利通过海关考试，加入了灯塔看守队伍。从那时起，他再也没有离开过灯塔，守护灯塔 47 年之久。

图 5 是 1948 年 9 月，黄清荣与几位鼓浪屿英华中学的同学聚集在青屿灯塔下的合影，黄清荣欣然留下“高中同学莅临青屿灯塔欢聚”字迹。

① 黄清荣，1946 年 8 月 16 日入职，先后在厦门关所辖的东犬、西洋、青屿、东椗及南澎等岛的灯塔工作。1949 年下半年受战争影响，9 月 24 日承担南部沿海灯塔运输任务的“福星”舰被勒令调往台北关，10 月 1 日厦门关所辖各灯塔及人员又划归台北关管辖，致使沿海众多灯塔陷入孤立无援状态。1949 年 12 月，黄清荣在汕头南澎岛灯塔服务，因战乱 4 个多月未得补给，断粮挨饿，病重。所幸“联星”号灯塔补给船从台湾来到南澎岛补给，黄清荣搭上该船去台湾医治。此后留在台湾，继续从事看守灯塔的工作，直至退休。另参见拙文《中国近代海关巡灯司由来及退出》，《鼓浪屿研究》第 18 辑，社会科学文献出版社，2023，第 197 页。

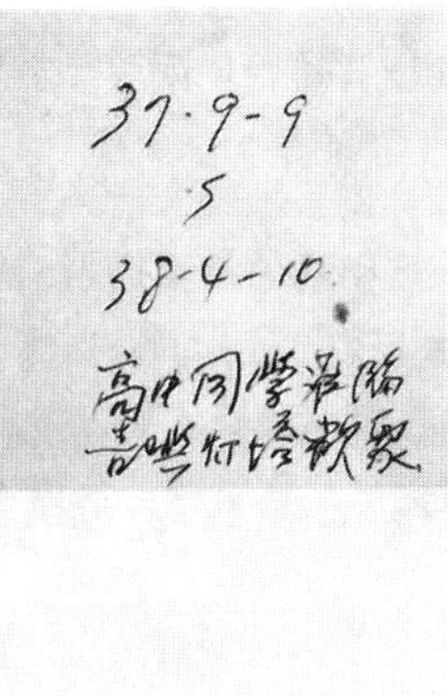

图 5　黄清荣 1948 年和同学在青屿灯塔合影（念吉成供图）

四　遗产保护任重道远

19 世纪中叶，美国作家亨利·沃兹沃思·朗费罗从缅因州的波特兰角灯塔获得灵感，写下《灯塔》一诗："坚定，安宁，不动也不变，年复一年，长夜无言，燃起不熄的火焰，永远闪耀出不灭的光芒。"[①] 诚然，历史告诉我们，没有什么是"不动也不变"，也没有什么是"永远"的。时至今日，历史灯塔有的已经在地理变迁中化作尘埃消散，有的仍在静默无声地辅助船只航行。曾经与青屿灯塔并列于厦门外港入口处的大担灯塔，70 年前毁于炮火，而青屿灯塔遗世独立，功能依旧，风貌犹存，继续为航运发光发热。不可否认，随着科技的发展，灯塔自动化进程加快，历史灯塔的作用日渐式微，或将退出历史舞台。厦门航标处自 1983 年接管青屿灯塔后不再派人值守，灯塔雾号已自动化，信号旗如今也被电子海图和全球定位系统等先进仪器取代了。

"每一座灯塔都是导航的积极辅助，都非常独特，具有远远超出其功能和时代的重要历史、文化或建筑价值。因此，它们是助航工具的终极象征，也是助航工具长期以来发挥的重要作用，并将继续在保护生命、财产、商业和环境方面发挥作用。"国际航标协会对"IALA 遗产灯塔"的这段开宗明义的声明，揭示了遗产灯塔所具有的超越其本身功能和时代的文化意义。

挖掘整理青屿灯塔的史迹史料，是航标人责无旁贷的义务。据悉，2005 年青屿灯塔被列为市级文物保护单位后，厦门航务部门开始组织人员开展航标灯塔专题调研。着眼于弘扬海事航标事业、传承灯塔历史文化、彰显交通强国的时代精神，2008 年在镇海角灯塔开辟了"灯塔文化"展览馆。该展馆采用文物与景观、照片与解说相结合

① 〔英〕R. G. 格兰特：《灯塔之书》，中国画报出版社，2020。

的方式，设置“航标历史”、“航标管理”、“航标文化”、“航标精神”和“未来航标灯”五个展厅。展馆开馆后参观者络绎不绝，已然成为灯塔老员工或灯塔爱好者的乐园，也成为周边地区青少年认识航标、关注航标、爱护航标的爱国主义教育基地。时下，“灯塔”日渐成为影视剧和文学作品追逐的元素，鼓浪屿上的理船厅公署风貌建筑也是各路媒体趋之若鹜的打卡地。有关部门正在挖掘整理理船厅与青屿灯塔的相关史料，着手将理船厅灯务管理总部与青屿灯塔捆绑申遗，借助鼓浪屿“世遗”名片，丰富申遗内容，突出历史灯塔“华洋共管”特色，寻求不同生活形态下东西方文化交流碰撞的社会本质，揭示历史灯塔的发展轨迹，弘扬灯塔精神，造福子孙后代。

青屿灯塔不仅是厦门地域上的重要航标，也是全国乃至全球历史灯塔的组成部分。150 年来，青屿灯塔经历了天灾人祸的考验，也在战火中重生。如今，它是和平的使者，造福海峡两岸的民众，守护航行安全。它的和平之光将照亮更广阔的蔚蓝大海。

青屿灯塔作为近代中国灯塔研究的一个案例，日益引起学术界关注。厦门大学伍伶飞副教授选取位于福建省厦门与漳州之间海域的青屿灯塔作为研究对象，在广泛搜集和整理近代海关出版物、报刊等历史文献资料后，带领团队对青屿灯塔进行了实地考察，并撰写了《厦门湾青屿灯塔考察报告》，作为国家社会科学基金青年项目“近代中国航标历史地理研究”的阶段性成果。该报告通过对比分析历史文献记录与实地考察情况，重新评估了青屿灯塔在近代厦门港及东南沿海航线中的重要性，从而确认了青屿灯塔的精确坐标、功能作用及其附属设施的相对位置。

文旅融合视域下鼓浪屿保护性开发研究*

魏海湘　魏　敏**

摘　要： 作为世界文化遗产，鼓浪屿的保护性开发受到了各方的关注。旅游作为文化的重要载体，在鼓浪屿的保护与开发中发挥着重要作用。本文基于产业融合视角，探讨如何通过文旅融合促进鼓浪屿的保护性开发。首先，结合文旅融合的内涵，从文化“活化”、文化自信以及文化认同三个层面分析文旅融合赋能鼓浪屿保护性开发的内在逻辑。然后通过网络文本数据分析，了解鼓浪屿文化旅游的需求市场特征，进一步结合社会冲突理论对鼓浪屿保护性开发中可能涉及的冲突进行识别并提出创新路径，希望为鼓浪屿的可持续发展提供借鉴。

关键词： 文旅融合　鼓浪屿　华侨文化　保护性开发

党的二十大报告“繁荣发展文化事业和文化产业”部分明确提出要“坚持以文塑旅、以旅彰文，推进文化和旅游深度融合发展”。一方面，文旅融合发展对解决我国社会主要矛盾，不断丰富和发展人类文明的新形态具有重要作用。随着经济增长与收入提升，人们在文化旅游中的消费水平与需求也出现了大幅度提升，文化旅游成为满足人民日益增长的美好生活需要的重要手段。另一方面，文旅融合发展可以更好地发挥旅游作为文化载体的功能，为文化的繁荣发展提供路径，这也有利于传播优秀文化、讲好中国故事。

鼓浪屿位于厦门市西南隅，面积 1.88 平方公里。岛上气候宜人，四季如春，素有“海上花园”之称。鼓浪屿深厚积淀的多元文化，加上近代以来中西方文明的对话交流，不仅造就了其“历史国际社区”的卓越品质，也对闽南乃至中国的社会变革产生

---

* 本文为国家社会科学基金重大项目“文化和旅游融合发展成效评估与推进机制研究”（项目编号：21&ZD126）的成果之一。

** 魏海湘，西华大学文学与新闻传播学院讲师，研究方向为文旅融合与旅游经济；魏敏，厦门大学管理学院教授、博士生导师，主要研究方向为产业经济与旅游经济。

了积极影响。鼓浪屿以建筑为表、音乐为魂，是国家级风景名胜区，吸引着海内外的旅游者前往游览。迄今为止，岛上留存着千余幢中西合璧、风格各异的风貌建筑，呈现出“万国建筑博览”的艺术氛围。此外，鼓浪屿仍保留着音乐文化的传统，深厚的音乐文化积淀使鼓浪屿享有“钢琴之岛”“音乐之乡”的美誉。在 2005 年《中国国家地理》“选美中国”活动中，鼓浪屿位列“中国最美城区”榜首；2017 年，入选“世界文化遗产”。鼓浪屿具有独特的文化资源禀赋。分析文旅融合视域下鼓浪屿的保护性开发，不仅有助于鼓浪屿作为文化旅游目的地的可持续发展，同时也可以为其他旅游目的地的发展提供借鉴。

基于此，本文结合产业融合理论以及社会冲突理论尝试分析以下问题：①文旅融合赋能鼓浪屿保护性开发的内在逻辑是什么？②鼓浪屿在发展过程中可能存在的冲突类型有哪些？③如何缓解鼓浪屿文旅融合发展中存在的冲突，助力其保护性开发的实现？

一　文旅融合赋能鼓浪屿保护性开发的内在逻辑

文旅融合赋能鼓浪屿保护性开发，是指在文化与旅游深度融合背景下，通过文化引流促进鼓浪屿旅游产业高质量发展，并通过旅游活动促进文化传承与创新，实现文化与旅游的双赢。本文结合文旅融合的内涵，进一步从文化“活化”、文化自信以及文化认同三个层面分析文旅融合赋能鼓浪屿保护性开发的内在逻辑。

首先，文旅融合可以促进文化“活化”，丰富鼓浪屿的文化旅游业态，增强文化旅游创新。文化可参观性生产的发展使得文化成为商品被销售，虽然这一过程是文化复兴还是文化衰落一直存在争议，但在文化的可参观性生产中，无论采取何种应对方式，提升消费者的体验满意度、增强其推荐意愿和重游意愿是景区建设、旅游发展的核心所在。随着社会主要矛盾发生转变，满足人们对美好生活的追求是当前经济、社会、生态等建设的重要内容，文化与旅游产业作为第三产业的重要组成部分，可以在精神文化层面满足人们对美好生活的追求。① 旅游宣传与叙事可以“活化”文化内涵，而文旅融合则进一步加强了文化在旅游中的涉入程度，尤其是在产品及服务的创新方面实现文化的“活化”。如通过 AR、VR 等虚拟现实技术实现文化的沉浸式体验，将那些枯燥的以图片和文字形式承载的文化进行“活化”，在

① 朱光兴、赖澍奕：《从“观影”到“入戏”：试论影视文化赋能鼓浪屿旅游产业》，《鼓浪屿研究》第 16 辑，社会科学文献出版社，2022，第 120 页。

具体的情境中实现旅游者对目的地文化魅力的感受，可以增强鼓浪屿体验产品的丰富性和创意。文化被“唤醒”需要相应的载体，而旅游作为文化发展的天然载体可以实现文化的传播，在向外传递的过程中增强其影响力。在这一过程中，还可以通过旅游消费为文化保护提供人力、物力支持，提升鼓浪屿文化“活化”的支撑基础。

其次，文旅融合可以增强文化自信，延伸文化的社会属性与经济属性，实现文化的传承与创造。文化是旅游的灵魂，文旅融合发展具有建设文化自信的功能，可以进一步增强鼓浪屿发展的内生动力，凸显文化资源的社会价值和经济价值。其一，旅游活动会带来本地文化与外来文化的碰撞，旅游者与当地居民通过鼓浪屿这一载体相互接触，实现了对鼓浪屿文化的再解读。就旅游者而言，他们会将自己惯常居住地的文化与鼓浪屿的文化进行对比，对文化差异产生新的认知。由于鼓浪屿文化新奇，异于其惯常的居住地文化，旅游者会对鼓浪屿文化产生兴趣，生成愉悦体验；就当地居民而言，日常生活中已经“看腻”的文化受外来旅游者喜爱并被分享，这使他们对当地文化产生新的看法，提升了文化自信。其二，旅游者及当地居民产生文化自信的过程也是他们参与鼓浪屿文化旅游融合的过程。旅游者会消费当地的文化旅游产品及服务，当地居民也会提供相应的文化旅游产品及服务，二者之间的互动共创过程实现了文化的社会价值与经济价值，助力鼓浪屿的保护性开发。

最后，文旅融合可以强化文化认同，协调旅游者、居民等主体文化认同的一致性。在当前物质生活和精神生活高度丰富的社会中，个体会通过旅游活动展开对“自我”身份认同的过程，包括人与自然、物质与精神以及个体与群体之间的相互作用和相互联系，进而完成自我身份的初步建构。个体在旅游活动过程中的情感性体验以及在此体验过程中的态度指向，可以看成是个体文化认同形成的过程。在个体参与旅游体验的过程中，文化可以作为旅游载体的价值符号或认同标志，体现旅游主体和客体之间的依存关系。① 从需求层面来看，旅游者外出旅游的动机多元，包括审美、休闲、娱乐、学习等，外出旅游也是人们“逃离”工作、生活压力，找寻自我、发现自我的一种方式。或者说，现代旅游者追求文化旅游体验，其实就是在寻找某种认同，旅游是一种文化身份认同的展演过程。② 旅游体验的过程使得旅游者可以获得对鼓浪屿这一目的地的认知，并通过旅游体验建构身份认同。具体而言，旅

① 傅才武：《论文化和旅游融合的内在逻辑》，《武汉大学学报》（哲学社会科学版）2020 年第 2 期。

② 张朝枝：《文化与旅游何以融合：基于身份认同的视角》，《南京社会科学》2018 年第 12 期。张朝枝、杨继荣：《建构与协商：文化遗产与旅游的关系再认识》，《旅游学刊》2022 年第 11 期。

游者积极参与到鼓浪屿的节庆活动、艺术演出等场景体验中，通过视觉、听觉、触觉等感官形成对鼓浪屿的直观感受，他们将自身置于相应的身份角色中，形成文化认同。从供给层面来看，旅游目的地的居民参与到鼓浪屿的旅游活动中，是一种身份展演的实践，也是对鼓浪屿这一文化旅游目的地的意义创造。尤其是那些从事文化传承、文化演出、文化创意产品制作的居民，在旅游发展过程中会对鼓浪屿产生更强烈的文化认同。

二 鼓浪屿文化旅游需求分析

（一）文本数据获取

旅游体验质量的高低影响着旅游者对目的地旅游的满意程度，能够从需求视角出发反映旅游发展中存在的问题。本文针对旅游者在鼓浪屿进行旅游活动之后形成的游记进行文本分析，尝试了解游客在鼓浪屿的文化旅游体验情况。新媒体时代，人们外出旅游越来越喜欢在社交平台上描述具体的旅游体验活动，我们通过网络文本分析，可以得到旅游者游览时的真实想法。具体而言，通过搜索携程、马蜂窝旅游网站以及小红书等平台中与鼓浪屿有关的游记，选择以记录旅游者文化旅游体验为主的文本内容，并结合百度指数展开进一步分析。

从词云分布可以发现，鼓浪屿文化虽然经历近现代沧桑岁月，但是传递给旅游者的形象特征更多体现为文艺、小清新、愉悦、放松，可以给旅游者提供高审美体验的文化旅游氛围（见图1）。进一步，从鼓浪屿“旅游出行”百度指数关注度我们发现，“旅游方式”和“旅游主题”等是人们关注的重要内容（见图2）。也就是说，探讨文旅融合视域下的鼓浪屿保护性开发具有必要性与现实意义。一方面，旅游具有辐射带动作用，可以对区域的其他关联产业带来积极影响，推动经济、社会、文化的发展；另一方面，积极响应市场需求，关注旅游者对景点、体验等的需求变化也有助于促进供需协调，提升鼓浪屿的文化影响力。

（二）鼓浪屿旅游体验分析

从词频统计结果可以发现，鼓浪屿的文化呈现形式丰富和多元，如博物馆文化展览、建筑文化、钢琴文化；旅游者的体验形式也更加丰富，对吃、住、行、游、购、娱等方面都进行了描述。而反映旅游者体验情绪的词语也较为丰富，如“惊喜”“浪漫”“最好”。总体而言，在鼓浪屿，旅游者更多关注目的地的饮食、交

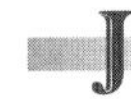

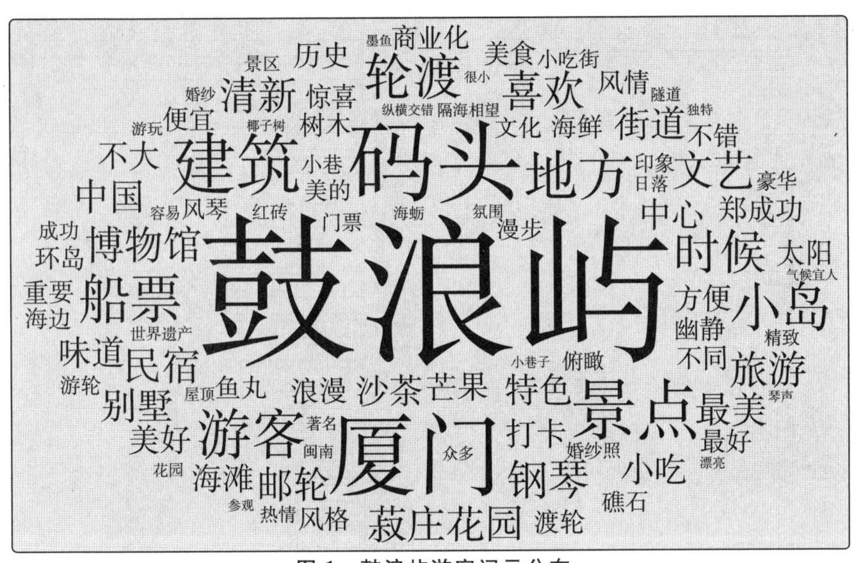

图 1　鼓浪屿游客词云分布

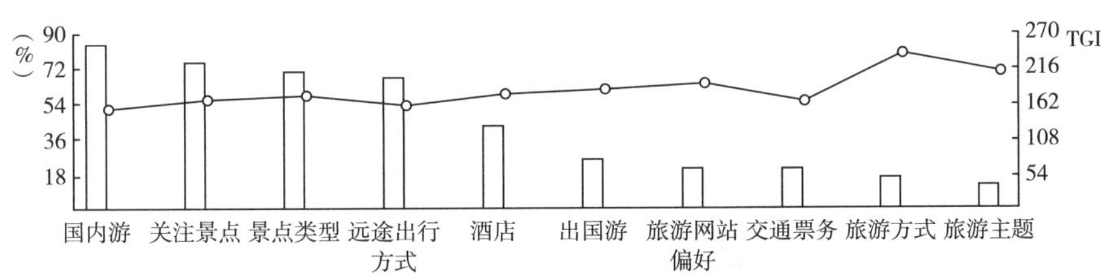

图 2　鼓浪屿“旅游出行”百度指数关注度

通、住宿和环境氛围，并且采用了大量形容词来表达体验心情，如“清新”“美好”“精致”“独特”等，这表明旅游者在鼓浪屿有较好的体验感知和丰富的情感表达（见图 3）。这也侧面表明鼓浪屿的文化氛围营造较为成功，能够将鼓浪屿的核心文化传递给旅游者，并且引起旅游者的消费欲望。当然，不可否认的是，在具体的旅游体验中旅游者也提出了商业化问题，也遇到过“遗憾”，这为鼓浪屿的文旅深度融合敲响警钟。

相比于同类型的海岛旅游目的地，鼓浪屿在形象塑造、文化开发上相对具有优势，不仅受到旅游者对多元文化需求的影响，同时也受到旅游供给差异的影响（旅游目的地建设、地理位置差异等）。为了了解鼓浪屿给旅游者带来差异化体验的根源，优化文化的保护和传承，下面进一步结合社会冲突理论，分析文旅融合过程中涉及的利益相关者的互动，希望为鼓浪屿的保护性开发提供思路。

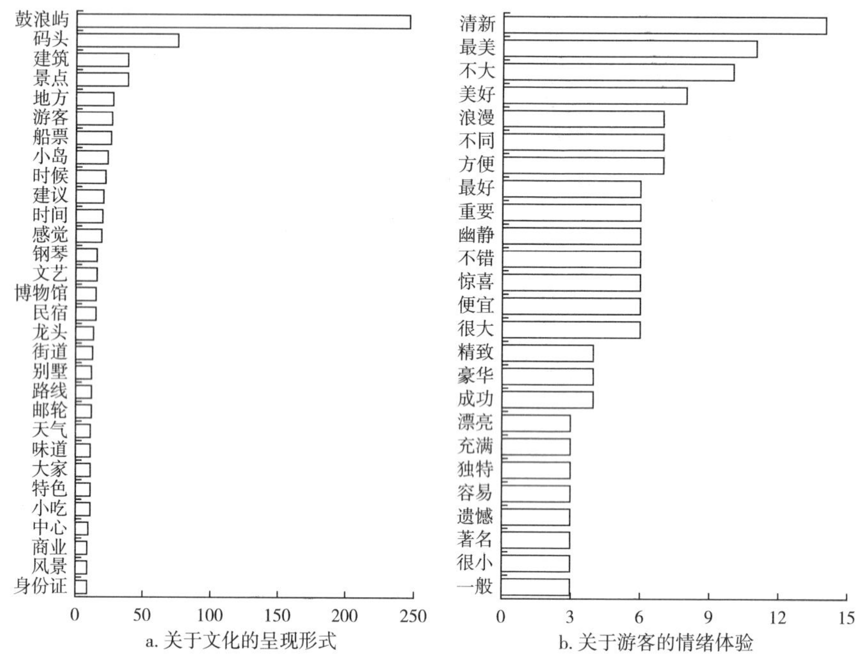

图 3　词频分析

三　鼓浪屿保护性开发中的冲突识别

根据旅游目的地主要关注的内容，旅游冲突可以分为社会文化冲突、经济冲突和环境冲突等。[①] 冲突可能发生在目的地社区和旅游企业之间、目的地社区和政府之间、目的地居民和游客之间、旅游公司和政府之间以及目的地社区内部的居民之间。[②] 当各方利益不一致并期望得到不同的结果时，往往会发生冲突，如当地政府和企业家更关注经济利益，而当地居民更关注环境和文化。因此，在分析文旅融合推动鼓浪屿保护性开发时，不能忽视其中存在的冲突。结合鼓浪屿需求侧文化体验差异与社会冲突理论，本文进一步从文化、经济和环境三个方面对文旅融合视域下鼓浪屿保护性开发中可能存在的冲突展开详细分析（见图 4）。

① J. Yang, R. Chris, L. Zhang. "Social Conflict in Communities Impacted by Tourism," *Tourism Management*, Vol. 35, 2013: 82-93. 郭凌、王志章：《新制度经济学视角下旅游目的地社会冲突治理研究——基于对四川泸沽湖景区的案例分析》，《旅游学刊》2016 年第 7 期。

② 保继刚、陈求隆：《资源依赖、权力与利益博弈：村寨型景区开发企业与社区关系研究——以西双版纳勐景来景区为例》，《地理科学》2022 年第 1 期。D. Dredge. "Place change and tourism development conflict: Evaluating public interest," *Tourism Management*, Vol. 31, 2010: 104-112.

（一）文化需求冲突：游客真实性诉求与商品化现象

文化和资本的碰撞塑造着鼓浪屿的空间生产内容，也是带来文化需求冲突的操控力量。具体而言，资本方会迎合市场需求来生产文化产品与提供服务，他们鼓励消费者积极提出自己的看法，当然也会去引导消费者，比如通过一些特殊的宣传语、网红效应使旅游者接受他们提供的文化产品与服务。从需求分析到产品生产的过程是快速的，尤其是流量时代，资本方会最快速度抓住流量并将其变现。而消费者的旅游体验需求是多元的，他们具有不同的性格、人生阅历与文化修养，因此，快速形成的文旅消费品难免给部分消费者带来“跟风”“无趣”“都一样”的感受，这就形成了文化需求的冲突。从供需匹配的视角出发，鼓浪屿应当在适应旅游者需求变化的同时坚守自身的文化特征，保持自身的核心竞争优势不动摇，不被“流量”裹挟，从而协调供给和需求之间的匹配程度，降低鼓浪屿文旅融合中的冲突。不同的旅游者对真实性追求存在差异，如经验性游客、实验性游客对旅游体验真实性的要求比一般的旅游者要高，而以休闲消遣为目的的游客出游主要是寻求快乐与愉悦，就算是“不真实”的目的地也并不会给他们的体验带来困扰。[①] 虽然旅游者的类型存在差异，但其实旅游者作为个体本身就是复杂与矛盾的，他们可能在追求美感的同时去猎奇，希望得到非常规体验，也希望获得认同感。所以，旅游者自身感知的多变性会影响到他们对体验质量的评价。鼓浪屿在进行保护性开发时，不能一味地迎合旅游者的需求变化，需要从现象出发寻找本质，思考旅游者复杂多变的需求背后到底希望获得什么。而这就离不开对社会、文化、个体生存等因素的思考。特别是在急剧变化和更新的21世纪，社会节奏越来越快，信息更迭的速度不断提升，人们所承受的外部压力也随之增加，这使得物质获得满足的人们开始追求精神层面需求的满足，更加渴望真实的自我。所以，鼓浪屿在保护性开发中面临文化层面冲突时，需要从“真实”出发，构建“真实”的鼓浪屿旅游形象，让旅游者能够获得精神层面需求的满足。

（二）经济利益冲突：鼓浪屿文旅产品供给水平差异

经济利益的冲突经常发生在旅游社区和投资者之间，以及当地居民和旅游管理部门之间。文旅融合的过程涉及多群体的互动实践，在旅游开发过程中，政府、投

① Cohen 基于旅游体验方式进行了类别的划分，包括休闲方式（the recreational mode）、消遣方式（the diversionary mode）、经验方式（the experiential mode）、实验方式（the experimental mode）和存在方式（the existential mode）。E. Cohen. “A phenomenology of tourist experiences,” *Sociology*, Vol. 13, 1979: 179-201.

资者、旅游经营者、居民等主体的行为直接影响到文旅产品的供给。随着政府管理和资本开发的介入，鼓浪屿的文化空间呈现出多元主体参与共建的态势，这也使得居民的生活、生产空间被挤占，也就带来经济利益的冲突。具体而言，一是收益方式的多元化矛盾。门票收入是经济利益体现的重要形式，鼓浪屿的门票收入涉及博物馆和部分核心景点，如日光岩、菽庄花园等。另外，鼓浪屿的餐饮、住宿等产生的收益很大一部分由外来经营者获得，因此，鼓浪屿当地社区居民的参与度和积极性还有待提升。同时，还需要提升居民收益分配的比例，扩大文化创造性劳动生产。如作为文化传承人，可以通过对地域文化的展示与旅游者进行文化互动和文化宣传，使地方文化价值实现最大化。[①] 二是鼓浪屿遗产保护与现代生活之间的冲突。文化的保护性开发涉及守旧与创新之间的平衡。历史建筑、博物馆等是鼓浪屿的重要旅游景点，也是文化保护的重点。但考虑到经济发展，难免会在鼓浪屿开展现代化建设，配置生活生产所需的基础设施，这会给鼓浪屿原有的文化环境和居民的生活环境带来影响，也对其保护性开发提出挑战。

（三）环境保护冲突：鼓浪屿旅游空间与居民空间的交叉

由于鼓浪屿独特的地理位置以及旅游景点特征，旅游空间与居民空间难免会出现交叉。旅游者的到来侵占了目的地居民的空间资源与生态资源，大量游客集聚会导致鼓浪屿酒店和餐馆超额预订、交通拥堵以及旅游景点的拥挤。这些现象降低了旅游体验的质量，甚至导致挤出效应。而旅游者到访引起的环境污染会导致当地居民的生活环境被破坏，还会引发居民对外来游客的反感情绪，激发二者之间的矛盾。此外，旅游者个体行为也会对鼓浪屿的文化资源保护带来影响，一些不文明的旅游行为与登岛游客的增多会给鼓浪屿原有文化资源保护带来负面影响。而地方政府的相关机构出于对社会公共利益的维护，需要对鼓浪屿的自然与人文资源环境进行管理，因此可能会限制游客流量，对部分景点进行定期关闭维修，这又会与旅游者产生矛盾。

四　文旅融合推动鼓浪屿保护性开发的创新路径

结合网络文本信息以及冲突分析结果，我们发现在鼓浪屿的开发中存在文化、经济

---

① 陈芳：《发展社区博物馆，促进传统旅游热点区域转型发展——以世界文化遗产地鼓浪屿为例》，《鼓浪屿研究》第 11 辑，社会科学文献出版社，2020，第 46 页。

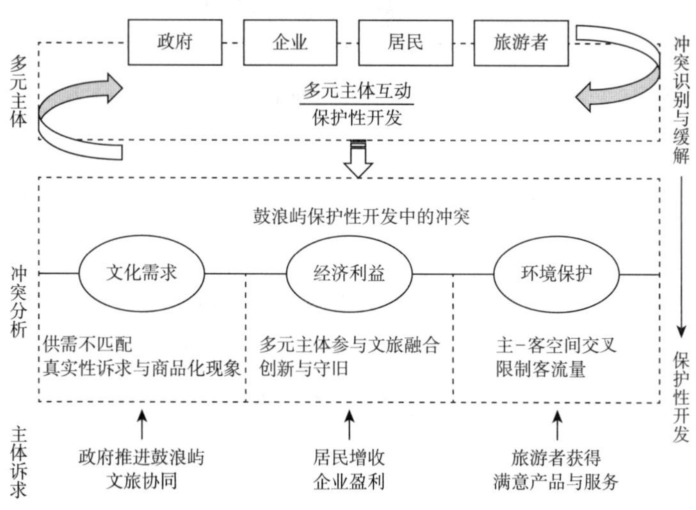

图 4 文旅融合视域下鼓浪屿保护性开发的冲突识别

和环境方面的冲突。就因文化需求产生的冲突而言，更多涉及消费市场对鼓浪屿旅游产品质量的需求变化，与消费群体的个性化需求相关。在面对文化需求冲突时，文旅企业和社区居民等产品提供者可以随着消费需求的变化而相应调整产品设计及营销思路。就经济利益产生的冲突而言，需要政府、景区管理部门、企业和居民之间进行协同，完善相应的基础设施建设，丰富文化旅游产业业态，增强多元主体在鼓浪屿的文旅融合参与度，提升居民的物质生活水平。就因环境保护产生的冲突而言，需要找准鼓浪屿文化旅游开发的适度点，避免文化旅游开发中的破坏现象，平衡文化与旅游之间的关系。面对利益主体的发展理念和价值取向的不同，需要以长远的眼光去协调冲突，在保护中发展，推进鼓浪屿在文化保护、环境保护和经济价值的获取中实现正向循环。结合文旅融合的内涵以及鼓浪屿在文旅融合过程中面临的冲突，本文就如何在增加鼓浪屿文旅产品附加值的基础上实现供需匹配、利益协调与环境保护提出以下创新路径（见图 5）。

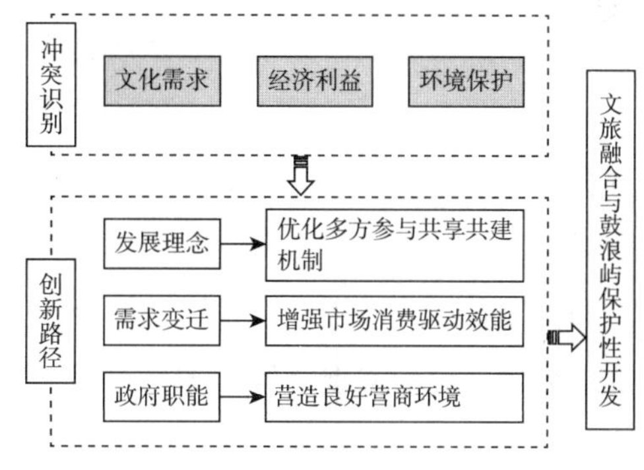

图 5 文旅融合视域下鼓浪屿保护性开发的创新路径

（一）调整发展理念，优化多方参与与共享共建机制

发展理念是对鼓浪屿文旅融合的指导，而发展理念的不一致将直接导致经济利益和环境保护的冲突。要树立和谐共生的发展观念，将“以文促旅、以旅彰文”的思想

融入文旅融合的发展路径中，以实现利益相关者的共同利益最大化为目标，开发高质量的鼓浪屿文旅融合产品及服务。积极开发并借助旅游这一载体，可以为文化保护带来资金投入，因为旅游产业的发展可以带来经济价值。在文旅融合的过程中，经济价值可以转为对文化保护的有效保障。同时，文化通过旅游的方式展现，可以让更多的人了解到鼓浪屿的文化，引发人们对文化的兴趣，进而推进文化的宣传工作，助力鼓浪屿的文化遗产资源保护。

首先，可以通过“文化+”发展鼓浪屿文化与旅游融合之外的其他产业，形成多主体参与的融合发展模式，依托对传统文化资源的挖掘发展鼓浪屿旅游体验产业。如可以深入打造“文化旅游+疗养”“文化旅游+教育”等新型休闲体验产业，扩大文旅产业以外的产业参与主体的范围。其次，可以聚焦闽南民俗文化，突出鼓浪屿独特的文化旅游体验，发展以民俗为内容的旅游演艺业，延长文化旅游产业价值链，吸引游客前来体验，使旅游表演成为满足旅游者沉浸式体验的文化旅游项目。最后，可以结合特定的旅游形式，发展文化创意产业，将闽南地区的文化特色通过文化创意设计融入旅游纪念品的开发过程，展现当地人的生活和劳动智慧，形成具有地方特色的文化创意产品。

（二）重视需求变迁，增强市场消费驱动效能

随着体验时代的到来，旅游者对产品和服务的需求更具个性化。在冲突分析中可以发现，文化需求的差异会带来利益相关者之间的冲突，进而给鼓浪屿文旅融合发展带来影响。因此，需要精准定位消费群体的个性化需求。具体而言：

第一，要把握不同细分市场中的文旅消费者的需求差异。不同细分市场中的消费者存在需求差异，有的旅游者更加偏好对鼓浪屿文化的鉴赏和沉浸式体验，而有的旅游者出于“到此一游”的目的，只是想浏览丰富多元的文化产品，这就使得文化体验的深度存在差异。因此，就不同细分市场下的鼓浪屿文旅消费而言，需要立体、多层次地分析人们的需求差异，进而开发更加具有针对性的产品。如针对不同年龄段的人群——老年人、中年人、青年人和少年，制定更加贴合其实际需求的产品，如为老年人推出海岛养生定制旅游，为少年推出闽南文化研学旅游等。同时，在产品的生产和销售中，要注意不同细分市场中消费者的消费能力与在岛中的停留时间，进而拓展鼓浪屿文化与旅游融合发展中的潜在消费空间。

第二，考虑到旅游者的需求可能在不同的时间与情境下发生变化，所以在精准定位消费群体的个性化需求时更加需要重视“留白空间”。这里的“留白空间”主要是指为文化与旅游融合产品和服务提供方预留的应急空间，在满足消费者随时可能变化

的具体需求的同时，不损害目的地的形象，提升消费者的好感。如在进行鼓浪屿文创DIY的指导设计中，可能会出现一些旅游者想要自己亲手制作产品但完成能力较差的情况，此时就可以提供给旅游者半成品或者手把手教其制作的服务内容，也就是让消费者做“选择题”而非“问答题”。

第三，在满足消费者个性化需求时还可以加强技术的应用。技术的运用在鼓浪屿保护性开发中具有重要意义，具体而言，5G、大数据、云计算和人工智能等技术的运用可以为消费者画像，不断地优化产品和服务供给，挖掘文化特点，为旅游者的“食、住、行、游、购、娱”各个方面的文化和旅游融合产品设计提供助力，从而更便捷和高效地促进对文化元素的挖掘。如可以依托大数据识别消费者的需求，并结合鼓浪屿独特的文化特色进行主题构建，在餐饮、住宿等相关旅游产品的设计中展现有形和无形的文化特色，让旅游者可以在鼓浪屿的旅游体验中感受到文化的独特性。此外，还需要重视技术运用可能带来的负面影响，要守正创新，合理运用技术，给予消费者适当的空间和私密感，避免产生负向作用。

（三）优化政府职能，营造良好营商环境

考虑到文旅融合推进鼓浪屿保护性开发还会受到客观制度环境以及主观创新环境的影响，因此，还需要进一步完善保障机制，为鼓浪屿文旅融合创造良好的营商环境。

第一，政府这只“有形之手”需要为鼓浪屿的保护性开发做好保障，为区域文旅的融合发展提供平台。如出台相关的产业融合发展的优惠政策，协调不同行政部门之间的关系，涉及国土、环境保护、文旅等不同领域的统筹和交流，为区域内外资源要素的自由流动提供便利条件。要在完善的统筹规划下打造鼓浪屿文旅深度融合发展的良好制度环境，实现基础设施共享、信息互通与要素优化配置。以科学规划来指引鼓浪屿文旅融合发展，避免出现产品过度同质化现象，发掘差异化和特色化文旅融合项目。此外，还需要相关部门发挥对文旅市场的监管作用，规范市场主体的行为，夯实鼓浪屿文旅融合发展的基础。

第二，文旅融合推进鼓浪屿保护性开发也对人才发展提出了更高的要求，需要个人知识储备更加综合全面。在文旅融合情境下，要求人才的知识储备更具复合性，既需要跨学科领域的知识体系，如需要同时具备文化、旅游、艺术和媒体等方面的专业知识，同时还需要了解国家宏观经济政策与行业政策。文旅融合视域下的鼓浪屿保护性开发涉及企业之间协调、消费者需求协调、政企部门协调等内容，需要人才具有工作积极性、团队合作能力、创新思维等。因此，进一步完善人才培养机制，就要求专业院校的人才培养方案结合具体产业发展实际做出适当的调整，以适应需求的变化。

具体而言，需要强化学生对新技术和新方法的应用能力，可以通过开发新课程、加强社会实践、增强与学界互动等方式丰富人才培养模式。专业院校要重视对学生的知识储备、个人能力和职业素养的培养，建立起立体多层次的人才培养体系。

五 结语

文旅融合对鼓浪屿的保护性开发而言是创新和转型的重要思路。体验时代旅游需求和供给面临新的调整和适配，在实际发展过程中，鼓浪屿文旅融合存在文化、经济和环境层面的冲突，这加大了对其保护性开发的挑战，使得鼓浪屿的可持续发展受到影响。在网络文本分析的基础上，本文提出了文旅融合视域下鼓浪屿保护性开发的创新路径，涉及优化多方参与共享共建机制、增强市场消费驱动效能、营造良好营商环境等。

文旅融合已经成为促进区域经济社会发展和文化传承的重要推动要素，因此应将鼓浪屿的独特文化与旅游进行融合，为鼓浪屿的旅游发展打造核心竞争优势，在提升鼓浪屿已有产业附加值的同时保护文化、传承文化。当然，在文旅融合的过程中难免会存在不同层面的冲突，这会对鼓浪屿的保护性开发带来消极影响。这需要我们正视冲突，了解冲突中的关键利益相关者，从市场、资本、人力、文化资源等方面进行差异化布局。虽然学者们在研究中对旅游开发与文化保护之间的关系并没有形成定论，也有观点认为旅游会给文化带来负面影响，但不容忽视的是，在实践中，文旅融合给经济发展注入了活力，为文化保护带来了资本和市场层面的支持。在鼓浪屿保护性开发过程中要重视冲突的正向作用，将矛盾凸显出来，并在影响尚小之时做出相应的处理，更好地预测、调控和管理冲突，实现鼓浪屿旅游发展与文化保护的协同，推进鼓浪屿的可持续发展。

鼓浪屿华侨文化传播研究
——以青年游客为对象*

陈倩倩　郑文标**

摘　要： 本文以鼓浪屿华侨文化传播为研究对象，通过问卷调查与访谈法收集青年游客对鼓浪屿华侨文化的认知数据，分析鼓浪屿华侨文化传播现状及存在的问题。研究显示，鼓浪屿华侨文化的传播面临旅游宣传与华侨文化宣传不平衡、受众局限性、华侨文化元素标识不明显等问题。基于此，提出政策建议，包括深入挖掘文化内涵，针对不同受众定制传播计划，利用线上线下多渠道推广，采取多样化的传播策略，旨在提升鼓浪屿华侨文化的传播效果，促进文化的保护与传承。

关键词： 鼓浪屿　华侨文化　青年游客　传播

一　问题的提出

（一）研究背景

华侨文化是中华文化中一个独特而重要的组成部分。近年来，习近平总书记多次强调要保护华侨文化并加强相关研究工作，彰显了党和国家对于这一独特文化遗产的高度重视。鼓浪屿作为曾经的华侨聚居地之一，具有丰富的华侨文化底蕴。2017 年，“鼓浪屿：历史国际社区”成功进入世界遗产名录，习近平总书记对鼓浪屿申遗成功做出重要指示，强调：“申遗是为了更好地保护利用，要总结成功经验，借鉴国际理念，健全长效机制，把老祖宗留下的文化遗产精心守护好，让历史文脉更好传承下去。”① 华侨文化作

* 本文为福建省社科研究基地重大项目“‘一带一路’对中华文化海外传播的影响效果及作用机制研究”（项目编号：FJ2021MJDZ008）的结项成果。

** 陈倩倩，华侨大学国际关系学院硕士研究生，研究方向为华侨华人、国际传播研究；郑文标，华侨大学国际关系学院教授、博士生导师，研究方向为华侨华人、国际传播研究。

① 姜潇、包昱涵、许雪毅：《习近平的文化情怀丨“把老祖宗留下的文化遗产精心守护好”》，新华网，2022 年 5 月 29 日。

为连接海内外中华儿女的重要纽带，发挥着极其重要的凝聚侨心侨力的作用，是中华优秀传统文化的重要组成部分。加强对鼓浪屿华侨文化遗产的保护，不仅能够提升我国的文化自信，还能有效传播中华文化，让世界更加深入地了解中国独特的海洋文化与华侨文化的交相辉映，进一步推动中华文化走向世界，为构建人类命运共同体贡献独特的文化力量。

鼓浪屿作为重要的华侨聚居地，见证了众多闽籍华侨通过厦门口岸出洋或归国的历史。这些归侨将西方文化与南洋文化带回鼓浪屿，并与中华传统文化融合，形成了独具特色的鼓浪屿华侨文化。这种文化不仅体现在中西合璧的建筑风格上，还包括南洋生活方式等多元文化元素。此外，鼓浪屿华侨还在兴办实业、支持民主革命、兴办教育和文化事业方面发挥了重要作用，诞生了诸如李清泉、黄奕住等著名华侨华人。这些历史与贡献共同构成了鼓浪屿华侨文化的独特魅力。

鼓浪屿作为国家5A级旅游景区，凭借其独特的自然景观和丰富的文化遗产，每年吸引着大量的国内外游客。除了自然美景之外，鼓浪屿还承载着深厚的历史文化，尤其是其独特的华侨文化，构成了该地区重要的文化资源。然而，尽管鼓浪屿享有较高的知名度和影响力，但人们对华侨文化价值的认知度相对有限。申遗成功为鼓浪屿带来新的发展机遇，加之现代信息技术的快速发展，为鼓浪屿文化的国际传播提供了有利条件。

在机遇与挑战面前，如何借助旅游资源开展文化宣传，突破地域局限性，以提高鼓浪屿华侨文化的知名度和影响力，从而更好地发挥华侨文化在促进中外文明交流互鉴、传播中华优秀传统文化以及凝聚侨心侨力等方面的重要桥梁作用，值得进一步思考和探讨。

（二）文献回顾

1. 鼓浪屿华侨文化研究

鼓浪屿华侨文化包含中西方文化元素，具有多元文化融合特征，是鼓浪屿的一张重要文化名片。鼓浪屿华侨文化是一种开放、包容并富有创新精神的文化，它不仅是中国东南沿海文化与南洋文化交融的产物，也是全球化背景下文化交流与融合的生动例证，在当代依然具有重要的历史价值和现实意义，是中外文明交流互鉴的重要体现。

鼓浪屿华侨文化的特点体现在建筑、艺术、教育和生活方式等多个方面。在建筑方面，鼓浪屿华侨引进了许多西式建筑风格，如哥特式、罗马式等，与中国传统建筑风格相融合，形成了独特的建筑景观。[①] 在艺术方面，华侨带回了西方的音乐、绘画等

① 钱毅：《鼓浪屿百年建筑风格流变及其背后的文化意义》，《中国文化遗产》2017年第4期。丁凡倬、张继晓：《从私家到公共：鼓浪屿中西糅合式华侨建筑装饰的持续性演进》，《西安建筑科技大学学报》（社会科学版）2022年第1期。

艺术形式，与当地的传统文化相结合，创造出新的艺术形式。① 教育上，华侨们积极兴办学校，推广新式教育，培养了大量的优秀人才。② 在生活方式上，华侨文化及西方的生活习惯和理念与岛上的传统文化相互交融，形成了独特的生活方式，并逐渐发展成国际性人文社区，形成开放包容的文化氛围。③

另外，鼓浪屿华侨文化的现有研究成果还涉及华侨人物研究。④ 归侨侨眷是鼓浪屿近代史上最活跃的群体，可以说，鼓浪屿文化的主体部分是华侨文化。鼓浪屿近80%的历史风貌建筑都是归侨侨眷的产业。据2004年的人口统计，在这个仅有2万余人的小岛上，一半以上的居民具有归侨侨眷的身份。⑤ 归侨侨眷与闽南本土居民及外国侨民共同组成了鼓浪屿的多元社群，形成了中外多元文化碰撞、交流和融合的国际社区。⑥

2. 鼓浪屿游客研究

目前，针对鼓浪屿游客的研究主要分析游客的旅游行为。研究角度主要集中在鼓浪屿对游客旅游体验的影响以及游客旅游行为对鼓浪屿的影响这两方面，研究方法多运用SPSS、Amos等定量研究方法，部分运用问卷等形式的定性研究与定量研究相结合的方法。

针对鼓浪屿作为旅游目的地对游客旅游体验的影响，已有研究从多个角度进行了探讨，指出鼓浪屿的空间布局、民宿服务、音乐景观以及整体的文化氛围是影响游客体验的关键因素。由于鼓浪屿道路错综复杂以及缺乏有效的空间指示，存在游客空间认知困难的现象⑦。在申遗综合整治规划实施前，鼓浪屿游客的出行景点范围和购物范围均有很大的局限性，因此需要进行科学规划。⑧ 另外，民宿的服务态度是影响游客满意度的主要因素之一，对提升游客的整体住宿体验至关重要。⑨ 另

① 李建武、臧艺兵：《鼓浪屿音乐文化与海上丝绸之路》，《集美大学学报》（哲学社会科学版）2019年第2期。

② 施雪琴：《南洋华侨捐助鼓浪屿学校之考察：以雷一鸣、叶谷虚南洋募捐为例》，《鼓浪屿研究》第16辑，社会科学文献出版社，2023，第23~34页。

③ 袁绚：《华侨文化在"鼓浪屿：历史国际社区"形成和后申遗时代中作用研究》，《四川省社会主义学院学报》2020年第1期。

④ 詹朝霞：《20世纪前后南洋华侨归国定居鼓浪屿情况及原因浅析》，《鼓浪屿研究》第8辑，社会科学文献出版社，2018。

⑤ 厦门市地方志编纂委员会编《厦门市志》，方志出版社，2004，第773页。

⑥ 吕宁、魏青、钱毅等：《鼓浪屿价值体系研究》，《中国文化遗产》2017年第4期。

⑦ 吴框框、吕颖：《鼓浪屿空间认知及空间优化对策研究——基于游客行为分析的实证研究》，2017中国城市规划年会，第18页。

⑧ 裴昱、党安荣：《浅论鼓浪屿综合整治规划中的游客空间认知评估》，2018中国城市规划年会，第12页。

⑨ 董斌彬、黄丽丽：《基于在线评论的民宿顾客满意度研究——以鼓浪屿为例》，《泉州师范学院学报》2021年第2期。

有研究注意到，被誉为“音乐之岛”的鼓浪屿，其音乐景观对游客满意度有积极影响。① 总体来看，这些研究强调通过改进空间规划、提高民宿服务质量以及增强文化气氛等方式来优化游客体验的重要性。

关于游客旅游行为对鼓浪屿的影响，已有研究主要集中在游客的低碳行为、环保意识、感观体验、心理状态以及期望值等方面。在低碳旅游日益受到重视的背景下，鼓浪屿游客的低碳认知、低碳意愿和低碳行为对鼓浪屿建设低碳景区产生了积极的影响。② 另有研究表明，游客对鼓浪屿志愿服务的正面评价有助于提高世界文化遗产地志愿者的服务质量。通过满足游客的期望，可以进一步增强志愿者服务的效果，提升鼓浪屿作为文化遗产地的品牌形象和服务水平。③ 因此，通过积极促进低碳旅游实践和提升志愿服务的质量，可以有效地改善鼓浪屿的旅游环境，提升游客体验，并为鼓浪屿的文化遗产保护和可持续旅游发展做出贡献。这些研究成果为理解游客行为对鼓浪屿的影响提供了理论支持，并为相关策略的制定提供了依据。

3. 评述

综上所述，现有的研究成果不仅为鼓浪屿华侨文化提供了多角度的解读，并且对鼓浪屿现存的问题提出了建设性建议，具有显著的现实意义。然而，这些研究仍存在一些局限性，尤其是在华侨文化与旅游融合方面探讨相对不足，较少将鼓浪屿华侨文化与旅游业相结合进行综合探讨。鉴于华侨文化是鼓浪屿地区深厚文化底蕴的重要组成部分，通过旅游业这一平台，可以进一步发掘和传承这一文化遗产。将华侨文化融入旅游业，不仅能够丰富旅游资源，提升旅游体验，还能推动鼓浪屿旅游业的可持续发展，促进文化与旅游的深度融合。本文旨在深化对华侨文化与旅游融合的研究，以期为鼓浪屿华侨文化保护和旅游发展提供新的视角和策略。

二 研究方法

本研究使用问卷和访谈调查法，按照随机抽样原则，选取鼓浪屿青年游客作为调查对象，通过直接与访谈对象进行交流以及回收问卷获取一手资料，把握青年游客对鼓浪屿华侨文化的了解情况，结合传播模式理论进一步分析鼓浪屿华侨文化的传播现

① 张卉、张捷、仇梦嫄等：《音乐景观意象对游客地方依恋的影响研究——以厦门鼓浪屿为例》，《人文地理》2020 年第 3 期。

② 戚俏蓉：《基于 SEM 的游客低碳旅游作用机制与景区策略研究——以鼓浪屿为例》，2021 中国城市规划年会，第 13 页。

③ 徐惠烨：《基于游客期望与评价的世界文化遗产地志愿者服务策略研究——以厦门鼓浪屿文化遗产地为例》，《湖北开放职业学院学报》2019 年第 4 期。

状和问题。在此基础上提出针对性建议，以促进鼓浪屿华侨文化的传播和传承。

（一）问卷调查

此次问卷调查总共回收 158 份有效问卷，男女性别占比分别为 48.7%、51.3%。受访者来自广东、福建、贵州、辽宁等多个地区，其中有 21 名受访者还未去过鼓浪屿，其余受访者均作为游客去过鼓浪屿。

此次问卷调查旨在了解青年游客对于鼓浪屿华侨文化的认知程度、游览体验以及对华侨文化保护和传承的看法。通过对受访者了解途径、游览次数等基本信息的了解，结合对鼓浪屿的吸引力、代表性元素以及华侨文化认知程度等的探究，以及对保护与传承工作的评估和展望，旨在为更好地传播和发扬鼓浪屿华侨文化提供参考和建议。

（二）访谈调查

此次访谈调查采用半结构化访谈方式收集资料，共采访了 16 名青年游客，年龄范围在 15~34 岁之间，职业包括学生、家庭主妇、文员等，分别来自广东、云南、四川等多个地区。其中 5 名是在码头候船的游客，即还没去过鼓浪屿，剩下 11 名为去过鼓浪屿的游客。通过与青年游客对话，直观地获取他们对鼓浪屿华侨文化的认知程度与看法，进一步分析发现鼓浪屿华侨文化在传播渠道等方面存在的问题，从而提出针对性建议，更好地促进鼓浪屿华侨文化的传播与传承。本文对访谈资料的运用以编号区分不同的受访者，编号包括采访日期以及受访者代号。

三　青年游客对华侨文化认知与传播分析

（一）传播内容

问卷调查结果显示，鼓浪屿主要通过厦门“必游之地”的声誉以及风景优美这两大方面吸引游客。如图 1 所示，大部分受访者认为历史建筑和自然风光是鼓浪屿最具代表性的元素，华侨文化、音乐艺术、小吃美食以及海洋文化的交融也具有一定的代表性。

其中，在对鼓浪屿华侨文化的内容调查方面，有 81.6%的受访者表示了解一些鼓浪屿著名的华侨华人，有 80.4%的受访者知道鼓浪屿的一些建筑是由华侨建成的，并且有九成的受访者认为华侨文化可以理解成中华文化的一部分。具体来说，如图 2 所示，在受访者的认知中，建筑风格是最具特色的鼓浪屿华侨文化元素，以下依次是历史底蕴、生活方式以及美食文化等。

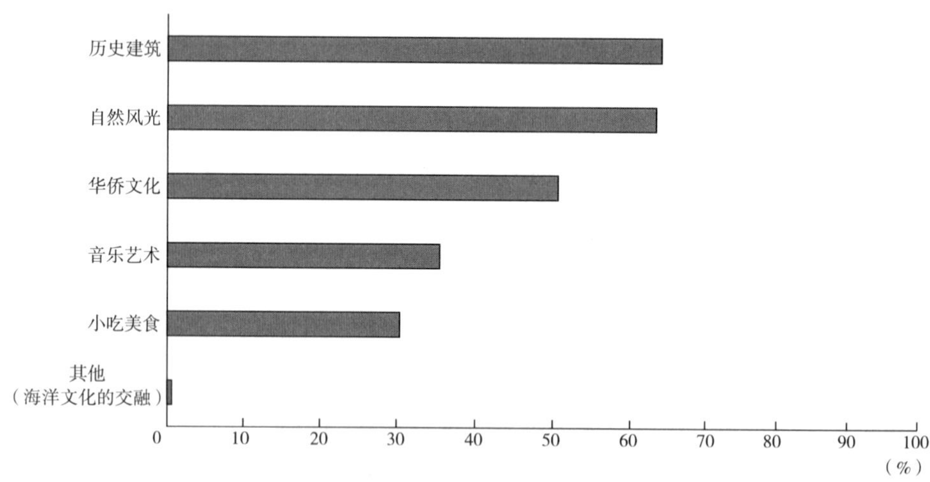

图 1　受访者对鼓浪屿最具代表性的元素的认知情况

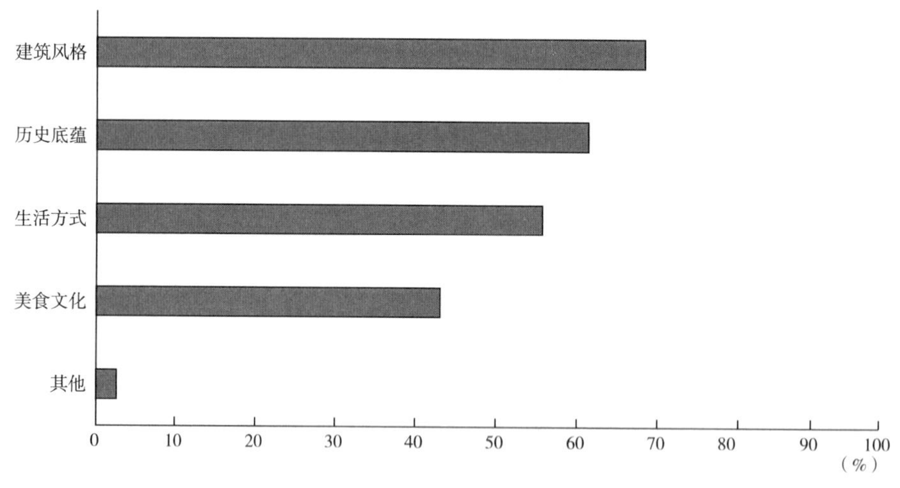

图 2　受访者对最有代表性的鼓浪屿华侨文化元素的认知情况

明确了解鼓浪屿华侨文化的 8 名受访者均表示，鼓浪屿中西结合的建筑风格令其印象深刻。历史上，许多华侨在鼓浪屿开发房地产，如菲律宾归侨杨忠权兴建的杨家园别墅群、李清泉的容谷别墅以及黄奕住的黄家花园等。现如今这些华侨建筑已经成为著名景点和文化遗产，也赋予了鼓浪屿“万国建筑博物馆”的美称，是华侨文化重要的组成部分。

我印象比较深刻的是上面的番婆楼、杨家园，就是体现比较有名的华侨风格。有了解到好像是一个华侨和他的兄弟一起建好，他就捐给了国家，然后这种精神

就助力他成为一个当地有名的人物，也有了现在的景区。(0626B)

此外，鼓浪屿侨联、华侨文化展馆、音乐学校、植物引种园等也是令受访者印象深刻的华侨文化元素。鼓浪屿侨联的华侨文化展览包括鼓浪屿侨乡的历史、华侨与民主革命、城市建设、兴办实业、教育和生活方式等主题，较为全面地介绍了鼓浪屿华侨及其历史与发展沿革，是鼓浪屿华侨文化的重要呈现。钢琴博物馆、华侨亚热带植物引种园等也具有明显的华侨文化特色。

当时为了避暑还去了鼓浪屿侨联，里面有鼓浪屿华侨的各个方面的历史，特别是革命，还有很多著名的华侨，这是让我印象比较深刻的。(0702N)

建筑，还有一些博物馆——它里面有很多博物馆，像什么钢琴博物馆、风琴博物馆，都是捐赠的——都是一些华侨的贡献，才形成了鼓浪屿现在这样一个具有文化历史的小岛。(0627I)

我对相关的历史建筑跟历史遗迹印象比较深刻，尤其它的一些中西方文化相结合的建筑。一些有南洋风的建筑，像一些小洋楼、小别墅什么的，我觉得都很好看。然后历史遗迹的话，可能因为自己对鼓浪屿这个岛本来的历史了解得不太够，所以比较少关注这一方面。岛上好像还有一个作物园，里面可能是一些华侨华人带回来的作物，所以也比较感兴趣的。(0627H)

总的来说，青年游客对鼓浪屿华侨文化了解和认知的内容较为丰富，包括建筑风格、历史底蕴、侨联展馆、博物馆等多方面，并以建筑为主。然而，在访谈调查中，我们发现青年游客对鼓浪屿华侨历史和华侨人物这两方面的认知和了解较少，了解普遍也不深刻，更多表现为对直观的建筑与具体场景这些实物元素的认知。

（二）传播渠道

传播渠道是信息传播的技术手段和媒介，了解和掌握传播渠道的特点和其对信息传播的影响，对于提高传播效果至关重要。

在问卷调查中，受访者表示主要通过网络、亲朋好友的渠道了解鼓浪屿，并且旅游书籍/杂志、影视作品和学校也是了解鼓浪屿的重要渠道，可见了解鼓浪屿的渠道丰富多样，包括线上和线下两种（见图 3）。

相比之下，了解鼓浪屿华侨文化的受访者较少，并且他们了解鼓浪屿华侨文化的

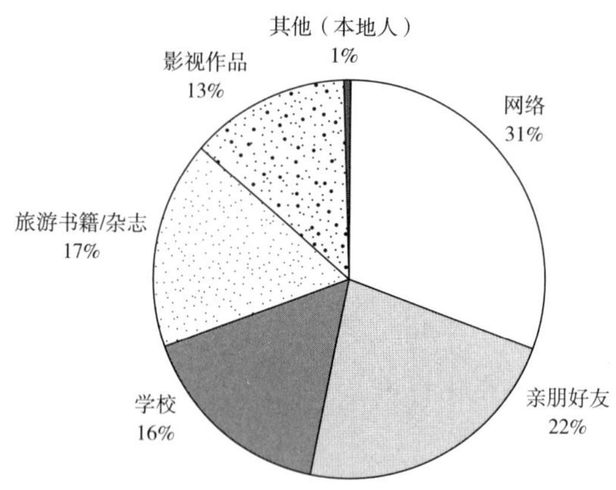

图 3　受访者了解鼓浪屿的渠道

渠道也相对较少。一方面，去过鼓浪屿（即旅游）成为受访者了解华侨文化的重要渠道，不少受访者表示在鼓浪屿旅游过程中注意到一些建筑的介绍，其中就提到与“侨”相关的内容。

> 我大多数都是在网络还有旅游宣传上了解，因为是从很小就已经知道了鼓浪屿这个地方，然后它旅游的宣传力度比较大，所以印象比较深刻。关于华侨文化，大多数是在旅游的过程中看到了一些建筑上面写的这些故事，然后知道了一些，其他时候都不怎么有机会了解到。（0702L）

另一方面，学校也是受访者了解鼓浪屿华侨文化的渠道之一，尤其是厦门地区的学校组织学生到鼓浪屿开展研学与党建等活动，或是在课程中涉及相关内容。

> 我总共去鼓浪屿三次，第一次是很小的时候，根本就没有什么意义。然后第二次是在学校读书时学院老师组织的（活动），那个时候知道了原来鼓浪屿有很多的华侨文化。（0626A）

总的来说，游客了解鼓浪屿的渠道多样，而了解鼓浪屿华侨文化的渠道则相对较少，到鼓浪屿观光旅游是了解华侨文化的主要渠道。

（三）传播受众

访谈结果显示，部分受访者认为鼓浪屿华侨文化的受众群体具有一定的局限性，一方面是由于华侨文化本身就具有较强的特定群体倾向，另一方面则是地域局限性，鼓浪屿华侨文化在福建地区知名度较高，而在福建之外地区影响力小、知名度低。

> 华侨文化的受众，我觉得是一些比较有文化底蕴的人，然后还有对南洋文化比较感兴趣的人，以及一些海内外华人华侨来到中国想寻根，或者说想去祖籍地看一下，再有就是跟这些闽南文化有关的人，他们文化比较相近，我觉得这个是比较大的受众。(0702L)

也有受访者表示，由于鼓浪屿的旅游知名度较高，许多慕名而来的游客都是出于拍照和打卡的目的来到鼓浪屿，从而不会特地关注华侨文化。

> 我觉得可能是像你们这样的学生和研究人员吧，因为旅游的话大家好像都是冲着景点打卡和拍照去的，不会去关注这些，而且应该更多是福建或者厦门地区的学生知道的比较多，侨联那边我看到好像是学校党建或者研学的地方。(0702N)
>
> 我肯定不是，我之前没听说过。应该是学生吧，像你一样的做研究的。(0702P)

由此可见，鼓浪屿华侨文化的受众群体具有一定的地域局限性，从而表现出受众较为单一的特点，需要进一步扩大受众群体，从而收到更好的传播效果，提高鼓浪屿华侨文化的影响力。

(四) 传播策略

针对鼓浪屿华侨文化的宣传与保护，问卷调查显示，大部分受访者认为保护和宣传鼓浪屿华侨文化是十分重要和必要的（分别占86.08%和84.18%）。对于青年游客在传播鼓浪屿华侨文化中所扮演的角色，如图4所示，大部分受访者（61%）认为青年游客作为传播主体积极参与传播，只有10%的受访者认为没有发挥作用，可见现阶段青年游客对传播华侨文化具有积极的主动性和主体意识。

在具体的措施方面，许多受访者都认为可以通过打造与鼓浪屿华侨文化相关的旅游产品和旅游路线、利用现代媒体手段宣传、加强对华侨文化的研究、在轮渡码头和鼓浪屿岛上设置显眼的立牌等手段更好地保护和发扬华侨文化。此外，有受访者表示，在历史教育和旅游宣传中提及华侨文化十分重要，因为一些人在来鼓浪屿之前对鼓浪屿华侨文化的历史沿革完全不了解，对重要的近代历史也存在知识盲区。也有受访者提及，可以适当开放一些建筑供游客参观，以使他们更好地感受华侨文化氛围，并且

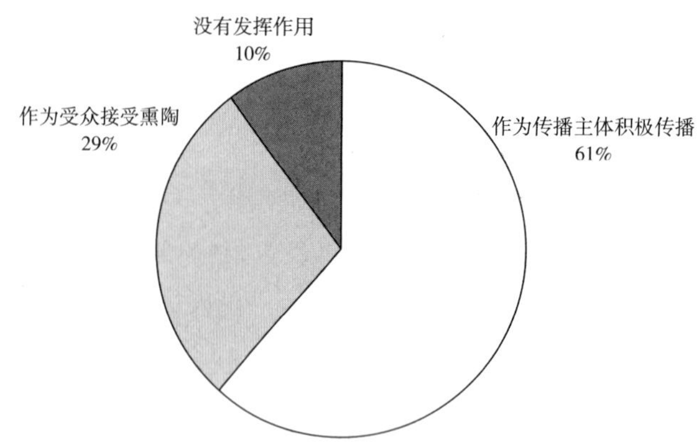

图 4 受访者对青年游客在传播鼓浪屿华侨文化中所扮演角色的认知

需要完善餐饮、特产、住宿和观光等相关配套设施，做好整体性、体系性规划，从而发扬华侨文化。

在访谈调查中，有 15 名受访者认为青年游客在传播鼓浪屿华侨文化方面起到积极作用，只有 1 名受访者认为青年游客在这一方面的影响力不大。大部分受访者提到会通过社交媒体如抖音、小红书等平台主动宣传，并且旅游体验较好的话会跟朋友推荐介绍，由此起到传播的作用。

> 我觉得可以主动宣传，比如说我去了之后我就发抖音，我的亲戚那边就给我点赞。他们如果想要了解更多的话，我可能就会给他们介绍一下，就单独介绍一下华侨文化。(0626B)
>
> 我觉得如果好玩的话，应该会跟朋友之类的去宣传。(0627G)

针对具体的传播策略，16 名受访者均积极建言献策，为推动鼓浪屿华侨文化更大范围的传播贡献自己的力量。其中主要包括：在岛上增加介绍华侨文化的展板；在轮渡上对鼓浪屿的解说中介绍华侨文化，并推出华侨文化文创产品；直接开设一条文化旅游路线，提供免费的华侨文化讲解；利用网红效应与“大 V”合作拍旅游宣传片，通过抖音、小红书、微博等社交媒体平台进行宣传等。

（五）传播效果

问卷调查结果显示，有 19.62%的受访者表示对鼓浪屿华侨文化完全不清楚，其余八成左右的受访者对鼓浪屿华侨文化具有一定程度的了解。在这 19.62%的受访者中，有 32.26%的受访者还没去过鼓浪屿；对鼓浪屿有一定了解的受访者均至少去过一次鼓浪屿。可见，是否去过鼓浪屿是影响青年游客对鼓浪屿华侨文化认知的重要因素。

具体来说，有78.48%的受访者打算或已参观过与华侨文化相关的景点或博物馆，如菽庄花园、鼓浪屿华侨文化展馆等。并且在去过鼓浪屿的受访者中，有八成以上的受访者在鼓浪屿参观时留意到华侨文化元素。如图5所示，大部分受访者认为鼓浪屿华侨文化在提升旅游体验、增强文化自信以及扩大知识面这几个方面对青年游客产生影响，同时也有一部分受访者认为鼓浪屿华侨文化对游客并没有影响。可见在认知层面，鼓浪屿华侨文化对游客有较好的影响。此外，在情感方面，大部分受访者认为鼓浪屿的华侨建筑使他们感叹、好奇以及震惊，切实触动了这些游客的内心。

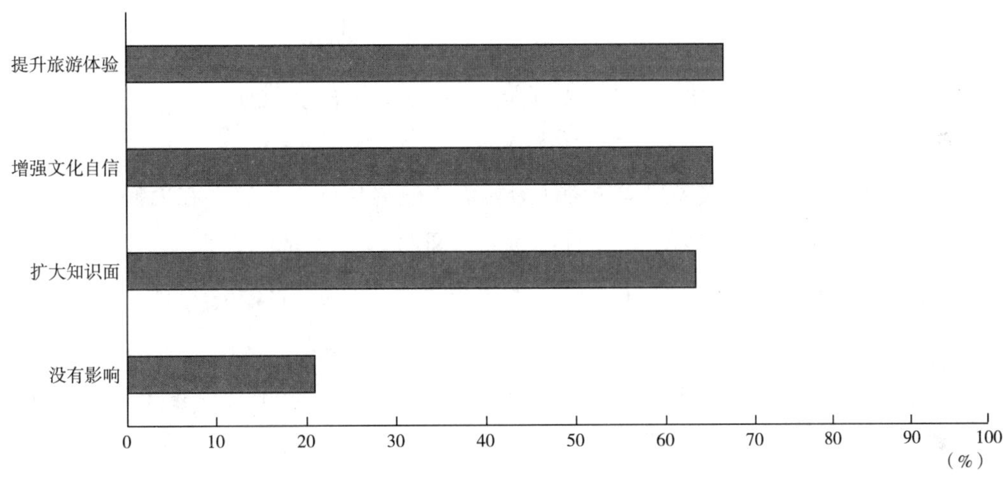

图5　受访者认为鼓浪屿华侨文化对游客有哪些影响

在访谈调查中，还没去过鼓浪屿的5位受访者均表示，在接受采访之前并没有了解过鼓浪屿华侨文化。在去过鼓浪屿的11位受访者中，也有3位受访者表示并不了解鼓浪屿华侨文化。即使如此，从访谈结果也可以看出，是否去过鼓浪屿仍然是影响游客对鼓浪屿华侨文化认知结果的重要原因。

> 其实不太知道华侨文化，但是知道鼓浪屿，华侨文化的话基本上是没有了解的，只知道这是一个旅游景点，但是对它内部的一些文化内涵基本上是没有了解的。(0626D)

去过鼓浪屿并且表示了解华侨文化的8位受访者都提到，鼓浪屿华侨文化在提升旅游体验、引发游客好奇、精神激励等方面都产生了积极影响。

因为我去的时候我觉得确实很美，看到它的建筑我就会感慨，住在这里的人很幸福，反正体验跟其他城市是不一样的。因为我去的时候我也有跟四川对比，四川就没有这种文化，那种感受是不一样的。(0626B)

我觉得这个地方很漂亮，这个地方的景色在其他地方是不可复制的。(0702K)

是因为我之前虽然听过一些，可是不太了解，我只知道华侨比较有钱。然后在游览鼓浪屿之后，也了解到华侨的那种生平历程，他们的信仰，他们那种为国家、为家乡做的贡献。(0702M)

由此可见，鼓浪屿华侨文化在认知、情感以及行为方面都对青年游客产生了重要的积极影响，传播效果相对较好。

四　鼓浪屿华侨文化传播现存问题

问卷调查结果显示，大多数受访者认为目前鼓浪屿华侨文化还存在内涵有待挖掘、宣传力度不够、宣传方式不多、商业氛围过重、景区门票收费不合理、景区配套设施不完善等不足之处。在访谈调查中，受访者也根据自己的旅游经历提到以下几个方面的不足。

一是旅游宣传与华侨文化宣传的不平衡。受访者认为，鼓浪屿侧重于旅游等商业性质的宣传，对华侨文化的宣传相对较少。鼓浪屿的旅游定位深入人心，这也在一定程度上反映出鼓浪屿其他方面如文化宣传似乎都“让位于”对旅游的宣传，可以说鼓浪屿各方面的宣传呈现出不平衡的状态。

首先它的宣传侧重点，好像侧重于旅游，没有华侨文化这方面的。对，是的，然后一般都是只有了解过的人才会知道，如果没有去特地了解，根本就不知道还有这段历史。(0626A)

我在坐轮渡的时候，也有仔细听他们在轮渡上面的介绍，但是几乎没有提到华侨，只提到鼓浪屿，然后还有郑成功。他们在卖纪念品的时候也主要是鼓浪屿的一些风景的那种文创产品，没有跟华侨有关的。大家都只知道鼓浪屿自然文化和自然风光，就是因为旅游宣传很多。华侨文化我觉得还是比较少，比如说它对岛内主要的华侨人物及其事迹还缺少宣传。(0626B)

二是受众的局限性，虽然鼓浪屿是著名的5A级景区，但是鼓浪屿华侨文化属于地区侨乡文化，知名度相对较低。

> 因为华侨的话还是在这种就像福建这一带，就是移民比较多的地区，然后其他省的话就会了解得比较少，很多人甚至都没有接触过这种华侨或者华侨文化。(0626E)
>
> 就是可能连一些本地人都对华侨文化了解不是很多，何况是外地人。我们如果没有想来厦门这个地方的话，是没有心思去了解一些当地的文化的。(0627F1)

三是岛上有关鼓浪屿华侨文化元素的标识不明显。综观鼓浪屿的知名景点，只有“华侨亚热带植物引种园”与“鼓浪屿侨联”这些地点带有明显的“侨”字眼，从而容易在地图上识别出来，其他如杨家园、菽庄花园等虽然有华侨元素，却只能在具体的景点才能看到相关的介绍。

> 我觉得是宣传不够吧，像我是来到鼓浪屿之后才知道这里有华侨文化，网上无论是鼓浪屿官方还是网友发的都是网红打卡景点，也没有提到和华侨相关的东西，我没有看到过。还有就是坐船去鼓浪屿的时候，船上的解说我认真听了，都是介绍鼓浪屿的景点，还有文创产品，也没有侨的元素。还有一些景点的标语之类的，好像对侨的介绍也比较少，只有在侨联有很多。(0702N)
>
> 就是大多数还是宣传它的一些风景，比如说海边的一些风景或者一些建筑特色，但是可能很少有去挖掘它后面的那种文化内涵啥的，并且华侨景点的特点也不鲜明。(0626D)

四是景点的开放性问题。部分华侨元素景点由于商业用途或其他原因并不对外开放，这在一定程度上也会影响鼓浪屿华侨文化进一步扩大知名度。

> 然后还有一个是黄家花园，它现在已经变成一个酒店了。它里面是不能参观的，所以我觉得有些景点确实在开放上面还是有问题。因为像这种楼，其实我们得进去才知道，在外面其实看不了什么特别多的东西，想了解也没有办法。(0626B)

总的来说，鼓浪屿华侨文化还存在华侨文化内涵有待挖掘、宣传力度不够、宣传方式不多、商业氛围过重、景区门票收费不合理、景区配套设施不完善、旅游宣传与华侨文化宣传不平衡、受众范围小、岛上华侨元素标识不明显、景点开放性不够等不足之处，需要及时改进以推动鼓浪屿华侨文化在更大范围传播，从而提高知名度、扩大影响力，促进鼓浪屿华侨文化更好地得到保护和传承。

五 结语

基于对鼓浪屿华侨文化传播现状的分析，我们从传播内容、传播受众、传播渠道和传播策略四个方面提出如下建议，以期提升鼓浪屿华侨文化的传播效果。

其一，传播内容方面，要深入研究鼓浪屿华侨文化的历史渊源、社会贡献及文化价值，提炼核心内容，确保传播内容的准确性和深度。结合历史风貌建筑保护工作，在每一幢华侨建筑中展现华侨个人的奋斗史和家族故事，增加内容的情感共鸣，使游客更容易理解和记住。开发互动性强的文化体验项目，如模拟华侨生活场景、文化工作坊等，提升游客的参与度和体验感。

其二，传播受众方面，根据年龄、兴趣、文化背景等因素制定针对细分受众群体的传播计划。通过与学校、社区、企事业单位合作，举办各类活动，吸引更广泛的社会群体参与。鼓励青年游客通过社交媒体分享个人体验，形成口碑传播效应。

其三，传播渠道方面，利用互联网平台（如社交媒体、视频网站）和线下实体空间（如华侨建筑、博物馆、展览馆）相结合的方式，扩大传播覆盖面。引入虚拟现实（VR）、增强现实（AR）等技术，为游客提供沉浸式文化体验。利用国际社交平台和媒体，面向全球华侨华人和国际友人推广鼓浪屿华侨文化。

其四，传播策略方面，通过政府、非政府组织、旅游企业、教育机构等多方面合作，形成传播合力。打造鼓浪屿华侨文化的品牌形象，通过品牌故事和视觉识别系统提升知名度。开发专门针对华侨文化的旅游线路和产品，提供专业导游讲解服务，增强游客的文化体验。鼓励鼓浪屿本地居民参与华侨文化保护和传播活动，提升社区归属感和文化自豪感。

总之，将华侨文化作为鼓浪屿文化传承传播的核心内容，可以有效提升鼓浪屿华侨文化的传播效果，加深游客对华侨文化的认知和情感联系，同时也为鼓浪屿华侨文化的长期保护和传承奠定坚实的基础。

Table of Contents & Abstracts

Abstract: This article chronicles the experiences of the young Dutch sinologist Gustave Schlegel during his studies and formative years on Kulangsu(Gulangyu).In June 1858, Schlegel arrived on Kulangsu, where he learned the Southern Fujian dialect (闽南语) and began compiling the *Nederlandsch-Chineesch woordenboek met de transcriptie der Chineesche Karakters in het Tsiang-tsiu dialekt* (《荷华文语类参》). Through interactions with local storytellers in Xiamen, he developed an interest in traditional Chinese narratives such as The Oil Seller Who Won the Beauty(《卖油郎独占花魁》). In June 1860, when the French transport ship Iser was wrecked near Kulangsu, Schlegel provided translation services. The article also outlines his academic contributions to sinology, including the scholarly impact of his work *Uranographie chinoise ouPreuves directes que l' astro-nomie primitive est originaire de la Chine, et qu' elle a été empruntée par les anciens peuples occidentaux à lasphère chinoise* (《星辰考原》), the publication of the *Nederlandsch-Chineesch woordenboek* and his founding of the journal *T'oung Pao* (《通报》), all of which significantly influenced the development of European sinology.

Keywords: Kulangsu; Dutch Sinologist; Gustave Schlegel

Abstract: The legal basis for the establishment of the Mixed Court on Kulangsu was the provision in the 1902 "Land Regulations for the Settlement of Kulangsu, Amoy" that "following the precedent established in Shanghai, a Mixed Court shall be instituted". Primarily under the administration of the Chinese government, the Mixed Court was headed by an official known as the Commissioner or Magistrate, who was appointed by the Chinese government. Other staff were appointed and managed by the Commissioner himself. A total of 20 heads were produced before and after the Mixed Court. These commissioners were not only those who advocate civilized justice, but also those who fight for national interests, those who practice the righteousness of the nation, and those who cheat for personal gains. Functioning as intermediaries caught between Chinese and foreign interests, as well as between official and commercial factions, the Commissioners of the Mixed Court served as crucial officials appointed by the Qing government within the Kulangsu International Settlement. They exercised both judicial and administrative authority, while also acting as a bridge between the Chinese government and foreign powers and serving as a buffer for conflicts arising from their interactions.

Keywords: Kulangsu; Mixed Court; Commissioners

A Preliminary Study on the Art History of Gulangyu(1912-1964)(Part II)

Abstract: The development of art is akin to the growth of plants, undergoing stages of sprouting, growth, and eventual blooming. This paper focuses on the development of art in Gulangyu from 1912 to 1964. Through the research of relevant literature and historical materials, as well as the artistic careers of numerous renowned artists, the paper strives to restore the artistic ecology of the islet during the captioned period. Additionally, this paper seeks to analyze the cultural underpinnings of various artistic phases, such as the "budding stage," "adolescent stage," and "flourishing stage," from a cultural perspective. In recent years, there has been increasing attention on how to "rejuvenate" the aesthetic context of this "Islet of Art." It is hoped that this paper will provide some valuable insights for scholars' study with regard to the subject "Gulangyu and Art."

Keywords: Gulangyu; Art, Xiamen Academy of Fine Arts; Luchao Private Art School; Fujian Arts and Crafts School

"I am lucky because I already have everything."

——recorded by Lin Kegong, a famous painter in Taiwan

Abstract: Gulangyu is widely known as the Island of Pianos and Music, with pianists and musicians 'names being household. However, as an island of art, Gulangyu remains less known, and artists are seldom introduced. As pioneers in the fine arts of Gulangyu, Zhou Tingxu and Lin Kegong were among the earlier painters to venture out from Gulangyu, gaining international recognition. They shared similar experiences with Xu Beihong, Lin Fengmian, and Liu Haisu, studying Western painting in England and France, exploring the integration of Eastern and Western art. On this foundation, they developed a unique style that blended Chinese and Western elements. Although Lin Kegong is not as prominent, his paintings are particularly distinctive due to his extraordinary connection with Gulangyu and Taiwan, making them invaluable for research. This article aims to trace his fortunate life and the artistic pursuits and achievements that spanned his lifetime through the limited resources available. It seeks not only to add an essential chapter to the history of Gulangyu's fine arts but also to contribute a memorable memory to cultural exchanges across the Taiwan Strait.

Keywords: Lin Kegong; Gulangyu; Taipei Banqiao Lin family; Art

The Interaction between Tsai Yuen Pei and Tan Kah Kee

Abstract: Tsai Yuen Pei and Tan Kah Kee are both famous educators and social activists in China. Their relationship began when Tan Kah Kee founded Xiamen University. Tsai Yuen Pei initially held a pessimistic attitude towards Tan Kah Kee's founding of Xiamen University, but still agreed to serve as a preparatory officer to show his support. In August 1923, Tsai Yuen Pei had a face-to-face encounter with Tan Kah Kee during his visit to Singapore. Tsai Yuen Pei patiently provided answers to various questions raised by Tan Kah Kee during his educational process. At the end of 1926, in order to avoid being wanted by warlord Sun Chuanfang, Tsai Yuen Pei came to Fujian and visited Xiamen University and Jimei School founded by Tan Kah Kee in early 1927. During his time in Xiamen, Tsai Yuen Pei participated in mediating the trend between Xiamen University and Jimei School. Tsai Yuen Pei and Tan Kah Kee did not meet again after their separation in Singapore in January 1926, but they both fought for China's education cause. Their educational spirit and contributions to the country's education cause will be recorded in history and inspire future generations.

Keywords: Tsai Yuen Pei; Tan Kah Kee; Educationist

Zhou Shoukai and Huang Xuan's Years During the War of Resistance

Abstract: Zhou Shoukai, a top student from Peking Union Medical College and a renowned internist and medical educator; Huang Xuan, the beloved daughter of the famous patriotic overseas Chinese Huang Yizhu, one of Indonesia's "Four Sugar Kings." Both gentlemen come from either affluent or scholarly families, but during the Japanese invasion of China, they resolutely gave up their comfortable lives to join the tide of resistance. This article excerpts segments from 1939 to 1945, detailing the lives and work of Zhou Shoukai and Huang Xuan as part of the Chinese Red Cross Society's rescue team in Tuyun Pass. Through detailed descriptions, it showcases their selfless patriotism and noble character. It provides valuable historical materials for further research on their deeds and related figures from Gulangyu.

Keywords: Zhou Shoukai; Huang Xuan; Chinese Red Cross Rescue Team; Tuyun Pass

Four short pieces on the history of Xiamen

Abstract: This article consists of four short prefaces. Each preface briefly evaluates the corresponding works and narrate interaction with the authors. The articles mostly involve major experts in Xiamen local history research, preserving anecdotes from this field of study and serving as historical materials for future investigations into Xiamen local history.

Keywords: Prefaces Xiamen History; Short Preface

Civilization Anchored, Gulangyu Preserved

—A Review of Xiamen Oral History Series *"Gulangyu Collection"*

Abstract: The Xiamen Oral History Series "*Gulangyu Collection,*" guided by its mission to supplement local historical documentation and preserve cultural heritage, selects oral history subjects including Gulangyu's ancient coastal areas, historic houses, and notable residents such as Shao Jianyin, Lin Qiaozhi, Huang Shengxiang, and Sun Zhenhuan. The series showcases both the material transformations and human vicissitudes of Gulangyu over a century, reflecting both a steadfast guardianship of Chinese pastoral traditions and a metamorphosis into modernity. As oral history texts, these works further diversify in narrative styles, presenting multifaceted historical dimensions—evidential, introspective, logical, and raw—in their documentation.

Keywords: Kulangsu; Oral History; Biographical Commentary

Exploration on the Practical Teaching Path of Xiamen Pe̍h-oē-jī

—A Review of *A Concise Book of Xiamen Pe̍h-oē-jī*

Abstract: Lin Shiyan compiled the book *A Concise Book of Xiamen Pe̍h-oē-jī*for the application of Kulangsu as World Cultural Heritage. With a concise and easy to understand teaching form that is close to daily life, the practical and efficient teaching code of Xiamen Pe̍h-oē-jī greatly reduces the burden on Xiamen dialect learners. The writing characteristics of this book are: Step by step, combining teaching and practice; Interlingual comparison, audio-visual assistance; Break through difficulties and focus on application. In the past, the academic circles mainly focused on the linguistic value and historical and cultural significance of Xiamen Pe̍h-oē-jī, and the publication of this book has distinct practical significance for the contemporary inheritance, promotion, and application of Xiamen Pe̍h-oē-jī.

Keywords: Xiamen Pe̍h-oē-jī; Lin Shiyan; Dialect Teaching

A New Perspectives and Explorations in Modern Maritime History Research

——Reading ' The West Wind Has Arrived: A Study on the Modern East Asian Lighthouse System and Its Relationship with Shipping Patterns'

Wu Jiazhou / 135

Abstract: Dr. Wu Lingfei's monograph "The West Wind Has Arrived: A Study on the Modern East Asian Lighthouse System and Its Relationship with Shipping Patterns" offers a fresh perspective on modern maritime history research, furthering the exploration of the ocean-hinterland relationship. The historical materials employed in 'The West Wind Has Arrived' are abundant and structured, emphasizing verification and analysis, and possess remarkable value for subsequent research. It rigorously examines crucial issues such as the relationship between Ming and Qing Dynasty ship currency and modern customs ship currency, the relationship between modern customs ship currency and related tax categories in various countries, as well as modern East Asian waterway surveying and lighthouse site selection, construction, and operation. It introduces innovative concepts and viewpoints, including "lighthouse area" and "evaluation indicators for the spatial system of modern East Asian lighthouses". The book emphasizes the analysis of the impact of the East Asian lighthouse system on shipping patterns and explores the previously overlooked interactive relationship between lighthouses and the development of shipping and air routes. Additionally, it places significant emphasis on humanistic care in research, which, however, also represents a limitation, presenting ample opportunities for future research.

Keywords: Lighthouse; Shipping Pattern; Air Route; Maritime History

The Light of Qingyu: The Historical Legacy of a Century-Old Lighthouse

Xu Yiming / 140

Abstract: The Qingyu Lighthouse is the only remaining historical lighthouse at the Xiamen port. Due to its uniqueness, irreplaceability, and ongoing operational value as a "living" cultural relic, it was designated as a Xiamen Municipal Cultural Relics Protection Unit in 2005 and elevated to a Fujian Provincial Cultural Relics Protection Unit in 2013. As the lighthouse approaches its 150th anniversary, local governments are proactively coordinating efforts to prepare its nomination for the International Association of Lighthouse Authorities (IALA) Heritage Lighthouse list. This initiative aims to transcend the lighthouse' s traditional maritime and architectural significance, allowing it to play a renewed role in the modern era.

Keywords: Lighthouse Construction; Historical Evolution; Heritage Preservation

Research on the Protective Development of Kulangsu from the Perspective of Culture-Tourism Integration

Abstract: As a UNESCO World Cultural Heritage site, the protective development of Kulangsu has attracted attention from various stakeholders. Tourism, as an important carrier of culture, plays a significant role in the preservation and development of Kulangsu. From the perspective of industrial integration, this paper explores how the integration of culture and tourism can promote the protective development of Kulangsu. Firstly, by combining the connotation of cultural and tourism integration, this paper analyzes the internal logic of how the integration empowers the protective development of Kulangsu from three aspects: cultural "activation", cultural confidence, and cultural identity. Subsequently, through network text data analysis, it examines the characteristics of the demand market for cultural tourism in Kulangsu. Furthermore, by integrating social conflict theory, it identifies potential conflicts that may arise in the protective development of Kulangsu and proposes innovative pathways, aiming to provide references for the sustainable development of Kulangsu.

Keywords: Culture-tourism Integration; Kulangsu; Overseas Chinese Culture; Protective Development

Research on the Dissemination of Overseas Chinese Culture in Gulangyu: Focusing on Young Tourists

Abstract: This study focuses on the dissemination of Gulangyu's overseas Chinese culture. Through questionnaires and interviews, it collects data on young tourists' perceptions of this culture and analyzes the current status and challenges of its dissemination. The findings indicate that the dissemination of Gulangyu's overseas Chinese culture faces issues such as imbalance between tourism and cultural promotion, audience limitations, and the lack of distinct cultural identifiers. Based on these insights, this paper proposes policy recommendations, including deepening the exploration of cultural connotations, tailoring dissemination plans for different audiences, leveraging online and offline channels for promotion, and adopting diversified communication strategies. The goal is to enhance the effectiveness of cultural dissemination and contribute to its preservation and inheritance.

Keywords: Gulangyu Overseas Chinese Culture; Young Tourists; Dissemination

征稿启事

《鼓浪屿研究》是由厦门市社会科学界联合会、厦门市社会科学院以及厦门大学历史与文化遗产学院联合主办的学术集刊，创刊于2015年，每年两辑，持续聚焦鼓浪屿的人文历史、建筑与社会研究，汇聚鼓浪屿多学科研究成果。本刊秉持“原创性、学术性、多元性、国际性”的办刊宗旨，致力构建跨学科、跨地域的学术对话平台。现面向海内外学者诚征优质稿件，共同拓展鼓浪屿研究的广度与深度。

一　征稿范围

1. 全球视野下的鼓浪屿

—鼓浪屿与我国台湾地区以及欧美、南洋、日本等地的历史渊源、文化交流及跨地域网络研究；

—近代全球化进程中鼓浪屿的港口贸易、传教活动、侨乡纽带与国际社群研究；

—鼓浪屿在世界文化遗产体系中的价值定位与比较研究。

2. 微观视角中的鼓浪屿

—家族史、人物传记、社区记忆与口述史研究；

—建筑遗产的空间形态、营造技艺及保护实践；

—宗教、教育、医疗等社会机构的演变及其影响。

3. 跨学科与前沿议题

—文化遗产数字化保护、旅游开发与可持续发展研究；

—艺术、音乐、文学等领域的鼓浪屿文化表达与传播；

—近现代档案、文献、影像资料的整理与考释。

二　稿件要求

1. 学术规范：稿件须为原创、未公开发表的学术成果，论点明确、论证严谨。

2. 字数格式：篇幅以8000~15000字为宜，附中英文标题、摘要（300字以内）、关键词（3~5个），注释参照社科文献出版社《鼓浪屿研究》的格式规范。

3. 投稿方式：请以Word文档形式发送至编辑部邮箱：xmskzx@163.com，邮件主题注明“投稿+作者姓名+论文标题”，文末附作者简介（姓名、单位、职称、研究方向、联系方式)。

三 审稿与出版

1. 本刊实行双向匿名审稿制度，审稿周期约60个工作日，稿件录用后将支付稿酬并寄赠样刊。

2. 本刊对所采用的稿件有删改权，不同意删改者请在来稿时注明。来稿3个月后未接到采用通知，作者可自行处理。本刊不以任何形式收取版面费。

3. 优秀论文将推荐至国内外合作期刊及学术平台，推动成果广泛传播。

四 联系我们

《鼓浪屿研究》编辑部

地址：福建省厦门市思明区大连兴馆巷1号社科大楼

电话：0592-2103931

邮箱：xmskzx@163.com

鼓浪屿是中西文明交融的活态见证，亦是学术研究的丰厚沃土。诚邀您以独到视角与扎实研究共绘这座岛屿的学术图景!

附：近期关注方向

—鼓浪屿与我国台湾地区以及欧美、南洋、日本等地的历史渊源、文化交流及跨地域网络研究；

—鼓浪屿华侨家族与南洋社会网络研究；

—近代建筑技术史与材料科学视角下的遗产保护；

—鼓浪屿国际社区的文化身份认同与历史书写；

—文化遗产数字化与公众参与机制探索。

《鼓浪屿研究》编辑部

2025年3月

图书在版编目(CIP)数据

鼓浪屿研究. 第二十辑 / 潘少銮主编. -- 北京：社会科学文献出版社，2025. 5. -- ISBN 978-7-5228-5172-3

Ⅰ. C53

中国国家版本馆 CIP 数据核字第 2025DV5062 号

鼓浪屿研究　第二十辑

主　　编 / 潘少銮

出 版 人 / 冀祥德
责任编辑 / 赵晶华
责任印制 / 岳　阳

出　　版 / 社会科学文献出版社 · 文化传媒分社 (010) 59367156
地址：北京市北三环中路甲 29 号院华龙大厦　邮编：100029
网址：www.ssap.com.cn
发　　行 / 社会科学文献出版社 (010) 59367028
印　　装 / 三河市龙林印务有限公司

规　　格 / 开 本：787mm × 1092mm　1/16
印 张：12　字 数：233 千字
版　　次 / 2025 年 5 月第 1 版　2025 年 5 月第 1 次印刷
书　　号 / ISBN 978-7-5228-5172-3
定　　价 / 88.00 元

读者服务电话：4008918866